# LA DALMATIE

# LES ILES IONIENNES

# ATHÈNES

ET

# LE MONT ATHOS

Ce volume a été déposé au ministère de l'intérieur (section de la librairie) en novembre 1881.

PARIS. TYPOGRAPHIE DE E. PLON ET Cie, 8, RUE GARANCIÈRE.

# LA DALMATIE
# LES ILES IONIENNES
## ATHÈNES
ET
## LE MONT ATHOS

PAR

STANISLAS DE NOLHAC

PARIS
E. PLON ET C^{ie}, IMPRIMEURS-ÉDITEURS
RUE GARANCIÈRE, 10

1882

Ce livre résume deux voyages faits en divers temps aux mêmes pays. J'ai passé quelques semaines à parcourir le midi de l'Europe orientale avec un compagnon de route dans lequel j'ai eu le rare bonheur de trouver un ami. Depuis, j'ai refait en esprit les mêmes itinéraires, accompagné cette fois de nombreux camarades, in-folio respectables, in-quarto pleins d'expérience, jeunes et alertes in-octavo. Aujourd'hui, j'essaye de fondre en un récit unique les notes que j'ai prises dans mes deux tournées.

Je ne me dissimule point les lacunes de ce travail. Mon premier voyage a été rapide. Je n'en ai rapporté en abondance ni renseignements précis, ni observations nouvelles faites sur les lieux, ni solutions inédites aux questions en suspens, mais simplement des images vues d'un coup d'œil et des impressions hâtives. Ma seconde expédition a été aussi fort incomplète. Quelques lambeaux d'études boiteuses, quelques aperçus historiques bâtis à l'aide de matériaux plus ou moins disparates ; au total, pas grand'chose qui vaille. Chacun fait ce qu'il peut et non ce qu'il voudrait. J'aime ce livre, parce qu'il me retrace quelques-uns des meilleurs instants de ma vie d'hier. Après cela, s'il renferme des pages qui puissent offrir de l'intérêt, j'en serai fort aise ; sinon, tant pis pour lui et pour moi.

# LA DALMATIE

# LES ILES IONIENNES

ET LE

# MONT ATHOS

## L'ISTRIE ET LA DALMATIE

### I

TRIESTE. — MIRAMAR. — ADELSBERG.

Représentez-vous en imagination un de ces délicieux manuscrits, tout émaillés de vignettes et d'enluminures, tels qu'en savaient composer ces naïfs et habiles artistes, les moines d'autrefois. C'est un psautier, un évangéliaire, un recueil de chroniques ou un roman de chevalerie, peu importe. De superbes lettres dorées marquent les entêtes de chaque feuillet. D'exquises miniatures figurant des scènes religieuses ou guerrières s'étalent au début des chapitres ou des laisses. Pas une page qui n'ait sa physionomie à part et son cachet distinct et original. Ici c'est une mêlée furieuse de paladins batailleurs recouverts de leurs heaumes; là, de belles saintes ravies en de mystiques extases; plus loin, de fantastiques châteaux flanqués de tours, des villes perchées sur des rocs inaccessibles, des animaux légendaires, des guivres, des drées et des tarasques; la chevauchée des douze pairs en la terre sarrasine ou la quête aventureuse du saint Graal. Partout les traces d'un art à la fois délicat et abondant, d'une fantaisie pleine de suavité et de caractère. Le temps, loin de ternir l'éclat de ses couleurs, n'a fait que l'embellir en revêtant les marges de ses harmonieuses teintes dorées. En un mot, c'est un chef-d'œuvre, et il serait hors de prix s'il n'y manquait une page importante, l'initiale. Arrachée par des mains profanes, celle-ci a disparu. Elle a été orner un autre volume où elle fait disparate, tandis qu'à sa place on a inséré un titre vulgaire en lettres modernes sur papier grossier, de sorte qu'en dépit de tout son mérite, l'œuvre demeure incomplète et déshonorée.

Ce précieux manuscrit n'est autre que la province où nous entrons. Comme lui, elle renferme une série de charmantes pages d'art remontant à de lointaines époques. Ce sont ces vieilles cités maritimes avec leurs ruines grandioses et leurs quartiers pittoresques, Sébénico, Zara, Spalato, Raguse. Là, rien qui sente la banale uniformité des villes de mode ou d'industrie; mais une profusion de curieux édifices de tous les âges, amphithéâtres romains, basiliques primitives, forteresses vénitiennes; les uns dissimulés et comme perdus dans la foule des maisons habitées, les autres isolés dans des anses gracieuses ou groupés sur des promontoires hardis au bord de la mer. Ainsi que dans le livre, les détails intéressants abondent à chaque pas. Tantôt c'est un village agréablement situé au fond d'une baie étroite, un port entouré de montagnes dans lequel se balance une flottille de barques aux voiles blanches, un clocher d'église qui pointe du milieu des caroubiers, des oliviers et des cactus; ou bien un pan de muraille antique dont la masse solide se dégage du fouillis d'échoppes souffreteuses qui l'enserrent, un lion ailé de Saint-Marc orgueilleusement étalé sur le fronton d'une porte triomphale; enfin une réunion de sites distingués et de vieilleries ravissantes formant un ensemble très-attrayant et très-neuf. Malheureusement le frontispice ne cadre pas avec le contenu du volume. Aux portes de la Dalmatie s'élève Trieste, ville de commerce et d'affaires, avec des rues droites, des maisons hautes et une physionomie toute vulgaire. Évidemment une telle ville n'est point à sa place. Ce qu'il aurait fallu ici, c'eût été un de ces musées d'art byzantin et oriental comme il s'en est égaré sur l'autre bord; Padoue avec Sainte-Justine et Saint-Antoine, Venise avec Saint-Marc, ou mieux encore Ravenne avec Saint-Vital et le tombeau de Galla Placidia. A une ville de cette sorte il appartenait d'ouvrir ce pittoresque album de Dalmatie, auquel elle eût servi de préface et d'entête. Au lieu de cela on a Trieste : une page de journal pour un parchemin à lettres d'or. Qui ira feuilleter un manuscrit ainsi mutilé?

Ce n'est pas que la grande cité commerçante soit de tous points laide et banale ; elle manque de caractère, voilà tout. D'ailleurs sa situation est belle. Le décor de mer et de montagnes qui l'entoure plaît à distance, et ses environs sont loin d'être dépourvus de charme. Nous y arrivons au mois de janvier. C'est l'hiver avec ses sévérités et aussi avec ses harmonies. Le vif éclat des neiges s'allie heureusement à l'azur intense de la mer, et comme le ciel n'a pas de brumes, la ligne dés crêtes qui dominent la ville s'en détache avec une singulière netteté. Le paysage doit gagner encore au printemps quand le soleil chasse les frimas, revêt les arbres de feuilles et fait grimper les pampres verts aux murs des terrasses. Mais la cité elle-même n'a rien qui séduise. Peu ou point de monuments à l'intérieur. Une assez grande animation dans les rues ; une affluence toujours considérable de monde autour de la Bourse ; sur les quais, des ballots qu'on compte et qu'on entasse ; plus loin, des vaisseaux qu'on charge et qu'on décharge : maigre pâture pour qui demeure insensible aux appâts de la statistique et au prestige des transactions commerciales.

Un hasard heureux nous conduit, vers l'angle d'une place, à l'entrée de l'église russe. Justement on y officie. Quand on n'est point encore familiarisé avec la pompe de ces sanctuaires orientaux, on y est vivement frappé par la nouveauté de chaque chose. Nos yeux sont éblouis par le scintillement des icones en métal et l'éclat des peintures à fonds d'or. Des nuages d'encens nous enveloppent et nous imprègnent d'étranges parfums. Deux popes vêtus de dalmatiques carrées, le visage encadré dans des barbes et des chevelures mérovingiennes, psalmodient à tour de rôle sur un rhythme tantôt lent et majestueux, tantôt rapide et saccadé. Leurs voix amples et graves sont dirigées avec une rare perfection, et comme, à la différence des clercs grecs, ils ne sacrifient pas à la détestable manie de chanter du nez, la vieille liturgie slavonne interprétée par eux a des accents d'une singulière douceur. Nous sommes étonnés et charmés à la fois. Aussi demeurons-nous à écouter et ne sortons-nous qu'après l'entier achèvement des cérémonies.

Hors de la ville, on trouve encore à s'occuper. Aujourd'hui le temps était beau. Une brise tiède soufflait du midi, et de petites vagues blanches sautillaient gaiement à la surface de la mer. Nous avons déserté les rues populeuses pour errer le long de la côte. A mesure qu'on s'éloigne, aux grandes maisons propres et régulières succèdent de méchantes masures aux fenêtres desquelles pendent de mirifiques assortiments de guenilles. Peu à peu les bicoques elles-mêmes disparaissent, laissant la vue libre sur le beau fond montagneux du golfe. Alors, si l'on continue à marcher pendant quelque temps près du rivage, on ne tarde pas à apercevoir sur la droite les grilles d'une avenue, dont l'accès s'ouvre facilement aux visiteurs. Au bout de cette avenue s'étendent d'élégants jardins, d'épais massifs de rhododendrons, des profusions d'arbustes à feuilles persistantes, des pins et des cyprès groupés habilement de manière à former paysage; puis à gauche, fièrement campé entre les allées et le rivage, au milieu de blocs de rochers battus par l'eau, se dresse un robuste château avec créneaux et donjons, d'une tournure à la fois gracieuse et martiale. Sa situation est admirable; on ne pouvait mieux choisir. Sur l'une des façades se profile en avancée une loggia ornée de légères colonnettes d'où l'on découvre, selon qu'on regarde d'un côté ou d'un autre, soit les fraîches verdures des parterres, soit les Alpes qui bornent l'horizon, soit les immenses étendues de l'Adriatique. Les belles soirées qu'on devait passer là, l'été, en face de la mer! Au dedans tout est disposé pour la facilité de la vie avec un luxe intelligent et délicat. Voici les salles de réception, les appartements privés, la bibliothèque avec ses grandes vitrines et auprès des portes les bustes d'Homère, de Dante, de Shakespeare et de Gœthe; le cabinet de travail, tout peuplé de tableaux : ici les portraits des divers souverains de l'Europe, là les reproductions photographiques de deux peintures de Gérôme, la *Mort de César* et le *Morituri te salutant*. Les tables sont couvertes de papiers, de gravures, de livres, les uns rangés en ordre, les autres semblant attendre la main qui les classera. A les voir ainsi négligemment posés, on dirait que le maître du château est là, dans la pièce voisine, que tout à l'heure il va venir et reprendre à cette place une occupation interrompue de la veille. Et cependant nous savons bien qu'il n'y est pas et qu'il ne viendra pas; nous le savons trop. Nous voudrions passer sans nous en inquiéter, sans faire autrement attention à cette absence qui nous frappe ; surtout nous voudrions ignorer l'histoire de celui dont la place est vide ; nous voudrions oublier à jamais quelle funeste influence, abusant son imagination aventureuse par le prestige trompeur d'un empire chimérique, lui fit échanger les tranquilles loisirs de Miramar pour les amères désillusions et les suprêmes angoisses de Queretaro. Nous n'avons pas ce pouvoir, et tandis que nous errons à travers ces salles désertes, ce souvenir nous poursuit sans cesse. Partout l'image du prince-martyr se dresse devant nos yeux, et sur la pierre blanche des murs il nous semble à chaque pas découvrir une trace rouge, celle du sang versé, dont nous, seuls Français aujourd'hui présents dans ce château, croyons avoir à supporter l'affreuse responsabilité.

Mais les jours se succèdent et nos impressions changent avec eux. Dans les grottes du Karst nous voici transportés à mille lieues de Miramar et de ses tristes souvenirs. Ces mille lieues se réduisent, il est vrai, à un petit nombre de kilomètres. La Carniole confine à l'Istrie, et Adelsberg peut sans trop d'exagération être classé parmi les environs de Trieste. On a pourtant quelque raison de s'y croire parvenu au delà des limites du monde où vit l'espèce humaine ; car les spectacles qui vous y entourent sont de nature à faire perdre le sentiment de la réalité et la juste appréciation des distances. Ils vous jettent brusquement et sans préparation dans le domaine fantastique du rêve, et volontiers on les tiendrait pour de vains fantômes, si l'on était libre de suspecter le témoignage irrésistible de sa conscience et de ses sens.

Que les fées n'aient été pour rien dans la création et la disposition de ces grottes, voilà ce qu'on a grand'peine à admettre lorsqu'on n'a pas de parti pris touchant la délictea question de leur existence. Impossible de rien imaginer qui ressemble davantage à une œuvre de pure magie. Une montagne entière a été creusée, évidée, façonnée comme une ruche d'abeilles, par des mains invisibles. Des chemins ouverts d'ici et de là dans la masse rocheuse s'étendent en tous sens et forment d'immenses labyrinthes qui se prolongent indéfiniment sous le sol. Car ce n'est pas seulement à Adelsberg qu'on a constaté l'existence du phénomène. En maintes autres localités, à Planina, à Lueg, à Saint-Canzian, le roc est percé d'excavations de même nature qu'on n'a point encore explorées et qui, agrandies et déblayées, conduiraient sans doute à des découvertes analogues. C'est tout un pays souterrain avec ses vallées, ses rivières (la Poïk), ses lacs, dans lesquels vit un animal inconnu partout ailleurs, unique habitant de ces solitudes, le *Proteus anguinus*.

Pour bien voir les grottes, pour se rendre un compte exact de leurs gigantesques proportions, il faut avant de s'y engager en faire éclairer les principales parties. Les gardiens prévenus à l'avance vont disposer les flambeaux le long de la voie et préparer l'illumination des salles. Puis quand il en est temps, ils viennent vous chercher et vous conduisent par un chemin qui longe la Poïk jusqu'au point où cette rivière sort du flanc de la montagne. Une ouverture est pratiquée tout près de là dans le rocher : c'est l'entrée.

Vous faites un pas, et tout à coup vous voilà dans les ténèbres. Au premier moment la nuit est complète. Peu à peu cependant, à la clarté des torches, on distingue les arêtes saillantes du roc, puis les parois abruptes de hautes murailles. C'est une vaste salle, vraie cathédrale de pierre, avec ses nefs profondes et ses larges voûtes inclinées en berceau. La Poïk y trahit sa présence par de sourds clapotements. Au delà, un sentier se dessine, qui à la longue devient une route, puis se rétrécit subitement, s'élargit encore, s'infléchit et se redresse, monte et descend, s'égarant dans d'étroits couloirs ou aboutissant à de spacieuses clairières. Des stalactites garnissent les murs de leurs légères aiguilles blanches. Les voûtes en sont hérissées. Les unes, courtes et mignonnes, font l'effet de fragiles dentelles de verre. D'autres ont des dehors plus solides; leurs bases se gonflent, leurs tiges s'allongent et s'élancent hardiment dans le vide. Chez celles-ci, la formation est de plus ancienne date. L'infiltration régulière et continue a duré des années. Chaque goutte d'eau qui suintait du roc s'est cristallisée à son tour. Lentement elle a coulé d'en haut vers la pointe; puis quand elle s'est balancée quelque temps à son extrémité, entraînée par les matières pesantes qu'elle tenait en dissolution, elle s'en est détachée en partie. Une fraction est demeurée, s'est durcie et a recouvert d'un mince tégument la goutte précédemment figée. L'autre est tombée à terre, à l'endroit où depuis longtemps la même chute s'opère de minute en minute; et déjà l'on voit surgir du sol une sorte de colonnette droite, large, renflée à sa naissance, qui s'est formée peu à peu du dépôt accumulé de ces milliers de gouttes. Dans quelques années, dans quelques mois peut-être, les deux plantes de pierre, croissant en sens inverse, se seront rejointes, et elles adhéreront l'une à l'autre par un lien chaque jour plus étroit, jusqu'à ce qu'elles ne fassent plus qu'une seule et même colonne. On en voit des quantités qui sont parvenues à cette période de développement; les unes, qui ont acquis dans toute leur masse la solidité de la pierre, ressemblent aux piliers massifs qui soutiennent la voûte d'un édifice; les autres, plus frêles, ne sont encore unies que par une tige ténue et sans consistance. Le moindre choc les brise. Si l'on en détache des fragments, la matière se dissout dans la main comme de la neige qui fond.

Ailleurs le curieux phénomène de cristallisation se produit dans des circonstances différentes d'où résultent les combinaisons d'ornements les plus variées et les plus bizarres. D'immenses draperies, blanches comme le marbre ou fauves comme l'onyx, couvrent de leurs replis inégaux la surface du mur, ici polies et lisses sur toute leur étendue, là découpées en festons, tailladées en dents de scie, ouvragées comme des bijoux de filigrane. Des bandes roses, rouges, orange, jaunes, violettes, courent régulièrement le long des bords, les enjolivant de franges élégantes et de délicieuses passementeries. Rien de plus harmonieux comme nuances, de plus délicat comme travail. Une entre autres, une vraie merveille, isolée dans un angle, déroule en saillie sur le roc ses majestueuses masses d'étoffe. Ses ondulations larges et moelleuses simulent à s'y méprendre le jeu d'une tenture retenue par une embrasse qu'elle cacherait sous ses plis. D'un jaune plutôt pâle qu'éclatant, elle est relevée avec vigueur par un filet rouge vif. Approche-t-on la torche de sa surface intérieure, c'est à peine si l'éclat du feu est voilé, tant la matière est transparente.

D'allée en allée, de carrefour en carrefour, on parvient à la grande salle, dite salle du Calvaire. Ici plus qu'ailleurs le terrain est inégal, montueux, entrecoupé de tranchées étroites, de sentiers roides, de pentes subites et imprévues. Le rocher se soulève en monticules abrupts qui interceptent le passage et obligent à de fréquents détours. A mesure que la lumière dissipe l'obscurité, on voit se détacher sur le vide des formes singulières qui ont une vague apparence humaine. Au premier abord, on se croit tombé dans quelque conventicule secret, dans quelque assemblée nocturne de conspirateurs de vieux style. Des multitudes de personnages sont disséminés à droite et à gauche dans des attitudes diverses. Les uns occupent les sommets des escarpements où ils se tiennent debout et immobiles. D'autres près d'eux s'inclinent en avant ou se penchent de côté. D'autres sont groupés ensemble ou demeurent isolés à l'écart. Ce sont d'énormes stalagmites parvenues avec le temps jusqu'à hauteur d'hommes et qui dans l'ombre produisent cette illusion. On en a fait une scène de la Passion; ici le Christ, là les soldats, les larrons, Marie et les saintes femmes. Le douloureux cortége gravit les pentes du Golgotha. En haut les croix sont dressées et attendent les victimes. La surprenante vision! le superbe décor!

Quoi d'étonnant si dans ce lieu chaque chose perd son caractère de réalité et emprunte à la nuit une apparence prestigieuse et surnaturelle? C'est le pays des féeries. Ces clartés qui jaillissent par moments des sombres profondeurs ne sont plus des flambeaux allumés ou déplacés par des mains humaines; ce sont de magiques feux follets, gardiens fidèles des vastes solitudes. Cette flamme rougeâtre qui se meut en tous sens devant nous n'est plus une torche agitée par un guide impatient; c'est l'hôte charmant de ce palais des génies, Oberon, Puck, Ariel ou quelque autre frêle esprit de la terre, hospitalier aux étrangers. Il s'avance pour nous guider à travers le dédale des corridors, décrivant dans son vol agile mille capricieux détours. Comme ce chant insaisissable du divin scherzo de Mendelssohn, il va, vient, sautille, fuit, revient et fuit encore; il se balance aux voûtes et court sans trêve le long des rampes. Près de lui une autre lueur apparaît, puis une autre. Elles se multiplient, semblables à un essaim de lucioles vagabondes, et dessinent de chaque côté de la route de longues avenues lumineuses. Et pourquoi refuser d'en croire nos yeux? Nous sommes dans le subtil royaume des sylphes et des cobolds. Le voilà, ce monde exquis et séduisant, dans la familiarité duquel ont vécu Spencer et Shakespeare, Henri Heine et Berlioz, ces grands poëtes. Tous ces êtres gracieux dont ils nous ont révélé l'existence, nous les reconnaissons sans peine à mesure qu'ils se croisent autour de nous dans l'espace. C'est un songe de nuit d'été. Les Nixes et les Ondines glissent en silence sur la surface tranquille des lacs; les Elfes et les Wanes s'envolent dans des rondes aériennes; les fées répètent en chœur le refrain des bruyères lointaines : « Lulla, lulla, lullaby! » Le joyeux peuple des esprits est en fête. Il nous escorte vers le séjour brillant où Titania, la reine Mab ou la Vila slave, étendue sur un lit formé de pétales de roses et de corolles de primevères, contemple les valses des insectes légers, tandis que les grillons bavards et les cigales bruyantes la distraient par de gais et fantasques récits. Là-bas, par delà ce nuage diaphane, est la demeure enchantée. Un rayon de lumière plus vive en marque le seuil. Aucun géant farouche, aucun gnome contrefait, ministre malicieux d'une divinité jalouse, ne viendra-t-il nous en interdire l'accès? Allons! plus qu'un pas! C'est là!..... Soudain un vent glacial balaye l'atmosphère. La troupe des esprits fuit en désordre. La vision disparaît.

Le guide a éteint sa torche. Nous sommes hors de la grotte. Il pleut, il vente, il fait froid. De l'eau et de la boue pour regagner Adelsberg. Triste retour après de si beaux voyages.

## II

EN ISTRIE. — POLA ET SES RUINES. — LA LÉGENDE ILLYRIENNE. — L'ILLYRIE HISTORIQUE.

Pour franchir la distance qui sépare Trieste de Pola, nous prenons la voiture publique. Heureux les chevaux qui la traînent, s'ils n'ont jamais de besogne plus fatigante qu'aujourd'hui. Il n'est monté qu'un seul voyageur, l'agent des postes, et à la surprise qu'il manifeste en nous voyant, nous jugeons que d'ordinaire il n'a pas besoin de déployer beaucoup d'activité pour s'assurer la meilleure place de la carriole. Il paraît que la route que nous allons parcourir n'est pas toujours parfaitement sûre, car notre prudent voisin s'est muni d'un revolver d'imposante dimension dont la vue suffira sans doute pour consterner tous les gars malintentionnés de l'Istrie. Il est tard; nous ne verrons pas le pays entre Trieste et Pisino.

C'est une perte médiocre, s'il ressemble à celui qu'on traverse de Pisino à Pola. Sur tout ce parcours, la campagne est triste et nue. De distance en distance apparaissent des maisons longues et basses dont les habitants ont l'air de condition plutôt misérable qu'aisée. Quelques cultures s'espacent d'ici et de là, séparées par de larges intervalles arides, rocailleux, dénués de toute verdure. En somme, nature ingrate et d'aspect insignifiant. Ce district présente cependant une particularité remarquable. Il est sillonné en tous sens par des cours d'eau souterrains dont l'action a déterminé une multitude de dépressions du sol. Ces accidents sont fort curieux à voir. En maint endroit de la plaine, le terrain s'est affaissé de deux, trois, quatre mètres et plus, et là se sont formés des lambeaux de champs de superficies assez variables, que l'eau a fertilisés et qui, à l'inverse de la surface supérieure, sont couverts de terre végétale. A chaque instant on en découvre de nouveaux, ronds ou ovales pour la plupart, tantôt portant la trace d'une culture assidue, tantôt au contraire abandonnés et déserts, mais se distinguant encore du sol environnant par la vigueur des herbes et des arbustes qui y poussent en liberté. On désigne ces dépressions sous le nom de *dolline*.

Abstraction faite de ces phénomènes naturels qui occupent un instant, quel chemin monotone! La ville de Pisino n'est pas non plus fort attrayante. N'était le curieux précipice creusé par la Foïba, dans lequel cette fantasque rivière disparaît comme la Poïk près d'Adelsberg, on passerait volontiers sans s'y arrêter. A quelques heures de là sur la côte est situé Parenzo, où siége la diète d'Istrie. On y voit une église des premiers temps du christianisme. Œuvre de l'évêque Euphrase, elle est contemporaine des vieilles basiliques de Ravenne, de Milan, de Rome, dont elle se rapproche par plus d'un trait. Toutefois, l'intérêt qu'elle peut présenter est dépassé par celui qu'offrent les monuments de Pola.

Ceux-ci ont une importance capitale, soit en raison de leur nombre et de leur remarquable état d'intégrité, soit à cause des lumières qu'ils jettent sur les destinées anciennes de la vieille métropole de l'Istrie. Ces deux temples, cet arc de triomphe, cet amphithéâtre aux vastes proportions, témoignent hautement que Pola a joui dans le passé d'une prospérité qui n'a pas été sans grandeur. Or, ce témoignage est d'autant plus précieux que sans lui on en pourrait douter. Les historiens ont si peu parlé de cette ville, et la plupart des quartiers qui la composent actuellement semblent si neufs ! Ports et quais, chantiers et arsenaux, casernes et docks, tout date d'hier. Pola a en effet subi dans ces dernières années une transformation qui a déjà changé du tout au tout sa physionomie d'autrefois. Ce n'est pas qu'elle n'en eût quelque besoin. Depuis plusieurs siècles la pauvre ville penchait visiblement vers la ruine, et elle eût peut-être fini par s'en aller pour tout de bon dans l'autre monde, si un beau jour l'État autrichien ne s'était avisé d'utiliser sa situation pour en faire un grand port militaire. Grâce aux travaux considérables qui ont été entrepris dans ce but, elle est entrée dans une phase de renouvellement, et elle a dès maintenant repris le pas sur toutes les villes du littoral, hormis Trieste. Néanmoins, et malgré la promptitude de son retour à la vie, il s'en faut qu'elle ait regagné tout le terrain qu'elle avait perdu. Pensez donc que le chiffre de ses habitants se montait aux époques romaines à vingt et trente mille, et qu'il était tombé, il y a deux siècles, à sept ou huit cents âmes (1). Jugez de la décadence et du chemin qu'il y avait à faire pour revenir à l'ancien niveau. On n'y est point encore. Aujourd'hui, on réunirait à la population normale de la ville tous les marins de la flotte, tous les ouvriers des chantiers, les ingénieurs, les soldats, les amiraux, la moitié des archiducs d'Autriche, et l'on mènerait tout ce monde dans l'amphithéâtre restauré, assister, comme au temps de Sévère ou d'Antonin, à un combat de gladiateurs, que le colosse de pierre ne serait nullement rempli. Le district entier s'engouffrerait là dedans, et je ne sais même s'il suffirait à former aux acteurs un public vraiment compacte et imposant.

C'est que cet amphithéâtre n'est pas une bagatelle. Spon le dit presque aussi grand que le Colysée. Évidemment il se trompe. Il y a loin des gigantesques ruines de Rome à celles plus restreintes de la cité provinciale. Le Colysée est aux autres arènes ce qu'est une montagne aux collines qui l'environnent. Mais le cirque de Pola ne le cède qu'au seul amphithéâtre Flavien. Ni les arènes d'Arles, ni celles de Nîmes, de Vérone ou d'El-Djem de

(1) Spon, *Voyage dans la Dalmatie, la Grèce et le Levant.*

Tunisie, l'antique Thysdrus, ne l'emportent sur lui. Non qu'il les dépasse en étendue. Les mesures de son ellipse ne s'éloignent guère des dimensions relevées dans ces différents monuments. Il leur est supérieur surtout par le merveilleux état de conservation de son enceinte. Vu du dehors, cela paraît complet. La muraille extérieure à peu près intacte dresse majestueusement au-dessus des habitations voisines son triple étage d'ordres superposés. Il est vrai que par contre l'intérieur est fort dévasté. La plupart des gradins ont disparu, ce qui a fait conjecturer avec plus ou moins de vraisemblance qu'ils avaient été simplement en bois. Toutefois cette lacune, si grave soit-elle, ne nuit point à l'aspect général de l'édifice. Elle lui imprime même je ne sais quel cachet particulier de légèreté et de grâce. Ces beaux arcs dont les pierres sont jaunies par le temps, dégagés des lourdes maçonneries qui les obstruaient, montent d'un seul jet vers le ciel et semblent n'adhérer à la terre que par une attache insensible. Et puis quels ravissants tableaux de mer s'encadrent dans ces ouvertures lorsque de l'intérieur on regarde vers le rivage ! A voir se dérouler ainsi les lointains horizons du golfe, on se croirait transporté dans ce grandiose théâtre de Taormine où la scène était disposée de telle sorte que le spectateur assis sur les gradins découvrait à travers les colonnades, et les majestueuses cimes de l'Etna, et les molles ondulations des collines siciliennes, et les flots azurés qui assiégent les bords de l'harmonieux détroit de Zanclé.

On ne sait trop à quel règne d'empereur fixer la construction de cet amphithéâtre. M. Charles Yriarte, dans son inteérssant journal d'Istrie et de Dalmatie, l'attribue au temps de Titus; d'autre part, le savant auteur de l'*Histoire des Italiens,* César Cantu, incline à croire qu'il date de la période des Antonins. En réalité nous n'avons pas là-dessus de données certaines et nous en sommes réduits aux conjectures. Du reste, dans ces provinces, le défaut de notions précises se fait sentir, non-seulement en ce qui a rapport aux monuments bâtis, mais dans tout ce qui touche au passé. Les écrivains anciens et modernes qui se sont occupés de leur histoire n'ont pas dissimulé combien la pénurie des documents en rendait l'étude malaisée. On trouve l'écho de ces regrets dans Lucius de Trau, contemporain de Spon et auteur d'un important ouvrage sur l'histoire dalmate. « En dehors d'Appien, dit-il, il ne nous reste aucun historien qui ait traité des choses illyriennes. Quoi d'étonnant si la suite des rois d'Illyrie demeure si obscure? » Et déjà Strabon écrivait qu'avant lui on avait fort négligé ces côtes, soit qu'on ignorât la fertilité de leurs terres, soit que la cruauté et le caractère inhospitalier de leurs habitants ôtassent l'envie de les visiter (1). Heureusement l'érudit géographe ne se contente pas d'exprimer un regret, et il remédie de son mieux aux lacunes qu'il aperçoit, en relatant ce qu'il sait des traditions locales. Ainsi, il rapporte

(1) STRABONIS *Geographica,* lib. VII, cap. V.

plusieurs de ces légendes, qui en tout pays figurent au début de l'histoire, avant que celle-ci, se dégageant de l'incertitude des genèses, revête un caractère plus net d'authenticité et de vérité (1).

Ces légendes constituent le fond d'informations le plus ancien que l'antiquité nous ait légué relativement à ces parages. Elles sont empruntées aux deux grandes matières épiques de la Grèce, le cycle argonautique et le cycle troyen. Les prouesses des Argonautes ont été narrées par nombre d'historiens et de poëtes, par Orphée et Pindare, par Apollodore et Apollonius de Rhodes. Ce sujet nous est familier. Jason et ses compagnons, envoyés par le roi thessalien Pélias à la conquête de la toison d'or, abordent après un long périple aux pieds du Caucase, en Colchide. Là, dans un fertile territoire arrosé par le Phase, règne Æétès, l'heureux possesseur du trésor. Grâce à la passion inspirée à la fille du prince, Médée, par le chef des aventuriers grecs, celui-ci s'en empare. Il s'enfuit alors, entraînant avec lui sa complice. Mais leur retour ne s'effectue pas dans le calme d'une facile navigation. Comme plus tard Ulysse regagnant Ithaque, Jason, malmené des vents, erre de mer en mer et de province en province avant de revoir Iolcos. C'est au milieu des mille péripéties de ce hasardeux voyage que le héros pénètre dans l'Adriatique et prend terre à Corfou, sur les domaines du roi phéacien Alcinoüs, où, selon

(1) STRABONIS *Geographica*, lib. V, cap. II.

Timée (1), il épouse la fille d'Æétès. Or, tandis que les Grecs cherchent vainement sur ces rivages le port d'où ils sont autrefois sortis, le roi colche, irrité de la trahison dont il a été victime, lance une expédition à la poursuite du ravisseur. A leur tour les marins d'Asie s'engagent dans les eaux adriatiques. Mais soit qu'ils perdent la trace du navire Argo et n'osent revenir affronter l'inévitable colère de leur maître; soit qu'étant entrés en lutte avec leurs ennemis, ils subissent quelque grave échec et se trouvent dès lors impuissants à continuer leur route, ainsi que le dit Apollonius de Rhodes; soit encore que séduits par les avantages d'un établissement facile, ils renoncent pour toujours à leur patrie et ne songent plus qu'à assurer leur sécurité et leur fortune, ils s'arrêtent là et fondent des colonies, à Corfou d'abord, puis en Épire, enfin dans l'Istrie où ils bâtissent la ville de Pola (2).

Sommes-nous ici en présence de pures fables, ou ces faits ont-ils un fondement historique sérieux? Évidemment on ne saurait ajouter une foi complète à tous ces récits de poëtes. Il ne serait pas plus sage de les rejeter d'une manière absolue. La haute antiquité des traditions qui donnent à Pola une origine colchidienne est attestée par nombre d'auteurs anciens, et l'ensemble de ces affirmations ne saurait être dépourvu de toute valeur. Les témoignages ne manquent pas non plus en ce qui touche

(1) Timæi *Fragmenta*, lib. I, cap. viii.
(2) Strabon, Callimaque, Apollodore, Timée, Justin, Pline.

aux faits de l'épopée troyenne. Homère a chanté les aventures d'Ulysse dans la mer Ionienne; Virgile, les conquêtes d'Énée dans le Latium, et il est à croire que l'un et l'autre se sont faits l'écho de croyances dès longtemps admises parmi les populations helléniques et italiotes. Il paraît que les peuples du bassin adriatique possédaient des traditions analogues concernant Anténor et Diomède. Ils racontaient qu'après la prise de Troie, Anténor fuyant l'Asie était venu chercher un asile au fond du golfe avec une troupe de Paphlagoniens; que là il avait jeté les fondements de Padoue (1), et qu'ainsi ses compagnons auraient été les premiers ancêtres de cette nation vénète dont le nom a subsisté dans celui de Venise (2). Diomède tenait aussi une grande place dans leurs souvenirs. Selon eux, le héros, repoussé d'Argos par la trahison de sa femme Ægialée (3), aurait visité les rivages italiens et illyriens. Ils le représentaient parcourant la Messapie, la Campanie, l'Apulie, où un groupe d'îles a gardé son nom (4); fondant Arpi (Argyrippa) et Naples, Adria et Spina; introduisant chez les Euganéens le culte de Junon et de Diane (5); enfin, séjournant en Istrie chez les Iapodes, où, selon Strabon, on l'honora de longs siècles

(1) STRABON, liv. V, chap. I. VIRGILE, *Énéide*, chant I.

(2) Divers auteurs voient dans ces Vénètes des frères des Vénètes d'Armorique; d'autres, assimilant leur nom à celui des Wendes, en font un ban de Slaves primitifs.

(3) FARLATI, *Illyricum sacrum*.

(4) Iles Tremiti ou Diomédées, au nord du promontoire du mont Gargan.

(5) FARLATI, *Op. cit.*

après sa mort dans un temple construit à l'embouchure du Timave (1). Sans doute une partie de ces données, la plus considérable peut-être, est apocryphe. Ne contiendraient-elles pourtant pas les éléments d'une tradition primitive respectable? Rarement les légendes s'édifient sur le vide, et il serait à craindre qu'en les reléguant toutes dans la catégorie des mythes, on n'aliénât quelques précieuses parcelles de vérité, mêlées, il est vrai, à beaucoup de mensonges.

Malheureusement le terrain de l'histoire positive n'est pas plus facile à déblayer. Ce n'est pas qu'on y marche constamment en pleines ténèbres. Les annalistes classiques jettent çà et là quelques lumières au milieu de ces obscurités. Ils citent les noms des peuples qui résidèrent anciennement sur le littoral adriatique. Ils indiquent à peu près les limites de leurs territoires respectifs et l'ordre dans lequel ils se sont succédé les uns aux autres. Mais quelle est la valeur des dénominations qu'ils emploient? Ont-elles un sens ethnique, politique, géographique? Voilà ce qui la plupart du temps nous échappe et faute de quoi l'on est fort embarrassé pour fixer l'identité propre à chacun de ces groupes. On a pourtant essayé de les rattacher aux différentes familles humaines dont la présence a été scientifiquement constatée sur ces rivages. C'est un fait assez généralement admis qu'antérieurement aux invasions des Celtes et par conséquent

(1) Strabon, liv. V, chap. I. — *Entre Aquilée et Trieste.*

aux siècles historiques, une race dolichocéphale, qu'on est convenu d'appeler ibère, s'est étendue sur l'Afrique, l'Espagne, la Gaule, la Sardaigne, l'Illyrie et l'Italie, d'où elle aurait été repoussée par une race brachycéphale qu'on a identifiée avec la race ligure. Or, Thucydide (1) dit d'une manière formelle que les Sicanes, habitants primitifs de l'Italie, étaient Ibères. Dès lors, il paraît assez plausible d'assimiler aux Ligures ces Sicules qui refoulèrent les Sicanes vers le sud et l'ouest, et donnèrent le nom de Sicile à l'île de Trinacrie (2).

Mais la nation qui dans la période antique eut le rôle le plus important en Illyrie est celle des Pélasges. Sur ceux-ci au moins on possède des indications plus nombreuses et plus détaillées, sinon toujours plus claires. Le nom des Pélasges est familier aux historiens grecs, qui voient en eux les ancêtres ou les prédécesseurs des Hellènes. A des époques qu'on ne peut fixer, ils ont la prépondérance dans l'Europe orientale : en Grèce, où ils bâtissent en divers temps les acropoles d'Athènes, de Mycènes et d'Argos ; en Thessalie et en Épire, où, selon Éphore (3), ils élèvent le premier sanctuaire connu de Jupiter, celui de Dodone ; en Asie Mineure, où le Pélasge Dardanus édifie les murs de Troie ; en Italie, où un autre Pélasge venu d'Arcadie, Évandre, asseoit la dynastie d'où sortira Romulus. Ce dernier pays aurait été envahi à

(1) THUCYDIDE, *Guerre du Péloponèse,* liv. VI, c. II.
(2) Philiste de Syracuse le dit positivement.
(3) EPHORI *Fragmenta,* lib. IV.

2

plusieurs reprises par des groupes pélasgiques, parmi lesquels on range les Peucétiens, Œnotriens et Élymiens du sud, puis les Tyrrhéniens et, d'après Hellanicus (1), les Étrusques ou Rasènes. Toutefois ce tableau présente bien des obscurités. L'appellation même de Pélasges est fort ambiguë. S'applique-t-elle à une ligue, à une confédération de peuples, ou bien à une race originale bien caractérisée? Certains indices en feraient douter. On classe assez communément les Pélasges parmi les nations indo-européennes. Or, les Étrusques diffèrent par plus d'un trait du type aryan (2). De respectables autorités (3) ont assimilé à ces mêmes Pélasges les Philistins émigrés de Crète en Palestine, et pourtant les indices linguistiques autoriseraient à les mettre plutôt au nombre des peuples d'origine sémitique ou chamitique. Je sais bien qu'il faut tenir compte des altérations qu'une race peut subir par le fait d'un contact prolongé avec une autre race. Les Chamites phéniciens ou chananéens ont pu se mêler aux Pélasges en Crète, en Italie, en Asie, et donner ainsi naissance à des individualités ethniques plus ou moins distinctes du type primordial; mais ce ne sont que des conjectures, et là encore la science est loin d'être en possession de théories solides et inattaquables.

Par exemple, en ce qui concerne les peuples illyriens,

(1) Hellanici *Fragmenta*, lib. I.

(2) Voir à ce sujet, entre autres, Beulé, *l'Étrurie et les Étrusques*, dans l'ouvrage intitulé : *Fouilles et découvertes*.

(3) D'Arbois de Jubainville, *les Premiers Habitants de l'Europe*. — F. Lenormant, *Manuel d'histoire ancienne de l'Orient*.

Appien et Strabon paraissent n'admettre aucun doute sur leur caractère essentiellement pélasgique. La légende qui fait venir les Vénètes de la Troade s'accorde en cela avec les témoignages historiques, puisque les compagnons d'Anténor comme ceux d'Énée étaient des Pélasges. D'après l'auteur de l'*Illyricum sacrum,* Farlati, l'organisation de la première société illyrienne serait due à des Phéaciens, c'est-à-dire à des Pélasges arcadiens de Corfou. Ils auraient été amenés en Istrie par Hyllus, fils d'Hercule et de Mélita, elle-même fille du roi Nausithoüs. Quelque fabuleuses que puissent être les sources auxquelles ce récit est emprunté, il n'en est pas moins en harmonie avec le dire de Strabon. Que ces Pélasges aient eu pour chef Hyllus, et que ce soit un descendant de celui-ci qui ait accueilli sur le sol d'Istrie les Colches fugitifs (1), peu nous importe. Le fait utile à retenir, c'est la présence dûment constatée de cette famille d'hommes en Illyrie et le caractère de permanence qu'y prennent leurs établissements. Peu à peu leurs tribus se répandent sur le littoral, où elles se groupent en masses profondes et compactes. Vaincus plus tard, dispersés et refoulés à diverses reprises par les Liburnes et par les Celtes, les Pélasges demeurent l'élément principal de la population côtière. Ils se maintiennent vis-à-vis de Rome, et dans les temps modernes, vis-à-vis des Slaves et des Turcs. On désigne encore une partie de leurs descendants albanais par ce vieux nom

(1) Farlati, *Illyricum sacrum*,

de Tosques (Tusci) que portèrent leurs frères les Étrusques, et dont ceux-ci ont transmis l'héritage aux habitants de la moderne Toscane (1).

Mais si les ténèbres pélasgiques sont traversées de quelques lueurs, on retombe bientôt dans une nuit complète avec ces Liburnes si longtemps cantonnés sur le territoire illyrien, entre l'Istrie et la Dalmatie. Chacun leur attribue une origine différente. Les uns en font des Ibères (2); les autres, des Ligures ou des Phéniciens. L'identité étymologique du nom de Liburnes et de ceux des villes de Livourne en Toscane et de Libourne en Aquitaine, l'une et l'autre comprises dans les limites de l'ancien empire ibère, a induit à penser qu'ils appartenaient à cette race dont les Basques contemporains sont les derniers représentants. A cela Hécatée répond qu'ils tenaient leur nom d'un de leurs chefs appelé Liburnus (3). Farlati, mêlant leurs ancêtres à l'épopée légendaire, suppose qu'ils auraient fait partie d'un second ban de Colches envoyés d'Asie à la recherche de Médée. Mais cette hypothèse paraît bien dépourvue de bases. Au fond, on ne sait ce qu'ils étaient. Leur domination sur l'Adriatique coïncide avec le développement de la civilisation étrusque en Italie. La mer devient leur proie. Ils réduisent à néant la puissance des Colches et des Phéaciens de Corfou, et s'établissent sur les côtes d'Apulie et d'Illyrie. Pola avait

(1) Benloew, *la Grèce avant les Grecs.*
(2) D'Arbois de Jubainville, *Op. cit.*
(3) Hecatæi *Terræ circuitus.*

été la métropole des Colches, Zara ou Iadera devient celle des Liburnes. Les murs de Scardona s'élèvent. La marine liburnienne est longtemps sans rivale. Puis, après une période d'éclat, elle tombe sous l'effort simultané des Celtes au nord et des Hellènes au sud.

Dès le septième siècle ceux-ci étaient entrés en lutte avec les Liburnes. Des Corinthiens conduits par l'héraclide Chersicrates les avaient expulsés de Corfou (1). Dès lors l'influence des nouveaux venus ne cesse de croître et s'étend progressivement sur les provinces voisines. Les républiques achéennes et doriennes absorbent peu à peu les petites nationalités de l'Italie méridionale et supplantent en Sicile les établissements des Sicules (2). Puis des bords de la mer Ionienne le flot grec monte vers l'Adriatique. L'île de Curzola (3) est envahie par des émigrés de Cnide. Une colonie de Pariens se fixe dans l'île de Pharos, la moderne Lesina. Enfin, vers le quatrième siècle (4), les tyrans de Sicile prétendent ouvertement à l'empire de la mer. Denys de Syracuse s'allie aux Celtes pour ruiner la puissance des Étrusques et celle des Liburnes. Il prend Corfou, établit une station navale dans l'île de Lissa (5), fonde Trau (Tragu-

(1) Farlati (*Op. cit.*) place l'émigration corinthienne à Corfou l'an 735 avant J. C. Jean Lucius (*De regno Dalmatiæ et Croatiæ*) la fixe à l'an 16 de Rome.

(2) Thucydide. — Diodore de Sicile.

(3) « Corcyra nigra » (Strabon).

(4) Farlati fixe les entreprises de Denys dans l'Adriatique à l'an 406.

(5) J. Lucius, *De regno Dalmatiæ et Croatiæ*.

rium) (1) et Alessio (Lissus), et maintient fermement sa suprématie dans ces parages.

Mais ses successeurs ne gardent pas ses conquêtes. Dès le règne de Timoléon, l'Adriatique échappe aux Siciliens et passe aux mains des Celtes. C'est en effet la période de grande extension de la puissance celtique. Du sixième au troisième siècle, ces barbares ont fondé un empire analogue à ceux de leurs prédécesseurs ibères, ligures et pélasges. A cet empire ils ont donné pour bornes d'une part l'Asie, de l'autre l'océan Atlantique. De l'Asie, patrie primitive de leurs ancêtres aryans, Galls et Kymris, Galates et Gaulois se sont élancés à la conquête de l'Occident. Tour à tour ils ont inondé de leurs flots la Thrace, la Macédoine, la Grèce, les Gaules, dont ils renouvellent de fond en comble la population ibéro-ligure; l'Espagne, où de leur mélange avec les anciens possesseurs du sol naît le type celtibère; l'île de Bretagne, qu'ils ravissent aux tribus ibères, ligures et scanes. En Italie, où ils anéantissent la puissance étrusque, ils ne sont arrêtés que par les Ombro-Latins, dont la capitale, Rome, tombe pourtant un jour entre leurs mains (2). Les provinces du nord de l'Adriatique reçoivent ces hôtes nouveaux qui chassent ou exterminent leurs anciens habitants. Alors disparaissent les noms de Vénètes et de Iapodes. Les Liburnes sont définitivement écrasés et dispersés. La race conqué-

(1) FARLATI, *Op. cit.*
(2) Bataille d'Allia. Assaut du Capitole.

rante s'insinue au sein des populations qu'elle ne détruit pas, et elle en modifie profondément le type. Ces Illyriens dont Appien, Polybe, Tite-Live et Diodore nous esquissent l'histoire pendant la période des guerres romaines sont bien encore des Pélasges, mais fortement imprégnés d'éléments celtiques (1).

Farlati assure même que les États indépendants qui se forment sur le littoral sont l'œuvre de chefs celtes. Il paraît au moins positif que c'est de cette époque que datent les dynasties illyriennes qu'on voit régner dans les siècles suivants. L'histoire commence à s'occuper de ces princes. Diodore s'étend sur leurs querelles avec leurs voisins de Macédoine. Il nous montre Bardileus, roi d'Illyrie, en guerre avec Amyntas, père de Philippe; puis Clitus, fils de Bardileus, avec Alexandre le Grand, et Glaucias, prince des Illyriens Taulantiens, avec Cassandre, fils d'Antipater. La lutte entre les deux peuples se continue ainsi pendant plusieurs générations. Elle ne cesse que lorsque Rome parvenue à l'apogée de sa fortune est devenue une menace pour tous deux. Alors Macédoniens et Illyriens s'unissent pour résister à l'ennemi commun et finissent par succomber ensemble. Les derniers descendants des successeurs d'Alexandre, Philippe et Persée, sont contemporains des derniers rois d'Illyrie dont les noms nous soient parvenus, Scerdilaïdas et Gentius.

(1) Strabon. — Farlati. — J. de Boisjolin, *les Peuples de la France*.

Polybe a décrit avec quelque détail les événements qui précédèrent et accompagnèrent la chute de la monarchie illyrienne. Il parle d'Agron, fils de Pleuratus, comme d'un roi vaillant dont le prestige était grand sur toutes les côtes de l'Adriatique (1). Une partie des colonies grecques, Corcyre, Pharos, Épidamne, étaient tombées en son pouvoir (2). De tels agrandissements étaient bien faits pour éveiller les jalouses susceptibilités de la république. Elle ne manifesta pourtant son hostilité qu'après la mort d'Agron, sous le règne de sa femme Teuta. Les attaques réitérées de cette princesse contre les villes grecques furent le prétexte qu'elle prit pour intervenir dans les affaires d'Illyrie. Or, les interventions de Rome aboutissaient fatalement à des conquêtes. L'Illyrie en fit bientôt la dure expérience. Vaincue et humiliée à diverses reprises, elle voulut jusqu'au bout poursuivre une lutte inégale contre l'implacable adversaire dont elle devait ainsi hâter la victoire. Le suprême conflit s'engagea sous Gentius, dernier roi de Scodra (3). Ce prince avait pris parti pour le Macédonien Persée contre les Romains (4). C'en était assez pour attirer l'orage. Défait par le préteur L. Anicius, Gentius fut emmené captif à Rome, où il orna

(1) *Agron, Illyriorum rex, Pleurati filius, copiis et terrestribus et navalibus priores Illyrici regis longe anteibat.* (POLYBII *Historiarum* lib. I, cap. II.)

(2) *Is Agron et Epiri partem aliquam et Corcyram prœterea et Epidamnum Pharumque bello capta prœsidiis tenuit.* (J. LUCII *Op. cit.*)

(3) Scodra est la Skadar des Turcs, la Scutari contemporaine.

(4) POLYBII *Historiarum* lib. XXIX, cap. II.

avec ses fils le triomphe du vainqueur (1). Peu après, l'Illyrie (2) était réduite en province romaine. Toutefois la pacification du pays coûta plus d'un effort aux conquérants. Auguste, Agrippa, Germanicus, Tibère, durent encore conduire les cohortes de l'autre côté de la mer. Ces campagnes mirent fin à l'existence de l'Illyrie antique. Incorporée à l'empire, elle reçut une organisation nouvelle. Le nom de Dalmatie se substitua à celui d'Illyrie, qui prit une acception plus étendue, et Salone devint la métropole du territoire maritime.

Il n'y a désormais plus de place pour des rivalités de peuples dans le bassin adriatique. L'autorité de Rome y maintient la paix durant de longues années. Mais quand l'empire à son déclin ne pourra plus contenir l'élan des barbares, ces rivages reverront les chocs d'armées, les destructions de villes, les massacres, les ruines. Les guerres ne cesseront pendant la période du Bas-Empire que pour se renouveler à de courts intervalles. Je reviendrai sur l'histoire de ces provinces. Pour le moment, il me suffit d'avoir indiqué sommairement les principaux faits de leurs annales depuis les origines historiques jusqu'à cette forte époque romaine dont l'amphithéâtre de Pola caractérise si bien sur ces côtes la solidité inébranlable et la majestueuse grandeur.

Ce n'est pas sans y amener de profonds changements que les années se seront accumulées sur la vieille cité

(1) Polybii *Historiarum*, lib. XXX, cap. xiii.
(2) ... *Sæpe ante victam sed penitus tunc subactam.* (J. Lucii *Op. cit.*).

des Colches. Supplantée dans sa prépondérance, d'abord par Zara avec les Liburnes, ensuite par Salone avec les Romains, elle ne la recouvrera pas de longtemps, malgré l'accroissement de sa population sous les empereurs. Au temps de Constantin, elle devient un lieu d'exil. Ce prince y envoie mourir son fils Crispus. Quelques années après, le frère de l'apostat Julien, Gallus, arraché à son gouvernement d'Asie et relégué près de là à Flanone, y est assassiné par ordre de son oncle Constance. Puis viennent les orageuses guerres germaines. L'Istrie est tour à tour dominée par les Byzantins, les Goths, les Awares, les Slaves, les Carlovingiens, les Allemands, les Vénitiens. Aujourd'hui elle est autrichienne, et il semble qu'un avenir meilleur s'ouvre pour Pola. Depuis quelques années en effet, son port a conquis le premier rang parmi les ports militaires de l'Adriatique, et la victoire de Lissa, gagnée par ses marins, a marqué avec éclat les débuts de cette fortune renaissante. Curieuse destinée, en vérité, que celle de cette ville, la plus ancienne peut-être de ces rivages, qui après avoir souffert d'une déchéance et d'un abandon près de vingt fois séculaire, retrouve à cette heure une nouvelle jeunesse et ressaisit fièrement le sceptre des mers dont l'avaient dépouillée des peuples qui ont disparu pour jamais.

# III

## EN DALMATIE. — ZARA. — LES SLAVES DU SUD. — LES DALMATES.

La route la plus fréquentée de la Dalmatie est certainement la mer. La plupart des villes importantes de la province avoisinent ses bords, et tant que des lignes ferrées ne les auront pas reliées les unes aux autres, elle demeurera leur principale voie de communication et la grande artère commerciale du pays. Si l'on remarque en outre que presque toutes les localités intéressantes de ces parages s'échelonnent en vue du littoral ou sur la côte elle-même, on jugera avec raison que la meilleure et la plus facile, sinon la plus consciencieuse manière de voir la Dalmatie, est de la voir par mer. Les paquebots du Lloyd, qui sont les voitures publiques de cette route plus qu'impériale, ont des itinéraires commodes grâce auxquels on peut visiter les sites curieux de l'Adriatique, et comme leurs passages sont fréquents et réguliers, on n'est nullement exposé, en abandonnant parfois en pays d'art un bateau trop pressé, à endurer les ennuis d'une captivité sans terme et à attendre pour reprendre la mer le retour des calendes prochaines.

Ce voyage par eau est non-seulement facile, il est encore charmant. On vit ainsi dans l'intime société de la mer, et il suffit d'une courte expérience pour apprendre combien celle-ci est douce et attachante. La mer devient plus que votre spectacle et votre pain quotidien; elle devient un véritable compagnon de route, presque un ami. On ne se lasse pas de la voir et de l'entendre. Avec bonheur on s'éternise, dans le calme des beaux soirs, à écouter la grande voix de ses vagues, et dans ses brises chargées d'âcres parfums, on puise je ne sais quel aliment salutaire qui vous réconforte à la fois le corps et l'âme. Il n'est pas de jour où ce charme n'aille en grandissant et ne vous apporte un surcroît d'exquises jouissances. On en arrive bientôt à l'aimer avec passion, si bien qu'on ne peut s'en éloigner sans tristesse, et qu'à l'heure de la séparation on ressent comme un vide étrange dans le cœur.

Tous cependant ne professent pas le même culte à l'égard de la mer. Comme elle a fait des victimes, elle a des détracteurs et des ennemis. Elle en a de haut placés. Horace, qui sans doute avait pâti des inconstances de l'Adriatique, ne lui a pas ménagné les fâcheux compliments :

*Ego quid sit ater*
*Adriæ novi sinus,*

dit-il en quelque endroit de ses Odes (1), et à ce ton d'amère ironie, on devine que le vide étrange dont je parlais s'était fait un jour sentir au poëte tout autre part que dans son cœur, et non point précisément pour avoir perdu la vue de la mer.

En dépit des rancunes d'Horace, nous maintenons que l'Adriatique est une mer admirable. Sans doute elle a ses heures de colère, et lorsque la Bora se déchaîne dans toute sa furie sur l'immense plaine, on court grand risque de passer par les mêmes épreuves que le chantre de Tibur. Mais par un temps calme et un ciel serein cette navigation est pleine d'attrait. Ce n'est pas la monotonie désespérante des longues traversées de l'Océan. Ici la scène change constamment devant vos yeux. Parfois on demeure dans l'isolement complet entre le ciel et l'eau. Les vagues s'étendent à perte de vue sans une voile, sans un écueil, sans une silhouette de côte, bleues et riantes, ou sombres et livides; c'est l'heure des douces rêveries sur le pont dans la splendeur des nuits étoilées ou le demi-jour des matinées brumeuses. D'autres fois le paquebot range la terre de plus près; les rivages et les îles se succèdent, lointains ou rapprochés, arides ou couverts de végétation, déserts ou peuplés de jolis villages blancs. On s'engage dans des golfes profonds, dans des détroits qui semblent n'avoir pas d'issue. Tantôt on passe en vue d'un port sans y aborder, assez près toutefois pour pouvoir

(1) Horace, liv. III, ode XXI.

échanger d'amicales salutations avec les braves gens de la rive. Tantôt on va jeter l'ancre dans une crique silencieuse ou devant les larges quais de pierre d'une ville. On débarque, et pendant deux, quatre, six, huit heures, selon la latitude que vous laissent les arrêts du bateau, on se disperse dans les rues, ou bien on erre dans la campagne en quête de scènes pittoresques; heureux si à l'angle d'un chemin on se trouve tout à coup face à face avec quelque superbe horizon de montagnes, ou si au fond d'une vallée ombreuse, plantée de caroubiers et de platanes, on tombe à l'improviste sur une danse animée de paysans en fête. La nuit vient; on retourne à bord. Le repas du soir vous attend avec ses gais convives et ses amusantes causeries; on jase, on rit, on se promène indéfiniment sur le pont. Puis quand chacun s'est retiré, le paquebot se remet en marche, pour faire escale le lendemain en face d'autres paysages et d'autres villes. Telle est la vie que nous menons à bord du *Lucifer;* vie pleine de charme, qui nous a donné quelques-unes de nos meilleures journées de voyage, et qui, n'en déplaise aux mânes d'Horace, n'a été assombrie par aucune de ces bourrasques dont le mol épicurien redoutait si fort l'atteinte.

Un voyage de ce genre a pourtant un grave inconvénient; il est trop rapide. De la sorte, on entrevoit chaque chose sans la bien voir, et les images qu'on emporte, si elles ne s'effacent pas à la longue, perdent bientôt de leur netteté première. Et puis, malgré tous les avantages qu'ils offrent aux voyageurs, ces itinéraires du Lloyd ne laissent pas que de présenter bien des lacunes. Ils n'embrassent point toutes les parties intéressantes des côtes, et de plus leurs temps d'arrêt ne sont pas toujours suffisants. Que de fois nous aurions voulu demeurer davantage, pousser plus loin dans les terres, nous arrêter une heure devant une baie dont le paquebot s'éloignait sans même ralentir sa marche! Ces déceptions se sont renouvelées fréquemment pendant notre traversée. En somme, pour bien voir la Dalmatie, il est indispensable de s'éloigner de temps à autre du littoral et de pénétrer dans les vallées de l'intérieur. Si l'on reste constamment à bord du même bâtiment, en se bornant à profiter de ses stations quotidiennes, on risque de ne faire qu'une tournée incomplète. C'est ainsi qu'en allant de Pola à Zara nous avons laissé de côté tout le golfe de Fiume, le Quarnero avec ses grandes îles de Cherso et de Veglia, et Segna qui fut au seizième siècle le repaire des Uscoques, ces ennemis acharnés de Venise ; et Tersate où séjourna quelque temps la Santa-Casa de Nazareth avant d'être portée sur l'emplacement qu'elle occupe aujourd'hui. Un beau matin nous entrions dans le port de Zara avec vent en poupe et soleil au ciel; nous n'avions pas vu la terre depuis Pola.

Une longue côte grisâtre, parsemée de bouquets d'oliviers ; dans le fond, une chaîne de montagnes couvertes de neige; plus près, une ville presque entièrement isolée de la terre ferme et entourée de toutes parts de murailles fortifiées, avec quelques clochers allongeant leurs cous par-dessus les toits des maisons : voilà ce que nous aperçûmes d'un premier coup d'œil jeté de notre bord sur la rive dalmate. Nous étions à Zara. On ne se figure pas cette place autrement qu'elle n'est. Des murs, des fossés, des ponts-levis, voilà bien le cadre qu'on imagine à la ville des siéges interminables et des révoltes sans nombre ; ces campaniles, ces lions de Saint-Marc sur les portes, au milieu de places pavées de dalles, ces colonnes semblables à celles de la Piazzetta, tel est bien le décor qui convient à la vassale de la grande république, à la résidence habituelle des provéditeurs de Venise. Au surplus, Zara n'a pas une physionomie qui lui soit vraiment propre. La plupart de ses édifices portent à un degré frappant l'empreinte vénitienne, et au cœur de la cité on pourrait facilement se croire dans quelque quartier voisin du Grand Canal, si les dehors du peuple des rues n'empêchaient toute méprise.

De ce côté, en effet, l'originalité ne laisse pas grand'-chose à désirer. Si nos modes d'Europe ont été assez généralement adoptées dans la classe bourgeoise, en revanche elles n'ont point pénétré parmi les classes inférieures. La masse de la population a scrupuleusement gardé ses costumes traditionnels. Aussi, grâce à ce louable esprit de conservation, la Dalmatie est-elle encore aujourd'hui un paradis pour les amateurs de tenues pittoresques. Les quelques districts d'Espagne et de Hollande où le paysan porte encore ses nippes d'autrefois sont loin d'offrir d'aussi riches assortiments d'oripeaux superbes, de culottes mirifiques, de jupons éblouissants. En Serbie, en Roumanie, dans les provinces restées jusqu'à présent les plus réfractaires à l'invasion de l'habit noir, les modes populaires ne sont pas plus curieuses. On est émerveillé de l'éclat et de l'élégance de ces toilettes rustiques. Les parures de femmes surtout ont un cachet d'étrangeté qui surprend et enchante à la fois. La moindre agrafe, le moindre bouton de métal qui s'étale sur un corsage ou sur une manche féminine, a quelque chose de particulier, de gracieux, de réussi, qui frappe à première vue. Les tabliers, les jupes, les vestes d'homme sont garnies de galons, de passementeries, de broderies, de fanfreluches sans nombre. Les étoffes sont presque toutes de tissus très-épais et de couleurs très-voyantes. Et quelles ravissantes collections de colliers, d'épingles de cheveux, de boucles d'oreilles, d'armes de toutes sortes! Il y aurait de quoi en composer tout un musée d'orfévrerie populaire. Nous ne nous lassons pas d'examiner le monde bariolé qui va et vient sur les places et dans les marchés. Les vieilles matrones qui vendent des herbes aux coins des rues, les graves paysans qui arpentent les dalles de long en large ou vident à l'écart une fiasque de marasquin, les jeunes femmes parées errant de boutique en boutique à la recherche d'un objet de ménage ou de toilette, tous, jeunes ou vieux, habitants de la ville ou des erres, ont dans l'accoutrement et dans l'allure quelque chose de caractéristique qui leur donne une haute saveur locale. Rien d'ailleurs chez eux qui rappelle les autres populations méridionales d'Italie, d'Espagne ou de Grèce. Ici l'on se sent tout de suite en présence d'une race à part, dont l'individualité est très-nettement et très-visiblement tranchée.

Les Dalmates n'ont en effet que de très-lointains rapports d'origine avec leurs voisins allemands, italiens, hongrois, grecs ou albanais. Ceux-ci ont pu s'établir au milieu d'eux en masses plus ou moins compactes. Des colons allemands et italiens ont à plusieurs reprises émigré à l'intérieur du pays. Le peuple des campagnes ne s'est pas mêlé à eux et est demeuré essentiellement slave. C'est donc parmi les autres représentants de la race slave, particulièrement dans la Croatie, la Slavonie, dans les principautés de Serbie et de Monténégro, dans la Bosnie, l'Herzégovine et certains districts de la Hongrie et des Confins militaires, qu'il faut chercher les congénères des Dalmates. Les habitants de ces provinces, qu'on désigne communément sous le nom de Serbo-Croates, constituent avec les Bulgares disséminés dans la péninsule des Balkans et les Slovènes d'Istrie, de Frioul, de Carinthie, Carniole et Styrie, ce corps de populations plus ou moins homogènes s'élevant à un total d'environ douze millions d'âmes, auquel on donne l'appellation générale de Jougo-Slaves ou Slaves du Sud. Les groupes qui le composent parlent des idiomes voisins, presque semblables, et c'est là une des principales raisons qui les font considérer comme frères, bien que sous d'autres points de vue ils soient loin de présenter dans leur ensemble un type vraiment uniforme. Ainsi les Bulgares ne sont pas de purs Slaves, mais seulement des Touraniens slavisés, dont les ancêtres étaient apparentés de plus près aux Hongrois et aux Turcs qu'aux Serbes et aux Croates. En outre, le passé politique de ces peuples a contribué à accuser entre eux de nombreux traits de dissemblance. A aucune époque de leur histoire les diverses sociétés slaves ou slavisées du Sud ne se sont rapprochées pour concourir à la formation d'une solide unité nationale. Les tentatives partielles opérées dans ce but par quelques-unes d'entre elles ont échoué ! C'est ainsi qu'à plusieurs reprises les Bulgares s'efforcèrent en vain de réunir entre leurs mains la totalité des provinces slaves. Pendant les neuvième et dixième siècles, les grands knèzes Bogoris, Syméon, Pierre et Samuel avaient organisé autour d'Ochrida un État puissant que détruisirent Jean Zimiscès et Basile II, et dans lequel ils tentèrent d'englober tous les territoires serbes et croates. Plus tard, au douzième siècle, les princes Asanides s'allièrent aux Valaques et fondèrent une nouvelle monarchie bulgare qui dura jusque vers les époques turques. Mais sous les deux dynasties les relations des rois bulgares avec leurs voisins slaves ne furent marquées que par des luttes sanglantes. Le tzar Bogoris se fait battre par les Serbes, et le tzar Syméon par le Croate Tomislav (1). Les essais de concen-

(1) L. Léger, *Histoire de l'Autriche-Hongrie.*

tration des krals serbes de la famille des Némanias n'aboutissent pas à de meilleurs résultats. Vers le temps des Paléologue, ils étaient parvenus à fondre ensemble les branches séparées de leur nation, mais leur œuvre, inaugurée sous de brillants auspices, ne put se consolider. A la mort d'Étienne Douchan, la dislocation de la puissance serbe commence. Princes de Zéta et de Monténégro, bans de Bosnie, ducs d'Herzégovine, rompent tour à tour l'unité nationale pour créer de petits États indépendants bientôts écrasés et anéantis. Au total la race jougo-slave, si tant est qu'il soit légitime de lui appliquer ce mot de race, n'offre guère dans tout le cours de son histoire que le spectacle de l'anarchie et de l'impuissance. C'est en grande partie par le fait de son émiettement et de sa passion des autonomies locales que les Turcs ont pu briser sa résistance et faire peser sur elle l'intolérable despotisme dont elle cherche maintenant à rejeter le fardeau.

De nos jours où les nationalités distinctes tendent de plus en plus à s'organiser en sociétés unitaires et indépendantes, les Jougo-Slaves réussiront-ils enfin à rassembler en un faisceau leurs forces éparses? Sans doute, c'est là une question qu'il n'appartient qu'à l'avenir de résoudre; mais autant qu'on en peut juger par le présent, il ne semble pas que cette union soit de longtemps réalisable. Elle ne rencontre pas en effet dans l'état actuel, ni même dans les aspirations particulières de ces peuples, de moindres obstacles que par le passé. Les

Bulgares, aidés de la Russie, parviendront peut-être un jour à se reformer complétement en corps de nation. Peut-être en sera-t-il de même pour les Serbes de l'Autriche, du Monténégro, de la Turquie et de la Principauté; et il est encore possible que les Slovènes, les Croates et les Dalmates arrivent à resserrer plus fortement les liens qui les rattachent les uns aux autres. Quant à la fusion de ces diverses unités en un seul État slave, en outre des difficultés d'ordre politique et extérieur qu'elle rencontrerait, on peut dire qu'elle n'entre que très-vaguement dans les vues et les désirs de chacune d'elles. Les Bulgares ont un sentiment très-net et très-exclusif de leur nationalité propre, et ils ne consentiraient point à entrer dans une combinaison politique qui ne leur assurerait pas la prépondérance. Les Serbo-Croates n'ont pas de moindres prétentions, et de plus il n'existe parmi eux ni unité d'intérêts, ni unité de vues. Ils se scindent en deux sociétés distinctes dont les efforts tendent vers des buts différents. Les uns, entraînés vers l'Orient par une impulsion séculaire, aspirent à y jouer un rôle de plus en plus considérable, tandis que les autres ne songent qu'à améliorer leurs conditions d'existence sans recourir aux voies révolutionnaires. Cette double tendance trouve d'ailleurs son explication et comme sa raison d'être dans la situation géographique des divers groupes serbo-croates. Si l'on jette en effet les yeux sur la carte des pays qu'ils occupent, on distingue comme deux grands bassins populeux dont les habitants, à l'instar de leurs fleuves, regardent vers deux mers différentes. Il y a toute une série de familles slaves, d'origine plus particulièrement serbe, disséminées dans les vallées du Danube, en Bosnie, en Hongrie, en Turquie, en Serbie, qui considèrent Belgrade comme leur centre national et le vrai point de ralliement de leur race, tandis que les Slaves échelonnés sur les versants de l'Adriatique assignent le même rôle à Zagreb ou Agram, la capitale croate. Or, à ces deux régions territoriales correspondent précisément deux religions ennemies. Le Serbe du Danube est schismatique photien ; le Croate de l'Adriatique appartient à la communion romaine (1). Ces divergences religieuses sont même plus tranchées aujourd'hui qu'elles ne l'étaient anciennement. Au début de la prédication chrétienne elles sont à peine sensibles. Les Slaves danubiens, Serbes, Bulgares, Moraves, reçoivent, il est vrai, l'Évangile par l'intermédiaire des apôtres byzantins ; mais cela n'empêche pas l'évêque de Rome de leur envoyer des prêtres et de garder sur eux jusqu'après la consommation du schisme grec un légitime ascendant. C'est le pape Formose qui autorise l'érection du patriarcat bulgare autocéphale d'Ochrida ; c'est le pape Innocent III qui, sous les Asanides, confère de nouveaux priviléges aux primats de Ternovo (2). Le biographe des Némanias, Dométian de

(1) Seul dans ces parages le Monténégrin appartient au culte orthodoxe ; d'ailleurs, le Monténégrin est Serbe, et non Croate.

(2) A. d'Avril, *la Bulgarie chrétienne. Documents relatifs aux églises d'Orient.*

Khilandari, atteste que les papes entretinrent longtemps des rapports avec les rois serbes. Ainsi cet auteur raconte qu'Étienne II, fils de saint Siméon et frère de saint Saba l'Athonite, ceignit le jour de son sacre une couronne que lui avait envoyée le pape Honorius III (1). Je pourrais citer bien d'autres faits qui prouvent l'ancienne entente des souverains pontifes avec les princes slaves. Quoi qu'il en soit, Serbes et Bulgares cédèrent peu à peu aux influences byzantines et finirent par partager le schisme des grecs, tandis que les Dalmato-Croates demeurèrent attachés à la communion latine. C'est parmi ces catholiques de rite slave que se sont conservés l'alphabet et la liturgie glagolitiques, que quelques-uns croient être le véritable alphabet et la véritable liturgie cyrilliques composés au neuvième siècle par les saints Cyrille et Méthode.

Comme on le voit, il existe des causes de division non-seulement entre les différentes sociétés jougo-slaves, mais jusque parmi les membres de leurs diverses fractions. Dans l'ensemble du groupe serbo-croate, nous avons distingué les Serbes danubiens orthodoxes, dont font partie les habitants du Monténégro, et les Slaves catholiques de l'Adriatique qui comprennent les branches dalmate, croate et slavonne. Ce n'est pas tout. Même parmi ces dernières, qui ont pourtant entre elles une affinité plus grande, il n'y a pas homogénéité parfaite. La

(1) CHODZKO, *Légendes slaves*, Préface.

Dalmatie n'est pas aussi franchement slave que le pays croate. Dans les villes du littoral, il y a eu fusion entre l'élément slave et les anciens éléments ethniques, principalement le latin, et la séculaire occupation vénitienne n'a pas peu contribué non plus à infuser du sang latin dans les veines de la population. Longtemps l'italien est resté la langue dominante de la Dalmatie, tandis qu'il n'a jamais été parlé en Croatie et en Slavonie. On s'explique donc jusqu'à un certain point que l'Italie ait nourri l'espoir de faire revivre son influence sur une partie des provinces côtières. Outre qu'elle y compte un nombre considérable de ses nationaux, elle sait que les traces de sa longue domination n'y ont point été complétement effacées. Le grand obstacle à ces visées, c'est que la masse du peuple n'est nullement portée de ce côté. Quelques latinisés qu'ils aient pu être, les Dalmates se tiennent pour de purs Slaves, et ils ne tendent qu'à affermir et à rendre chaque jour plus étroite leur alliance avec leurs congénères. Ce qu'ils désireraient avant tout, serait la reconstitution légale du petit royaume triunitaire de Dalmatie, Croatie et Slavonie, qui au moyen âge réalisa l'union des Slaves de l'Adriatique et leur donna durant plusieurs siècles une existence politique commune et quasi indépendante. Obtenir que la nationalité dalmato-croate soit admise sur un pied d'entière égalité avec les nationalités allemande et hongroise; posséder à Zagreb (Agram) une capitale officielle où l'empereur-roi de Croatie viendrait se faire couronner, comme le fait à

Pesth l'empereur-roi de Hongrie; avoir un ministère slave, une université slave, une langue et une culture nationales, tout en demeurant attachés à l'empire par les liens du fédéralisme : tel est actuellement l'idéal des Dalmates et des Croates. C'est là l'objectif de la lutte qu'ils poursuivent depuis un quart de siècle contre les partis centralistes, lutte dont un des plus éminents leaders a été et est encore Mgr Strossmayer, évêque de Diakovo. Leur programme a-t-il quelque chance d'être un jour accepté dans son intégrité par les gouvernants autrichiens? C'est ce que de plus instruits que moi des choses de ce pays auraient peut-être quelque peine à décider. En tout cas, l'exemple des Hongrois est bien fait pour les engager à persévérer dans la voie qu'ils se sont tracée. Si en effet ces derniers sont parvenus à faire reconnaître officiellement les droits historiques du royaume de saint Étienne, il semble qu'un résultat analogue doive être tôt ou tard obtenu par les Tchèques et les Croates qui ont les mêmes titres qu'eux et peuvent faire preuve de la même opiniâtreté dans leurs revendications. Ne serait-il pas étonnant, après tout, que dans un siècle où à tort ou à raison la loi du nombre exerce une influence de plus en plus grande sur la vie politique des États européens, dix-sept millions de Slaves répandus dans l'empire des Habsbourg demeurassent à jamais exclus de la direction immédiate de leurs propres affaires par neuf millions d'Allemands et cinq millions de Magyares?

Mais laissons là des questions à travers lesquelles on court risque de s'égarer si l'on ne possède une connaissance approfondie de la politique intérieure de l'empire autrichien. Envisageons plutôt le passé. Voyons quelle fut la condition de la Dalmatie depuis les temps de Rome jusqu'à nos jours. Cette nouvelle excursion dans le domaine de l'histoire nous permettra d'entrevoir les raisons sur lesquelles se basent les Slaves pour réclamer actuellement leur émancipation. Toutefois, pour acquérir une idée claire de ce que fut la Dalmatie pendant le cours du moyen âge, il ne nous suffira pas de jeter un coup d'œil sur les annales du royaume triunitaire. Si dans l'antiquité le rôle de la petite république de Delminium (1), qui pourtant donna son nom à tout le territoire dalmate, est relégué dans l'ombre par celui des grandes sociétés pélasgique, illyrienne, celtique et romaine, de même plus tard le rôle du petit État slave s'efface-t-il devant celui des Byzantins, des Francs, des Vénitiens, des Hongrois. C'est à ces puissances qu'obéissent tour à tour les provinces côtières. C'est avec leur histoire que s'identifient pendant plusieurs siècles les destinées du pays qui nous occupe.

Nous nous reportons aux années qui marquèrent le déclin de la domination romaine. A ce moment, l'empire affaibli et désorganisé cherche vainement à arrêter le flot des irruptions barbares. Celui-ci brise toutes les digues

(1) Delminium est l'Almissa actuelle. A. Rambaud, *l'Empire grec au dixième siècle.*

qu'on lui oppose et fond sur l'Italie avec une irrésistible furie. L'Illyrie n'est pas épargnée. Chaque invasion qui atteint une des rives de l'Adriatique gagne rapidement l'autre bord. Les Wisigoths, les Huns, les Hérules se précipitent sur les provinces comme une avalanche meurtrière. Attila détruit la florissante ville d'Aquilée, et ses habitants, fuyant devant le fléau de Dieu, se réfugient au milieu des lagunes où ils construiront Venise. Quand enfin l'empire d'Occident est tombé sous les coups d'Odoacre, les Césars d'Orient se présentent comme les maîtres légitimes du sol romain qu'ils vont disputer à tous leurs conquérants successifs. Après les Hérules viennent les Ostrogoths : longue et sanglante période de guerres pour l'Occident. Justinien a d'habiles généraux : Bélisaire, Narsès ; mais les faibles exarques de Ravenne, leurs héritiers, laissent peu à peu anéantir le fruit de leurs victoires. Après une suite de dix-huit exarques parmi lesquels on chercherait en vain un homme supérieur, le Lombard Astolphe met fin à la domination byzantine dans l'Italie du Nord. L'autorité impériale ne subit pas de moindres échecs en Illyrie. La Dalmatie, soumise un moment à la reine Amalasonthe, a bien été rendue à l'Empire sous Théodat (1) ; un lieutenant de Bélisaire, le Hun Mundus, a reconquis sur les Goths la ville de Salone ; mais voici que d'autres hordes de barbares descendent sur les côtes et s'en emparent. Ce sont

(1) Procopii *Historiæ.*

les Awares et les Slaves ou Esclavons. L'Empire, engagé en Asie dans une lutte formidable contre les Sassanides de Perse, ne peut faire face à la fois à tant d'ennemis. En vain Maurice oppose aux envahisseurs ses stratopédarques Priscus et Comentiole ; parfois battus, jamais domptés, Awares et Esclavons se répandent au loin dans l'Illyrie qu'ils couvrent de ruines. Héraclius, impuissant à conjurer le fléau, traite avec les Slaves, les arme contre les Awares, et après que ceux-ci ont été rejetés hors de la Dalmatie, concède aux vainqueurs les territoires envahis.

Ainsi, selon Constantin Porphyrogénète, c'est du huitième siècle que daterait l'occupation du littoral par les Slaves. Dès lors, ils deviennent les vassaux et les alliés de l'empire grec. Byzance gardera son ascendant sur eux jusqu'au temps des expéditions normandes dans l'Adriatique, époque où celui-ci disparaîtra sans retour. Mais dans l'intervalle, l'autorité des empereurs subira plus d'une éclipse temporaire. A certains moments on la croira tout à fait morte, tant elle se fera faiblement et inégalement sentir. Dès le huitième siècle, elle reçoit de graves atteintes. Charlemagne a paru en Occident. En Italie, il a abattu la monarchie lombarde. Didier, duc d'Istrie, héritier de la couronne d'Astolphe, est dépouillé de ses États, et l'exarchat de Ravenne entre, en vertu d'un don formel, dans le domaine temporel des papes. Les Awares sont écrasés en Pannonie, et ces terribles Tartares, assaillis quelque temps après par les armées du roi bulgare Krum, sont définitivement rejetés hors des territoires qu'ils avaient conquis (1). Les victoires du prince franc lui ouvrent l'accès des provinces orientales. Son influence s'étend progressivement sur les provinces sujettes de l'empire byzantin. Les Slaves de l'Adriatique passent sous sa tutelle immédiate, et lorsqu'un traité intervient entre Charles et l'empereur Nicéphore, celui-ci ne conserve que les îles dalmates, avec Zara, Trau et Spalato (2). Istrie, Esclavonie, Dalmatie, Croatie, Bosnie, font désormais partie de la monarchie franque et constituent un fief dépendant de la couronne d'Italie. Ce n'est que vers la fin de la dynastie carlovingienne que Basile le Macédonien rétablit sur les côtes la suprématie byzantine, après avoir relevé son prestige en triomphant des Sarrasins de Bari (3).

Le partage de la Dalmatie, opéré par les empereurs d'Orient et d'Occident, mérite de fixer notre attention; car il jette un certain jour sur l'état intérieur de cette province vers le temps où nous sommes parvenus. Il nous fournit même un utile renseignement rétrospectif en ce qu'il nous montre comment s'était faite la division du pays entre les nouveaux éléments slaves et les anciens occupants du sol. Il paraît en effet probable que la ligne de démarcation tracée entre les deux empires n'était point arbitraire et marquait à peu près les frontières des deux populations. Il est d'autant plus nécessaire de constater ce

(1) Lebeau, *Histoire du Bas-Empire.*
(2) *Ibid.*
(3) J. Lucii *De regno Dalmatiæ et Croatiæ.*

fait, en étudiant l'histoire dalmate, que sans cela certaines de ses particularités paraissent difficilement explicables. Dans les années qui suivent la chute de l'exarchat de Ravenne, nous voyons des magistrats byzantins résider en Dalmatie. Les prieurs de Zara se succèdent dans leur charge jusqu'au onzième siècle, où l'on voit encore un protospathaire impérial, catapan de toute la Dalmatie (*totius Dalmatiæ catapanus*) (1), représenter dans cette ville l'empereur Constantin Ducas. D'autre part, les historiens attestent qu'à partir d'une date déterminée, l'autorité suprême fut exercée à la fois, et avec l'assentiment formel des princes grecs, soit par les doges de Venise, soit par les rois de Croatie. Sans doute il se peut que, tout en maintenant pour la forme un fonctionnaire impérial en Dalmatie, les Césars bysantins aient confié temporairement la réalité du pouvoir à l'un ou à l'autre de ses vassaux, selon qu'il avait plus ou moins à se louer de leurs services. Mais ce qui paraît plus plausible, c'est que Vénitiens et Croates avaient reçu le gouvernement de territoires distincts délimités selon l'esprit du traité carlovingien, et correspondant à des populations d'origines différentes. Venise gardait sous sa dépendance les places réservées par le traité à l'empire grec; c'étaient les îles, Zara, Trau, Spalato avec leurs banlieues, en un mot la plupart des points de la côte où s'étaient réfugiés les anciens habitants latins aux jours de l'invasion slave. De

(1) J. Lucii *Op. cit.*

leur côté, les Croates dominaient sur le reste de la province où la majorité du peuple appartenait à la race envahissante. Cette division du pays se maintint telle quelle pendant la longue rivalité de Venise et de la Hongrie. De nos jours il y a encore une différence très-marquée entre les habitants des campagnes dalmates, qui sont de purs Slaves, et ceux des villes du littoral, qui ont un cachet beaucoup plus prononcé de latinisme.

Il existe donc, pour ainsi dire, deux histoires parallèles de Dalmatie, histoires qui varient selon qu'on s'attache aux événements dont la Dalmatie croate ou la Dalmatie vénitienne furent le théâtre. Je dirai d'abord quelques mots de de la première, bien que les faits qui la concernent soient environnés de peu de clarté. Constantin Porphyrogénète et l'archidiacre Thomas de Spalato sont à peu près les seuls historiens anciens qui soient entrés dans quelques détails relativement aux dynasties des princes slaves, et sur bien des points leurs récits ne s'accordent pas. Ces auteurs citent les noms de Porinus et de Porga comme ceux des chefs du premier établissement slave contemporain d'Héraclius. Les Croates reçoivent le baptême sous le règne du second de ces princes. Soumis tour à tour à la suzeraineté des Byzantins et des Francs, ils redeviennent vassaux de l'empire grec sous Basile I^er^. Peu à peu ils étendent leurs domaines et acquièrent la plus grande partie des districts qui comprennent actuellement les provinces de Dalmatie, Croatie et Slavonie. Le petit État se fortifie sous la bienfaisante administration des

Mutimir, des Tirpimir, des Tomislav. Celui-ci repousse victorieusement les attaques du knèze de Bulgarie, Siméon (1). Enfin, vers l'an 1000, Dircislav s'arroge le titre de roi de Dalmatie et de Croatie (2). Dès lors, les rois croates se suivent sans interruption jusqu'à la fin du onzième siècle, entretenant des rapports tantôt étroits, tantôt fort relâchés avec Byzance. Ces rapports cessent tout à fait lorsque l'empereur Michel Parapinace a été évincé de ses dernières possessions d'Italie. Du jour où Bari, la capitale du thème de Lombardie, la résidence des catapans, est tombée entre les mains de Robert Guiscard, les Grecs perdent toute autorité réelle sur l'Adriatique. Manuel Comnène tentera en vain de la relever. Les derniers rois de Dalmatie, Pierre Crescimir, Slaviz, Zwonimir, répudient le protectorat byzantin et vont demander aux latins la confirmation de leur prérogative royale. C'est le pape Grégoire VII qui, par l'intermédiaire de l'archevêque de Spalato, couronne le dernier de ces princes, Zwonimir.

Les villes côtières suivent une politique analogue à celle des rois slaves. A mesure que la décadence byzantine s'accentue, elles penchent plus ouvertement du côté de Venise. Au neuvième siècle, désolées par les continuelles invasions des pirates narentins, elles appellent la République à leur aide. Les trois Pierre Candiano luttent successivement contre les Narentins sans pouvoir les domp-

(1) L. Léger, *Histoire de l'Autriche-Hongrie.*
(2) J. Lucii *Op. cit.*

ter (1). Enfin, Pierre Orseolo II brise leur ligue et asseoit sur le littoral les fondements de la domination vénitienne. Il se montre à Parenzo, à Pola, à Zara, faisant reconnaître partout l'autorité du doge. Dès lors, les villes dalmates reçoivent de sa main leurs magistrats locaux, provéditeurs ou podestats, et elles deviennent les constantes auxiliaires de leur puissante voisine. Quand le doge Vitale Michele équipe une flotte de deux cents vaisseaux au temps de la première croisade, les Dalmates en fournissent la moitié (2). De son côté, Venise protége ses vassales contre l'ambition des rois de Croatie. Plus d'un conflit s'élève entre les deux rives de l'Adriatique. Tant qu'elle n'a affaire qu'à ces princes, elle réussit à les tenir en échec ; mais lorsque la dynastie croate aura transmis aux Hongrois ses droits sur les terres slaves, la République rencontrera chez ceux-ci de plus redoutables adversaires, et elle n'aura pas trop de toute son énergie et de toutes ses forces pour ne pas succomber dans la lutte.

La royauté croate disparaît vers le début du douzième siècle. Zwonimir meurt sans enfants, et son héritage est recueilli par le successeur de Béla Ier de Hongrie, dont il avait épousé la fille (3). Saint Ladislas réunit ainsi la couronne de Croatie à la couronne de saint Étienne. A partir de ce moment, les querelles éclatent à chaque instant entre Venise, qui détient les ports de l'Adriatique, et les Hongrois,

(1) A. Rambaud, *l'Empire grec au dixième siècle.*
(2) Daru, *Histoire de la république de Venise.*
(3) J. Lucii *Op. cit.* — Sayous, *Histoire des Hongrois.*

qui dominent à l'intérieur des terres (1). Les contestations commencent sous Koloman. Elles se renouvellent sous Béla III, sous André III, et après l'extinction de la descendance d'Arpad, sous la dynastie angevine. Celle-ci marque pour la Hongrie une période d'éclatants succès. Ce pays atteint l'apogée de sa grandeur sous Louis Ier le Grand, l'arrière-petit-fils du frère de saint Louis, Charles d'Anjou. Possesseur de la triple couronne de Hongrie, de Croatie et de Pologne, il dispose un instant de celle de Naples par suite de ses victoires sur sa cousine Jeanne Ire. La Dalmatie est incorporée de force au royaume hongrois, et Venise, attaquée par mer et par terre, en est réduite à garder la défensive. Elle ne se relève de ses échecs qu'à la mort de Louis le Grand. Les compétitions de Sigismond de Bohême et des prétendants napolitains de la famille d'Anjou sont mises à profit par elle. Le fils de Charles de Durazzo, Ladislas de Naples, s'assure de son alliance avant de marcher sur Bude, en lui rétrocédant la Dalmatie. Elle recouvre bientôt la totalité de ses domaines maritimes. Sigismond, tout entier aux affaires de l'empire allemand et aux guerres hussites, abandonne définitivement la lutte. La monarchie hongroise renonce à sa séculaire influence sur l'Adriatique. Aux beaux jours de Jean Hunyade et de Mathias Corvin, elle sera trop absorbée par les guerres turques et allemandes pour songer à la raviver.

(1) *Sic Dalmatia ab orientali imperio totaliter avulsa, Ungaros terrestre dominium Dalmatiæ sortitos, Venetos maritimum retinuisse, probabile est.* (J. Lucii *Op. cit.*)

C'est pendant les interminables démêlés des Hongrois et de Venise que Zara grandit en importance. A l'époque romaine, la vieille Iadera des Liburnes avait été supplantée par Salone comme métropole de la province. Mais lorsque celle-ci eut été ruinée au septième siècle par les Esclavons, Zara rentra en possession de ses anciens priviléges. Sous les Byzantins, elle devient le centre administratif du thème de Dalmatie et la résidence des stratéges ou prieurs. Dans la suite, Venise y envoie des provéditeurs généraux. Aussi est-ce à elle qu'on s'attaque de préférence en temps de guerre comme à la place principale et à la clef du pays. Chaque nouvelle lutte entre les rois de Hongrie et Venise est signalée par un nouveau siége de Zara. Vingt fois la malheureuse cité est mise à sac par sa jalouse suzeraine. Ces faits ont eu un caractère trop local pour qu'ils aient grandement attiré l'attention des historiens d'Occident. Nous connaissons pourtant par le détail les circonstances de l'un de ces siéges, auquel prirent part les soldats de la quatrième croisade. Il s'agissait comme toujours d'une révolte de Zara en faveur du roi de Hongrie (1). On sait quels excès marquèrent ce triste début d'une triste entreprise, et l'on peut se rendre compte par cet exemple des maux que dut avoir à souffrir Zara au cours de ses rébellions multipliées. Ces continuelles querelles entre la République et ses vassales chancelantes dans leur foi devaient cesser en même temps que

(1) « Le roi de Hongrie nous enleva Iadres (Zara) en Esclavonie », dit le doge dans Villehardouin.

les Hongrois abandonnaient leurs prétentions sur l'Adriatique. Quand ce furent les Turcs qui apparurent en Dalmatie comme les adversaires de Venise, Zara et les villes du littoral ne lui marchandèrent plus leur appui. Elles se rattachèrent à elles par des liens plus étroits. Les petites républiques de Macarsca, Polizza, Cattaro, demeurées jusque-là indépendantes (1), lui confièrent le soin de les défendre. Grâce à ce concours à peu près unanime de toutes les forces de la région, Venise résiste victorieusement aux Ottomans. Elle leur tient tête en Albanie, à Scutari, que Scanderberg mourant a mise sous sa protection en lui léguant la tutelle de ses enfants, à Zante, à Corfou, en Morée, à Candie, à Chypre, dans l'Archipel. Si les pachas turcs poussent parfois leurs incursions sur les rivages dalmates, ils ne peuvent s'y maintenir; à chaque tentative ils se heurtent à de formidables résistances. « Pendant la guerre de Candie, dit Spon, le Turc n'approcha jamais de Zara sans y recevoir de la confusion. »

Après la chute de Venise, la Dalmatie tomba au pouvoir des armées françaises. Mais notre domination sur les côtes fut de courte durée. Puis vint l'Autriche, qui donna à la province une organisation définitive ou plutôt lui rendit celle qu'elle avait toujours eue. Le gouverneur général remplaça simplement à Zara le provéditeur vénitien. Maintenant cette ville est le siége de la diète provinciale, et elle possède en outre un archevêché et une cour d'appel. Les avantages qu'elle retire de toutes ces distinc-

(1) Daru, *Histoire de la république de Venise.*

tions paraissent d'ailleurs minimes, et je suppose qu'elle en céderait volontiers une part pour un peu plus de mouvement dans ses rues et quelques vaisseaux de plus dans son port. En réalité, la condition des anciennes métropoles de l'Adriatique a bien changé depuis cent ans. Venise, Raguse, Zara, Spalato, toutes ces cités autrefois prospères, atteintes par une décadence fatale, sont tombées dans un effacement voisin de l'oubli. Il en est des villes comme de ceux qui les construisent. Ceux-ci naissent, grandissent, font quelque bruit dans le monde, s'effacent, vieillissent et disparaissent; les villes aussi. La seule différence, c'est que ces dernières vivent plus longtemps et que parfois elles se relèvent de leurs ruines, comme Pola et Brindisi.

# IV

SÉBÉNICO. — TRAU. — SPALATO. — LE PALAIS DE DIOCLÉTIEN. — LES ORIGINES CHRÉTIENNES.

La ville de Sébénico est bâtie sur une colline aride dont les pentes descendent assez brusquement vers la mer. Des ouvrages fortifiés couronnent la hauteur. Au-dessous, les maisons s'éparpillent jusqu'au rivage, entassées pêle-mêle les unes sur les autres, ou détachées de la masse et se dressant isolées sur quelque saillie de roc. Çà et là, le sol pierreux et desséché apparaît par larges places. L'intérieur est un dédale confus d'impasses étranglées, d'escaliers boîteux, de ruelles tortueuses; ici un carrefour obscur sert de réceptacle à tous les immondices du quartier; là des étendages de guenilles multicolores enjambent d'une rue à l'autre. Toutes les horribles choses qui constituent le décor habituel des anciennes villes méridionales, s'y conservent intactes comme dans un sanctuaire. D'ailleurs, ces aspects négligés, délabrés, malpropres même, ont un genre de laideur qui n'est repoussant que de près et dans le détail. Abstraction faite des odeurs hétéroclites, auxquelles nos narines civilisées sont absolument rebelles, l'ensemble amuse et intéresse plus qu'il ne dégoûte. Au moins c'est varié. Le pittoresque surgit à chaque pas. Tout n'est pas prévu et saisi du premier coup d'œil. On a des surprises dans ces carrefours ; souvent, il est vrai, de vilaines surprises, de lamentables révélations de toilettes et de ménages populaires ; mais enfin des surprises quelles qu'elles soient : tantôt une piquante scène de mœurs ; tantôt un bizarre jeu de lumière au fond d'une cour sordide ; un balcon garni de jolies fleurs sur le flanc d'une échoppe décrépite ; un escalier en spirale ; un marteau de porte curieusement ciselé ; que sais-je ! autre chose enfin que la régularité désespérante et la plate uniformité des lieux nouvellement bâtis.

L'architecture de la cathédrale est en rapport avec la physionomie de la ville. Elle présente d'étranges incohérences de style ; mais les détails exquis y abondent. Je me rappelle, entre autres choses, certains portails ogivaux, dont l'ornementation est d'une élégance parfaite. C'est un luxe de guirlandes sculptées dans la pierre, de colonnettes en torsades, de niches mignonnes à baldaquins découpés, de statuettes gracieuses accumulées autour des portes et entassées dans l'archivolte des arcs avec une profusion dont on ne trouverait l'équivalent que dans les façades d'églises les plus ornées, à Sienne, à

Orviéto, à la chartreuse de Pavie. Chaque fleuron, chaque chapiteau, chaque motif de décoration est d'une délicatesse rare et d'un ravissant effet. Ces charmantes bagatelles font oublier les défauts de l'édifice. On ne s'aperçoit plus qu'il est incomplet, lourd, hybride; qu'il brille par l'accessoire beaucoup plus que par l'ensemble. On demeure, on admire; l'impression qu'on garde est bonne en dépit de tous les disparates et de toutes les lacunes.

La façade latérale de l'église se déploie sur une grande place dallée qui est le rendez-vous habituel de la société du lieu. Les oisifs de la ville s'y promènent de long en large, enveloppés dans de vastes manteaux noirs ou bruns selon la mode italienne. Rien autre d'ailleurs dans leurs costumes qui vaille la peine d'être signalé. L'originalité n'est pas de mise parmi ces élégants qui considèrent l'habit noir et le chapeau droit comme les palladiums de la civilisation et les antipodes de la barbarie. Heureusement nous n'avons pas besoin de faire cent lieues pour la retrouver, cette chère barbarie. Elle est là, à deux pas de nous, avec tout son cortége de tenues pittoresques. Voici aux portes de la ville une troupe de braves gens du dehors qui se sont arrêtés un instant pour danser. Pourquoi dansent-ils? Parce qu'aujourd'hui il fait beau, parce que l'air est plus doux, le ciel plus clair, et que les beaux jours répandent de la gaieté dans les cœurs jeunes. Dans ces riants pays du Midi, il n'en faut pas davantage pour mettre tout le monde en train. Qu'un rayon de vrai et bon soleil descende dans les chemins après le mauvais temps, il a bientôt fait de rassembler d'ici et de là une bande de robustes garçons et de joyeuses filles. Le bal s'organise au premier carrefour venu, sous un arbre, près d'une fontaine. On rit, on chante, on danse, ou oublie labeurs et soucis. N'est-ce pas comme cela qu'on fête le retour d'un ami longuement et impatiemment attendu? Et le soleil n'est-il pas un ami pour tout ce peuple des campagnes qui, chaque année, attend qu'il vienne mûrir ses récoltes et récompenser son travail ?

Ils dansent le kollo slave. Hommes et femmes forment le cercle, s'avancent, se croisent, se prennent par la main et marquent le rhythme en frappant tous à la fois la terre du pied. Ce n'est ni très-varié, ni très-gracieux ; mais pour nous, cela a le double attrait de la bizarrerie et de la nouveauté. De même en est-il des costumes. Tous ne se distinguent pas par une grande élégance de coupe. Certaines danseuses, qui comptent parmi les plus infatigables, sont empaquetées dans des corsages qu'on dirait blindés et cuirassés, tant ils leur roidissent les formes et leur déplacent la poitrine. Mais ces accoutrements quels qu'ils soient, on ne les a vus nulle autre part ; ils ont un caractère parfaitement local et original. Et puis tous, vestes, jupes, tabliers, sont superbes de couleurs. Les corsages de femmes sont pour la plupart de teinte unie rouge ou bleue. Les parties inférieures de l'habillement présentent toutes les nuances de l'arc-en-ciel.

Les dessins s'y embrouillent capricieux et fantasques comme sur des tentures de Perse ou de Karamanie. C'est aussi la même solidité, la même épaisseur des tissus. Toutes ces toilettes sont agrémentées de boutons de filigrane, de pièces d'or suspendues à des chaînes, d'épingles et de boucles d'oreilles en verre ou en métal. Les jeunes femmes ont la tête nue, tandis que les vieilles portent une coiffure blanche, haute et compliquée, qui protége leurs figures ridées contre les ardeurs du soleil. Peu de jolis visages dans cette foule. En général les fronts sont bas, les joues fortes, les têtes plutôt arrondies qu'allongées, les cheveux très-noirs. Je n'en conclus pas d'ailleurs que ces traits constituent un type dominant parmi les femmes de Sébénico. Le hasard me fait rencontrer une troupe de gens que j'ai tout lieu de croire des environs. Je remarque les particularités de leurs figures et de leurs ajustements, et j'en prends note, voilà tout.

Au delà de Sébénico, sur la côte, est Trau, l'ancienne Tragurium. Ce nom rappelle plus d'un souvenir historique. Ce fut là qu'au treizième siècle vint se réfugier le roi Béla IV de Hongrie, après cette sanglante défaite du Sajö, où près de cent mille Hongrois furent taillés en pièces par le petit-fils de Gengis-Khan, le terrible Batou. Poursuivi et traqué par l'envahisseur victorieux, l'infortuné souverain dut chercher un asile dans ces cités dalmates, à la piété desquelles il avait déjà confié les ossements vénérés de son ancêtre, le saint roi Étienne. Agram, Clissa, Spalato, Trau, lui ouvrirent successivement leurs portes. Il s'arrêta enfin dans cette dernière ville, et il y résida jusqu'au moment où la retraite des hordes mongoles lui permit de rentrer en possession de ses États. L'archidiacre Thomas de Spalato a consigné dans son précieux ouvrage les faits relatifs à cette formidable irruption d'Asiatiques qui s'étendit jusqu'à la Dalmatie et la couvrit de ruines.

Ce fut encore là, en face de Trau, dans l'île de Bua, que l'empereur Honorius relégua le moine hérétique Jovinien après sa condamnation au Concile de Milan par le pape Sirice. Dur métier, en vérité, que celui d'hérésiarque par ce grand quatrième siècle, où les champions de l'orthodoxie s'appelaient Ambroise, Augustin, Athanase, Jean Chrysostome, Grégoire de Nazianze, Basile de Césarée, Optat de Milève, Paulin de Nole, Hilaire de Poitiers, Épiphane de Salamine. A entrer en lice avec de pareils antagonistes on courait des risques énormes. Les chances de succès étaient bien douteuses, pour ne pas dire bien nulles. Et quelle solidité d'épaules ne fallait-il pas pour affronter la lutte avec un saint Jérôme, par exemple, cet Hercule de la polémique religieuse, ce fougueux et implacable raisonneur qui, lorsqu'il prenait à partie quelques fauteurs malavisés de doctrines erronées, fût-ce Vigilance ou Helvidius, les pélagiens ou les apollinaristes, les saisissait corps à corps, les terrassait, les flagellait, frappant et renversant jusqu'à ce qu'il ne restât rien debout de tous leurs échafaudages d'arguments, de toutes leurs éruditions mensongères! Et n'est-ce pas précisément à saint Jérôme qu'eut affaire notre sectaire de Bua? Certes à sa place j'eusse mieux choisi mon heure pour faire un éclat. J'eusse prudemment attendu que la mort, la maladie, la persécution eussent éclairci la cohorte des docteurs, et profitant d'un instant où le reste eût eu le dos tourné, j'eusse adroitement lancé mon hérésie à l'écart, loin de la portée du bras de ces colossaux et intraitables Pères de l'église. Mais aller justement casser les vitres à proximité de saint Ambroise, de saint Augustin, de saint Jérôme, voilà qui s'appelle une imprudence flagrante et qui dénote une profonde ignorance des affaires (1).

Et puisque j'ai prononcé le nom de cet intrépide pourchasseur d'hérétiques, saint Jérôme, rappelons en passant que les Dalmates le tiennent pour leur compatriote. La chose n'est pourtant pas si claire que cela. Les bollandistes assurent que la ville de Stridon, où il naquit, était située en Pannonie, et non en Dalmatie (2). Quant à la tradition qui fait de lui l'auteur de l'alphabet glagolitique et de la version slavonne de la Bible, elle est des moins fondées. Le premier, Jean Dubravius, archevêque d'Olmütz, affirma dans son histoire des Tchèques qu'on avait usé et qu'on usait encore de la traduction slave de saint

(1) Saint Augustin a réfuté Jovinien dans un livre intitulé : *De l'avantage du mariage.*

(2) *Hieronymus oppido Stridonis quod a. Gothis eversum Dalmatiæ quondam Pannoniæque confinium fuit.* (*Acta sanctorum,* 8e vol. de septembre.)

Jérôme (1). D'autres écrivains reproduisirent cette assertion. Mais l'auteur du savant recueil historique intitulé *De regno Dalmatiæ et Croatiæ,* Jean Lucius de Trau, la contredit formellement (2). D'ailleurs, un fait qui paraît à peu près certain, c'est qu'au temps de saint Jérôme il n'y avait pas de Slaves en Dalmatie et en Slavonie, et que leur langue y était absolument inconnue. Si le saint écrivit à Sophronius qu'il avait traduit la Bible en sa langue, nul doute qu'il ne fît allusion à la Vulgate, rédigée dans le seul idiome alors usité parmi les populations romaines de l'Illyrie, le latin.

Mais laissons là saint Jérôme et arrivons à Spalato, dont le site avoisine celui de l'ancienne Salone. Celle-ci est sur ces côtes la ville historique par excellence. Il n'est pas de lieu en Dalmatie qui puisse rivaliser avec elle pour le nombre et l'importance des souvenirs. Elle l'emporte encore sur tous par la grandeur et l'état de conservation de ses ruines. Aucune cité de l'Adriatique, sauf Pola, ne renferme un monument comparable à cette précieuse construction romaine qu'on appelle le palais de Dioclétien (3).

Lui, l'empereur, était né non loin de là, à Dioclée, dans la Prévalitaine. On sait quelle fut sa vie et à quel prodigieux degré de fortune il atteignit. Aucun acte de

(1) *Acta sanctorum,* 8e vol. de septembre.

(2) Les bollandistes appellent J. Lucius : *vir clarissimus et eruditissimus.*

(3) Constantin Porphyrogénète a décrit minutieusement le palais de Dioclétien. M. Charles Yriarte en a donné une étude détaillée dans le *Tour du monde.*

ce long règne n'est pourtant resté environné de plus de prestige que l'abdication qui en marqua la fin. Certes, la chose était surprenante. Ce dominateur, abandonnant tout à coup la pourpre impériale pour venir vivre en simple particulier sur une plage tranquille, loin du bruit et des agitations des capitales, donnait au monde un spectacle jusqu'alors inouï et bien propre à frapper les imaginations populaires. Il ne faudrait cependant pas s'y méprendre ; Dioclétien ne fut pas un Charles-Quint, et le palais de Spalato n'a rien de commun avec le monastère de Yuste. Il est fâcheux que les tremblements de terre et les invasions barbares aient détruit Nicomédie (1) ; il eût été intéressant de comparer la demeure de l'empereur à celle du simple particulier. Il n'est pas sûr que la capitale asiatique ait contenu un bâtiment aussi vaste, aussi splendide que celui de Salone. Ajoutons qu'au temps de la domination romaine cette ville était florissante et très-bien pourvue de tout ce qui pouvait en rendre le séjour facile. Ce vieillard, las de la gloire et dégoûté des honneurs, se dérobant aux responsabilités du trône et fuyant l'Asie lointaine pour venir goûter les douceurs d'un long repos, dans un palais magnifique, au bord de la mer et à portée de Rome, faisait-il donc preuve d'un désintéressement si grand ? L'idée que j'en ai est peut-être fausse ; mais le Dioclétien retraité de Sa-

(1) Eusèbe dit que le palais de Dioclétien à Nicomédie fut détruit par le feu du ciel. Des hagiographes assurent que ce fut Galère qui l'incendia, pour en rejeter l'odieux sur les chrétiens.

lone me fait tout bonnement l'effet d'un calculateur habile qui tient à jouir en paix de son épargne et à couler ses derniers beaux jours dans une oisiveté dorée.

Ce palais ne saurait passer pour un ermitage. Il faudrait aller à Rome, à Balbeck, à Thèbes pour trouver d'aussi colossales constructions. On dit que la superficie qu'il couvrait excède trente mille mètres carrés (1), et que quatre mille des habitants actuels de Spalato s'y sont taillé des demeures aisées (2). Je le crois sans peine, tant cela paraît immense. Dès l'arrivée, la lourde masse frappe l'œil. C'est d'abord près de la mer une longue file de murailles auxquelles se sont étayées des maisons modernes et qu'on a dû percer de fenêtres et de portes pour en rendre l'intérieur habitable. Malgré les remaniements fâcheux qui en ont altéré le caractère, on peut parfaitement juger de l'importance de cette partie du bâtiment. Si de là on s'enfonce au cœur de la ville, on débouche bientôt sur une place rectangulaire ornée de côté et d'autre de portiques et de colonnades. C'est l'ancien péristyle du palais. Sur cette place s'élève un édifice octogone surmonté d'un élégant campanile et rempli au dedans de curieux détails d'architecture. C'est la cathédrale; mais c'est encore le palais. Tout est le palais; la moitié des maisons est comprise dans son enceinte. S'il n'est plus à lui seul la ville entière, il l'a été. Lorsque la

(1) Charles Yriarte, *Voyage en Istrie et en Dalmatie.*
(2) A. Dumont, *le Balkan et l'Adriatique.*

vieille cité romaine de Salone fut renversée au septième siècle par les Awares et les Esclavons, la population accourut au bord de la mer et se réfugia au dedans de ses murs. Tels furent les commencements de Spalato, dont le nom indique la singulière origine.

Or, de même que la ville dalmate fut autrefois enserrée dans le vaste pourtour de l'édifice, ainsi la pensée est-elle ici absorbée et comme emprisonnée par le souvenir grandiose de celui qui l'habita. En quelque endroit qu'on erre, sous les colonnades du péristyle ou autour des murs du temple de Jupiter, il vous accom pagne et vous poursuit. Il exerce sur l'esprit une véritable obsession à laquelle on essaye en vain de se soustraire. Ce souvenir n'est pourtant pas de ceux qui mériteraient de vivre. Sans doute, en son temps, le personnage tint une grande place dans le monde. Il fut souverain d'une respectable portion d'empire qu'il gouverna avec assez de bonheur. Redoutable aux Barbares, impitoyable surtout aux chrétiens, il marcha en somme dans la voie tracée par ses prédécesseurs, accentuant leurs vertus et leurs vices, et réussissant ainsi à se composer un profil de quelque énergie. Sur le déclin de sa vie, laissant la fortune de l'empire suivre un cours que son règne n'avait guère modifié, il s'adonna à de petites occupations et à d'agréables plaisanteries dans la société des maçons auxquels il fournissait de l'ouvrage et des jardiniers dont il imitait les pratiques. En définitive, qu'est-il resté de lui et de son œuvre ? Un nom de bourreau prodigue de vies humaines, un joli sujet de déclamations à mettre en vers latins, un palais dont la splendeur atteste simplement l'habileté des architectes et l'opulence du maître. Peu de chose en vérité!

Il y aurait une figure plus noble à évoquer ici. Celui dont je veux parler est un inconnu, au moins pour le grand nombre. On n'a guère prononcé son nom dans le monde, et il a peu excité la verve des fabricateurs de légendes. Mais son œuvre est là debout, intacte après des siècles, bien autrement solide que ces lambeaux de murs branlants, bien autrement bienfaisante pour tous, même pour les jardiniers et les maçons. Le Syrien Domnius n'a pas persécuté et torturé des multitudes inoffensives; mais il a détruit parmi elles l'antique barbarie; il les a soumises à la loi d'amour promulguée sur le Calvaire; il les a faites chrétiennes. Saint Domnius a été l'apôtre de la Dalmatie. Qui le sait hors de ce pays? Presque personne. Il est vrai que ces vaillants missionnaires du Christ ne se mettaient guère en peine d'assurer la perpétuité de leur mémoire. Étendre au loin le règne de Jésus-Christ dans les âmes, gagner à la doctrine de vie la foule des hommes de bonne volonté dispersés sur la terre : tel était l'unique objet de leur ambition; et ils accomplissaient obscurément leur tâche sans se donner souci des fragiles promesses d'un monde qu'ils ne jugeaient digne que de leurs mépris et de leur haine.

Et c'est précisément ce magnanime dédain des grandeurs humaines, c'est cette humilité si fière et si triomphante qui nous attire et nous séduit. Que d'autres s'attachent donc à mettre en lumière les hauts faits du bourreau couronné; qu'on le représente défendant victorieusement l'empire à ses frontières, soutenant de sa ferme intelligence l'édifice ébranlé des Césars. Pour nous, nous détournerons les yeux de cette vaine figure et nous les élèverons vers des sphères plus hautes. Un plus noble spectacle nous est offert par les humbles héros du christianisme. C'est d'eux seuls que nous voulons nous occuper ici; ce sont eux que nous allons suivre dans leur œuvre de pacifique conquête.

Si toutes les traditions qui ont eu cours relativement aux premières prédications de l'Évangile dans l'Adriatique étaient fondées, nulles chrétientés ne pourraient se vanter d'avoir eu de plus illustres ancêtres que les provinces du littoral. Dans la liste qu'on en donne figurent plusieurs d'entre les douze, et non des plus obscurs : saint Pierre, auquel une tradition locale fait prêcher la foi en Illyrie et jusqu'en Styrie (1); saint Paul, que l'annaliste russe Nestor présente comme l'apôtre des Slaves du Sud, et dont Constantin Porphyrogénète raconte le naufrage dans l'île dalmate de Méléda; puis saint Jacques le Majeur, qui, traversant l'Illyrie en se rendant en Espagne, aurait évangélisé Ravenne (2); saint André, dont les courses à travers la Thessalie et l'Épire se seraient étendues jusqu'à la Dalmatie; enfin, saint Crescent, le premier évêque de la Vienne des Gaules, et saint

(1) *Vie de N. S. J. C.*, par le Dr SEPP.
(2) FARLATI, *Illyricum sacrum.*

Luc l'évangéliste (1). Sans doute, toutes ces données ne méritent pas de notre part une égale créance. S'il en est dans le nombre qui s'appuient sur de respectables témoignages, telle que la mission de saint Luc attestée par le grand évêque de Salamine, saint Épiphane, il en est d'autres qu'aucun texte précis, aucune parole grave, ne semblent confirmer. En outre, certaines d'entre elles sont basées sur des interprétations de textes que la critique envisage comme dénuées d'une valeur suffisante. Ainsi en est-il des preuves relatives à l'apostolat de saint Paul. L'Apôtre dit bien dans l'épître aux Romains (cap. xv) qu'il a voyagé « de Jérusalem jusqu'en Illyrie » ; mais quelle est la portée de ces mots? Signifient-ils qu'il a pénétré en Illyrie ou que ses courses se sont arrêtées à ses frontières? La Nicopolis d'Épire, où, selon l'épître à Tite, il passa un hiver, ne faisait point partie de l'Illyrie. D'ailleurs, fût-il certain qu'il ait pénétré dans cette province, cela ne prouverait point encore qu'il soit venu en Dalmatie, le nom d'Illyrie ayant cessé après la conquête romaine de s'appliquer au seul littoral, et s'étant progressivement étendu à de vastes territoires. L'assertion de Constantin Porphyrogénète repose sur des textes plus clairs, sinon interprétés d'une façon plus sûre. Il est formellement exprimé au chapitre XXVII, verset 27, des Actes des Apôtres, que les vents portèrent le vaisseau de saint Paul dans l'Adriatique (ἐν τῷ Ἀδρία),

(1) Farlati, *Illyricum sacrum.*

où il s'échoua sur la côte de Mélita. Mais on comprenait autrefois sous le nom d'Adriatique toute cette portion de la Méditerranée qui est bornée par la Sicile, l'Italie, Malte, le Péloponnèse, la Crète, l'Épire et la côte d'Afrique. Nombre de témoignages anciens en font foi. Du reste, on conçoit que l'auteur byzantin, frappé de l'analogie des noms de Mélita et de Méléda, ait localisé l'événement en question dans la mer d'Illyrie, déjà plus communément appelée de son temps Adriatique, et ait attribué à l'île de Dalmatie ce qui en réalité se rapporte à l'île de Malte (1).

La mission de saint Paul en Dalmatie est donc fort douteuse. Celle de son disciple Tite paraît plus authentique (2). Il en est fait une mention expresse dans la deuxième épître à Timothée. « Crescent est allé en Galatie, y est-il dit, Tite en Dalmatie. » Toutefois, l'incertitude qui plane sur la date réelle de la composition de cette épître ne permet pas d'assigner une époque bien précise au voyage du disciple. Certains interprètes, s'appuyant sur ces paroles de l'Apôtre : « Je suis sur le point de sacrifier mon sang à Dieu, et le temps de ma mort s'approche », concluent qu'il écrivit la deuxième à Ti-

(1) La tradition du naufrage de saint Paul s'est conservée à Malte. J'ai visité les différents points de l'île où l'on tient que l'Apôtre passa, entre autres la grotte où il se réfugia. On y a élevé plusieurs autels. Elle est située dans la ville ancienne (Citta-Vecchia) qui est la seconde capitale de l'île.

(2) *Non ipse (Paulus) per se intravit Illyricum prædicare; sed misit Titum discipulum suum.* (*Acta Sanctorum. Vita B. Domnii.* 2e vol. d'avril.)

mothée lors de sa seconde captivité et peu de temps avant son martyre. Dans cette hypothèse, le départ de Tite indiqué dans l'épître comme un fait récent pourrait avoir eu lieu vers les années 64 ou 65. Mais d'autres commentateurs, et parmi eux Baronius, datent la lettre de saint Paul de sa première captivité, ce qui placerait le voyage de Tite à une époque bien antérieure, aux années 56 ou 58 environ (1). L'auteur des Actes de saint Domnius, qui partage cette opinion, raconte que lorsque Tite apprit que son maître était envoyé à Rome par Festus, il quitta Salone (2), et vint le rejoindre dans la capitale (3). Là sa mission fut changée. En vertu d'arrangements nouveaux, il fut envoyé en Crète, où il avait déjà séjourné (4), et où, selon Eusèbe, il vécut jusqu'à l'âge de quatre-vingt-quatorze ans. Quant à la Dalmatie, elle échut en partage à un autre compagnon de saint Paul, Hermès, que Farlati met au nombre des soixante-douze disciples de Jésus. L'auteur de l'*Illyricum sacrum* ajoute qu'il pourrait bien être l'auteur du célèbre livre ecclésiastique connu sous nom du « Pasteur d'Hermas ».

(1) Les questions de dates des Actes des apôtres sont très-controversées et fort incertaines. Le Dr Sepp (*Vie de Notre-Seigneur Jésus-Christ*) place à l'an 56 l'arrivée de saint Paul à Rome d'après Eusèbe et saint Jérôme. M. Vallon (*Croyance due à l'Évangile*) place la première arrivée de saint Paul à Rome en 61 et sa captivité à Césarée en 58 et 60.

(2) *In ea (Salona) christianitatis Dalmatiæ cœpere primordia à Tito sancto discipulo in Illyricum invectæ.* (J. Lucii *Op. cit.*)

(3) *Sed audiens Titus quod B. Paulus a præside Festo jussus esset Romam pergere, statim omissis omnibus, præveniens eum exspectavit in urbe.* (*Acta SS. Vita B. Domii.*)

(4) « Je vous ai laissé en Crète », dit saint Paul dans l'Épître à Tite. Le livre du pseudo-Dexter attribue à saint Tite la conversion de Pline le Jeune, qui serait mort martyr à Côme. (Migne, *Apocryphes.*)

Cependant l'Illyrie ne devait pas être la conquête exclusive des disciples de saint Paul. A saint Pierre était réservée la tâche d'y asseoir d'une manière définitive la hiérarchie ecclésiastique. A un moment donné, on voit l'Adriatique passer toute entière sous l'influence du prince des apôtres, du pétrinisme, comme diraient les rationalistes Tubingue (1). Les actes des missionnaires appelés les premiers à la représenter ne nous sont point tous parfaitement connus. La légende tient encore une assez grande place dans les souvenirs qui nous en ont été transmis. Néanmoins, bien des faits qui les concernent et qui ont été attaqués et niés, ont pour eux l'appui d'anciennes autorités. Une de ces traditions est célèbre entre toutes. C'est celle qui a rapport au voyage de saint Marc à Aquilée. L'évangéliste avait-il accompagné saint Pierre à Rome lorsque celui-ci s'y rendit, ainsi que le disent Eusèbe et saint Jérôme, sous le règne de Claude, ou ne fut-il invité que plus tard à l'y rejoindre pour travailler à la rédaction de son livre (2)? On n'a là-dessus aucune donnée positive. En tout cas, il paraît plausible de rapporter cette rédaction sans doute faite à Rome et sa mission d'Aquilée à

(1) *Beatus Petrus per oras Adriatici sinus tres direxit pontifices, Apollinarem Ravennæ quæ est metropolis totius provinciæ Emiliæ; Marcum evangelistam Aquilejæ quæ præerat Venetiæ et Istriæ, Domnium vero in Salonem direxit quæ caput erat Dalmatiæ et Croatiæ.* (*Acta sanctorum.*)

(2) Les bollandistes lui font occuper sept ans le siége épiscopal d'Alexandrie avant cette époque. (*Acta B. Marci.*) L'obscurité qui s'attache à la vie de saint Marc provient en partie de ce qu'on est divisé sur la question de savoir s'il est le même que ce Jean Marc qui accompagna saint Barnabé et saint Paul dans leur premier voyage.

une même époque (1). De là l'opinion de quelques commentateurs d'après laquelle son évangile aurait été d'abord publié à Aquilée. Cette ville prétendit longtemps posséder un fragment du manuscrit autographe de saint Marc. Ce monument est aujourd'hui à Venise; mais la critique n'y attache pas plus grande importance (2). La tradition raconte encore que pendant la traversée saint Marc, ayant touché à Rialto, y apprit par une vision qu'un jour son corps serait enseveli sur ces lagunes alors inhabitées (3). On sait qu'au neuvième siècle des marchands de Torcello et de Malamocco, étant allés à Alexandrie pour leur trafic, parvinrent à s'assurer des reliques du saint, les cachèrent sur leur vaisseau au milieu d'une cargaison de viande de porc, afin de détourner les recherches des musulmans, et les apportèrent ainsi à Venise, où saint Marc fut proclamé patron de la République (4). La ville qui s'honorait de posséder le corps de l'apôtre ainsi que sa chaire épiscopale (5) et son évangile, devait

(1) *Marcus mittitur Aquilejam, ad urbem scilicet famosissimam...* (*Acta B. Marci.*) M. Renan, s'appuyant sur un texte de Papias, dans lequel il est dit que saint Marc composa son évangile d'après ses souvenirs, veut que cet écrit soit postérieur à la mort de saint Pierre (*les Évangiles*). Mais alors il ne viendrait en date qu'après celui de saint Luc, sans doute écrit avant les Actes des Apôtres, c'est-à-dire avant le martyre de saint Paul. Il est vrai que M. Renan recule la rédaction de l'évangile de saint Luc jusqu'à l'année 70.

(2) « C'est un fragment de la vieille version italique copié au septième siècle. (Abbé Bougaud, *Jésus-Christ.*)

(3) Daru, *Histoire de la république de Venise.*

(4) César Cantu, *Histoire des Italiens.*

(5) Abbé Gainet, *la Bible sans la Bible.* — Abbé Le Hir, *Études religieuses des Pères Jésuites.*

encore hériter des titres primitivement attachés à l'Église d'Aquilée. Lors des troubles de l'arianisme, cette Église avait été cruellement éprouvée, et elle n'avait dû la pacification religieuse qu'à ce concile célèbre tenu sous le pape Damase, auquel entre autres docteurs assistèrent saint Valérien, saint Ambroise, saint Just de Lyon (1), et Héliodore l'ami de saint Jérôme (2). Dans la suite, cette même Église ne sut point se préserver du schisme. Au temps de la domination lombarde, le patriarche Paul avec nombre d'évêques d'Istrie, de Ligurie et de Vénétie refusèrent d'adhérer aux décisions du cinquième concile œcuménique, deuxième de Constantinople, relatives aux trois chapitres (3). Cette opposition fut si ardente et si opiniâtre que les papes, impuissants à la réprimer, durent organiser une nouvelle hiérarchie orthodoxe dont le chef fixa sa résidence à Grado, île située en face d'Aquilée. Cependant, après des années, le schisme s'éteignit; les deux hiérarchies n'en furent pas moins maintenues. Le patriarche d'Aquilée garda sa juridiction sur les provinces orientales, celui de Grado sur l'Occident. Enfin, au quatorzième siècle, la ville de Grado ayant perdu de son importance, le pape Nicolas V transféra à Venise le siége du patriarcat dont saint Laurent Justiniani devint le premier titulaire.

(1) Voir l'*Hymne de la fête de saint Just.*

(2) *Lettres de saint Jérôme.*

(3) C'étaient trois écrits de Théodore de Mopsueste, d'Ibas et de Théodoret, condamnés par le Concile comme entachés de nestorianisme.

Mais passons sur des faits qui n'intéressent pas d'une manière directe l'histoire dalmate. Mentionnons simplement les noms des autres principaux disciples de saint Pierre dans l'Adriatique; ce saint Hermagoras, par exemple, que Trieste et l'Istrie honorent comme leur premier patron et qui aurait été le successeur de saint Marc sur le siége d'Aquilée. On croit que l'évangéliste l'accompagna lui-même à Rome pour le présenter à saint Pierre, et que celui-ci le renvoya gouverner l'Église d'Aquilée, tandis que saint Marc partait pour l'Égypte (1). Saint Hermagoras fut martyrisé sous Néron avec son archidiacre Fortunatus (2). Puis saint Apollinaire créé par saint Pierre premier évêque de Ravenne et martyrisé, lui aussi, au temps de Vespasien (3). Enfin saint Domnius, que l'Église de Salone considère comme son véritable fondateur, et qui continua en Dalmatie l'œuvre commencée par les saints Tite et Hermès.

Les documents relatifs à la vie de Domnius ne sont point fort rares. Farlati énumère plusieurs biographies du saint rédigées en latin ou en slavon et émanant pour la plupart de membres du clergé salonitain. Une d'entre elles cependant, qui date du onzième siècle, fut composée par un Français, Adam de Saint-Victor, sur l'invitation de l'archevêque Laurent de Spalato. Ces biographies contiennent de précieux renseignements sur la per-

(1) *Acta sanctorum.*
(2) *Ibid., Vita B. Hermagoræ.*
(3) *Ibid., Vita B. Apollinaris.*

sonne de Domnius. Selon l'évêque Hésychius, son père Théodosius d'Antioche aurait plusieurs fois rencontré Notre-Seigneur pendant les années de sa prédication, soit à Césarée, soit au bord du lac de Génésareth (1). On suppose que dans ces diverses circonstances, il eut l'occasion de voir et d'entretenir saint Pierre, car des rapports d'amitié s'établirent plus tard entre eux lorsque l'apôtre vint résider dans la capitale de la Syrie. Le jeune Domnius s'attacha alors à l'ami de son père, et il ne tarda pas à devenir un de ses plus fervents disciples. Entraîné par l'exemple de deux de ses compatriotes, Apollinaire et Pancrace (2), avec lesquels il s'était lié dans la société de l'apôtre, il annonça bientôt la ferme résolution de ne le plus quitter, et quand Pierre manifesta le dessein de partir pour Rome, il s'offrit généreusement à le suivre, en quelque lieu qu'il lui plût de l'envoyer par la suite. Ce zèle était trop sincère, ce dévouement trop réel et trop profond pour que saint Pierre refusât de les utiliser. Il emmena Domnius en Italie et le garda sans doute quelque temps auprès de lui à cause de sa grande jeunesse. Il semble en effet, d'après la date que Farlati assigne au début de son apostolat en Dalmatie, qu'il ne reçut sa mission que vers les dernières années de la vie de son maître. Il faudrait même supposer, si cette date de l'an 68 est sûre, qu'il ne quitta Rome qu'après le supplice du

(1) FARLATI, *Illyricum sacrum*.

(2) Saint Pancrace fut martyrisé sous Néron, en Sicile, dans la ville de Tauroménium (Taormine).

saint, lequel eut lieu en 64, 65 ou 66. Quoi qu'il en soit, Domnius, investi de la dignité d'évêque de Dalmatie, se rendit d'abord à Salone (1), où il éleva un sanctuaire à la vierge Marie; puis il se mit courageusement à l'œuvre. Le littoral n'avait été encore évangélisé que sur des points isolés, et la parole de ses premiers apôtres était demeurée sans écho dans le reste de la province. Domnius entreprit de répandre en tous lieux la semence de l'Évangile, et il n'épargna aucun effort pour parvenir à ce but. Se séparant de ses compagnons les plus chers et les plus dévoués, il les dirigea vers les points reculés du pays, tandis que lui-même s'occupait à former de nouveaux prêtres pour subvenir aux besoins des chrétientés nouvelles. Le nombre de celles-ci s'accrut bientôt à tel point que les auxiliaires lui firent défaut. Il fallut faire appel à la sollicitude du pontife de Rome, qui était alors saint Clément. Celui-ci, non content d'accéder à la demande de Domnius en lui envoyant les secours qu'il réclamait, vint lui-même le visiter à Salone, et sur son désir il conféra l'onction épiscopale à deux de ses compagnons, Garganus et Symphorianus, destinés à lui succéder sur le siége de Salone. Cette noble vie, si longtemps consacrée aux pénibles travaux de l'apostolat, fut enfin couronnée par une mort digne d'elle. Traduit pendant la persécution de Trajan devant le tribunal du préfet Maurelius, Domnius

(1) ..*Qui Dalmatiæ populis Verbum vitæ quod per Titum inchoatum fuerat, prædicaret.* —*Thomæ Archidiaconi Spalatensis historia Salonitarum pontificium atque Spalatensium.*

fut condamné à être décapité. Farlati place à l'an 107 la date de son supplice.

Le corps du martyr fut enseveli à Salone, dans l'église qu'il avait consacrée à la vierge Marie. Il y demeura jusqu'au septième siècle, c'est-à-dire jusqu'aux jours de l'invasion slave. Alors s'abattirent sur la Dalmatie des hordes de barbares, massacrant, pillant, détruisant les villes, portant au loin la désolation et la mort. Salone fut ruinée de fond en comble; et ses habitants chassés de leur cité en flammes durent chercher un asile derrière les murailles du palais de Dioclétien. Au milieu de la confusion générale, on songea pourtant à sauver les reliques des martyrs. Une partie d'entre elles, recueillies par les soins du pape Jean IV, qui était originaire de Dalmatie, furent transportées à Rome. On les a placées depuis au Latran, dans une chapelle dédiée à saint Venantius, sixième évêque de Salone. Parmi les restes sacrés qui échappèrent ainsi à la destruction, on cite ceux de saint Domnion, cubiculaire de Dioclétien, de saint Venantius, de saint Maur, martyrisé en Istrie, des saints soldats Asterius, Sulpicianus, Thelus, Antiochenus, Paulianus, Caianus (1), etc.... Mais les Salonitains refusèrent de se laisser déposséder des ossements de saint Domnius, et dans leur exode de Salone à Spalato, ils les emportèrent, ainsi que ceux de saint Anastase d'Aquilée, martyrisé lui aussi à Salone (2). Une gracieuse légende

(1) *Acta SS. Venantii, Anastasii, Domnii.* — *Thomæ Archid. Spalat. Op. citat.*

(2) *Acta vitarum SS. Venantii, Anastasii, Domnii.*

raconte que l'on confia à une troupe d'enfants le soin d'en opérer la translation. Ceux-ci, fatigués et pressés de la soif durant le trajet, invoquèrent l'assistance du saint, et aussitôt jaillit miraculeusement une source d'eau vive où ils purent se désaltérer (1). Jean de Ravenne, premier archevêque de Spalato, plaça le précieux dépôt dans le temple de Jupiter, qu'il convertit en église et qui est encore aujourd'hui la cathédrale. A partir de cette époque, les reliques de saint Domnius ne cessèrent d'être vénérées à Spalato ; elles le furent bientôt par ceux-là mêmes qui avaient renversé l'Église de Salone. Sous le règne des successeurs d'Héraclius, Héracléonas ou Constantin IV Pogonat, les Croates et les Serbes reçurent le baptême (2). Au neuvième siècle, les joupans croates Tirpimir et Muncimir comblaient de bienfaits cette Église dont leurs ancêtres barbares avaient détruit le berceau (3). Avec les années, le culte du saint se répandit au loin dans l'Adriatique. Il existe encore jusque dans les îles Tremiti ou Diomédées un sanctuaire qui lui est dédié.

Le siége épiscopal de saint Domnius conserva la primauté qui y avait été attachée dès les premiers jours de la prédication chrétienne. Au temps de l'invasion slave, la dignité de primat de Dalmatie passa des métropolitains de Salone à ceux de Spalato, et ce fut en cette qualité que, quatre siècles plus tard, l'un d'eux couronna le roi

(1) *Vita B. Domnii.*
(2) Lebeau, *Histoire du Bas-Empire.*
(3) *Vita B. Domnii.*

croate Zwonimir, au nom du pape Grégoire VII. La juridiction de ces pontifes s'étendait alors sur les trois métropoles d'Antivari, de Zara et de Raguse; mais par la suite leurs pouvoirs furent bien diminués. Antivari devint elle-même, au dixième siècle, la résidence d'un primat (1), celui de Serbie, qui cessa de relever du siége de Spalato. La métropole de Zara en fut aussi détachée. Sous la domination hongroise, ses archevêques reçurent le pallium des mains du primat de Hongrie, archevêque de Strigonie (Gran), et sous celle de Venise, du patriarche de Grado (2). Ainsi Raguse demeura seule sous la juridiction de l'évêché de Spalato, qui de la sorte perdit grandement de son importance primitive. Il ne l'a pas recouvrée depuis.

Puisque nous parlons mitres et crosses, arrêtons-nous un moment à étudier la physionomie d'un évêque de Salone, qui ne fut ni plus ni moins qu'empereur romain. Évêque! un empereur romain! certes voilà qui ne répond guère à l'idée qu'on se fait d'un César. D'ordinaire le personnage nous apparaît sous les traits d'un lourd compère, de forte corpulence, rasé de frais, coiffé de lauriers, à la tournure très-hautaine et très-laïque. Eh bien! en voici un avec la mitre en tête et la chasuble au dos, bénissant la foule, tapant familièrement la joue aux petits enfants. Tel est Glycérius, César d'Occident, l'antépénultième des maîtres du monde. Pauvre maître

(1) A. Rambaud, *l'Empire grec au dixième siècle.*
(2) J. Luch *De regno Dalmatiæ et Croatiæ.*

qu'aurait là le monde s'il en était réellement le maître! Triste pasteur aussi qu'a l'Église de Salone dans ce César éconduit! Car on l'a mis au rebut; c'est à ce titre qu'il est évêque. Affublé un beau jour de la défroque impériale des Anthémius et des Olybrius de par la volonté toute-puissante du Suève Ricimer, Glycérius a trôné à Ravenne tant qu'a vécu le barbare. Mais lui mort, la scène change. L'empereur d'Orient Léon refuse hautement de reconnaître l'intrus que le hasard lui a donné pour collègue. L'Italie recevra de sa main un autre maître, et ce maître sera le neveu de Marcellus, gouverneur de Dalmatie, Julius Népos. Sur l'ordre formel du prince byzantin, Népos abandonne sa tranquille résidence de Salone, débarque à Ravenne, dépose Glycérius, et pour lui enlever tout espoir d'un avenir meilleur, le fait tondre et sacrer évêque de la métropole dalmate. Ainsi, c'est un revers de fortune qui asseoit Glycérius sur la chaire épiscopale. Quelles vertus va-t-il y faire régner? Quel zèle déploiera-t-il dans son nouveau rôle de pasteur d'âmes? Les vertus et le zèle qu'on en pouvait attendre. Toute son activité, il l'emploiera à préparer une vengeance, dont les événements lui rendront bientôt l'exécution facile. En effet, Népos a été à son tour renversé. Chassé de Ravenne par Oreste et Augustule, il a regagné le port d'où il était parti quelques mois auparavant, non sans nourrir l'espoir d'y reparaître plus tard en vainqueur. L'infortuné comptait sans son évêque. A peine était-il rentré dans les murs de Salone, que celui-ci le faisait assassiner (1). Aimable profil de prêtre, n'est-il pas vrai? et digne successeur donné à saint Domnius!

Ces temps ne sont plus. Les années ont passé sur les générations des Domnius et des Dioclétien, des Glycérius et des Népos. La ville où ils ont vécu a été anéantie, et une cité nouvelle s'est élevée sur les ruines de l'antique Salone. Cette cité elle-même a subi bien des bouleversements depuis sa naissance. Après avoir été le port bruyant et populeux d'où Bélisaire et Narsès s'élançaient sur l'Italie lombarde; où les rois de Hongrie et de Chypre, André II et Hugues de Lusignan, réunissaient les troupes de la croisade; où aux seizième et dix-septième siècles les Vénitiens plaçaient le principal entrepôt de leur commerce oriental, Spalato a connu des jours moins prospères. Actuellement elle n'est plus que l'ombre de ce qu'elle fut. Je ne puis toutefois me résigner à qualifier son effacement de déclin et de décadence. Il me semble qu'une ville n'entre réellement sur le penchant de la décadence que lorsqu'elle commence à perdre les éléments essentiels de sa physionomie ancienne; lorsque le temps et les hommes s'étant conjurés pour altérer ou détruire ses édifices, son caractère original disparaît pour faire place à la banalité et à la laideur. Mais l'heure où elle cesse simplement d'être un centre de politique ou d'affaires est souvent une des plus belles de son existence.

(1) Voir Amédée Thierry, *Récits de l'histoire romaine au septième siècle.* Farlati ne met point l'assassinat de Népos à la charge de Glycérius; j'ai suivi sans autre investigation la version de l'historien moderne.

Cette heure est pour elle ce que l'heure du crépuscule est à la nature. Le bruit des foules s'est apaisé; l'activité fatigante du jour a fait place au repos et au calme solennel du soir. Plus de travaux sur les chantiers délaissés ; plus de constructions nouvelles jetées çà et là à travers les places et les rues. Seuls les vieux monuments subsistent, jaunissant et mûrissant pour ainsi dire chaque jour sous les ardents baisers du soleil; se revêtant peu à peu de ces belles teintes dorées que seule peut leur donner une longue suite de siècles. Telle est Tolède; tel est le Caire arabe; telles sont tant de villes du Midi et de l'Orient; telles aussi sont les cités dalmates : Zara, Sébénico, Raguse, Spalato. Ces lieux ont un charme singulier. On les respecte en même temps qu'on les admire. Le présent n'ajoute aucune note discordante à leur grave physionomie d'autrefois. Ni gares, ni docks, ni fabriques, ni hauts fourneaux; quelques nobles ruines, quelques pittoresques églises, dont les murailles noircies dominent la foule des maisons plus jeunes; un peu d'animation sur le port et beaucoup de silence dans les rues. Certes, pour rien au monde je n'échangerais ce charmant déclin contre la vulgaire prospérité des grandes capitales industrielles; pour rien au monde je ne troquerais la solitude de Tolède, de Venise, de Sienne, de Raguse et de Spalato, contre le tumulte et la vie de Birmingham, de Manchester ou de Newcastle-on-Tyne.

# V

## LES ILES. — RAGUSE. — LA POÉSIE SLAVE. — LES BOUCHES DE CATTARO.

Des îles, des îles, toujours des îles ! Cela n'en finit plus. On n'en imagine pas dans l'Europe entière le quart de ce qu'on en voit dans l'Adriatique. Grandes, moyennes, petites, minuscules, groupées ou distantes les unes des autres, habitées ou non, elles se massent par légions ou s'alignent sur la mer en files interminables. Ce n'est pas qu'elles tiennent beaucoup de place. Larges dans le golfe de Quarnero, elles s'amoindrissent à mesure qu'on descend vers le sud. Entre Zara et Sébénico, ce n'est plus que de la poussière d'îles. On dirait des miettes de roc, semées çà et là le long d'une piste mystérieuse par quelque colossal Petit-Poucet, qui, ayant d'abord jeté les cailloux par gros quartiers sans les diviser, aurait peu à peu épargné ses provisions, et n'aurait plus eu entre les mains que d'imperceptibles bribes d'îlots et d'écueils à laisser tomber à l'eau. Vers Spalato et Macarsca cependant on retrouve des terres de grandeur raisonnable. Brazza, Lesina, Curzola, Lissa, Méléda sont des îles auxquelles la part a été faite plus généreuse et qui peuvent abriter dans leurs anses autre chose que des coquillages et des mouettes. De jolis bouts de villes heureusement situées les égayent. Il y en a de charmantes dans le nombre. Ainsi Milna dans l'île de Brazza; ainsi Lesina. J'en vois encore tous les pittoresques détails : les longues lignes de murs crénelés reliant entre eux les forts sur les hauteurs, les maisons dispersées sans ordre sur les rampes de la colline, les clochers de structure bizarre ombragés par de larges pins parasols, les haies épaisses d'aloès qui enserrent les jardins et accusent de loin le tracé capricieux des sentiers de la montagne.

Vers Gravosa, les îles diparaissent. Jusqu'à Corfou, nous ne verrons plus que la terre ferme. Dans le port stationnent plusieurs vaisseaux de guerre, et parmi eux la frégate *la Novara,* qui en 1857 accomplit un voyage de circumnavigation autour du monde sous les ordres du capitaine Wullerstorf Urtair. L'expédition avait eu pour principal promoteur l'archiduc Maximilien, alors commandant en chef de la marine impériale. Plût à Dieu qu'il n'en eût jamais organisé d'autres! A l'heure qu'il est, Miramar ne serait pas un tombeau, et il y aurait une triste page de moins d'inscrite dans notre histoire nationale.

Nous laissons là une partie de nos compagnons de route, quatre jeunes aspirants de la marine autrichienne qui viennent rejoindre l'escadre d'évolutions à la veille de partir pour le Levant. Ils vont naviguer à bord de la *Lissa*, près de laquelle nous sommes arrêtés. Nous échangeons force poignées de main, force souhaits d'heureuses traversées... *sic fratres Helenæ*..... Au mois de mai, nous nous retrouverons à Salonique. D'ici là, à l'exemple du prudent Ulysse, nous aurons vu les villes et observé les mœurs de bien des hommes..... *mores hominum et urbes*. Nous aurons vu aussi des hommes qui n'ont pas de villes et d'autres qui manquent de mœurs.

Gravosa n'est que le port de Raguse. La ville s'élève à peu de distance de là ; mais les collines qui encerclent la baie empêchent qu'on l'aperçoive. C'est encore une de ces vieilles cités dont l'origine remonte aux siècles antérieurs à l'ère chrétienne. Quand Lesina s'appelait Pharos, Durazzo Épidamne, Alessio Lissus, et Corfou Corcyre, elle portait le nom d'Épidaure que lui avaient donné les Grecs, ses premiers colons. Ainsi que la plupart des métropoles de l'Adriatique, Épidaure fut détruite par les Barbares. Lorsqu'on la rebâtit, on lui donna le nom de Raguse, changé plus tard par les Slaves en celui de Dubrovnik. Cette résurrection est à peu près contemporaine de la fondation de Spalato. De même que Spalato, elle eut pour premiers habitants des Illyriens échappés à la ruine de Salone. Dans la suite, sa population s'accrut, s'organisa en État autonome, équipa des flottes, et fit une rude concurrence au commerce de Venise. Singulière issue de la rivalité des deux républiques : elles furent renversées l'une et l'autre par la même main, à peu d'années d'intervalle! Napoléon empereur traita Raguse comme le général Bonaparte avait traité Venise (1). Il la radia du nombre des États libres. Depuis lors Venise n'a plus été qu'une ville italienne sans grande importance politique, Raguse une ville dalmate de second rang. On ne saurait pourtant oublier qu'il fut un temps où elle compta parmi les reines de la mer. Pendant des siècles, ses flottes sillonnèrent toutes les routes de la Méditerranée; ses marins pénétraient dans les ports les plus lointains de l'Afrique et de l'Asie. Et son aristocratie ne se contentait pas de favoriser des entreprises qui avaient pour but d'enrichir la cité; elle tenait aussi en haute estime les sciences et les lettres. Raguse a été appelée l'Athènes slave, et de fait elle a été dans le passé ce qu'Agram est devenue de nos jours, la ville lettrée, la ville savante des Slaves du Sud. Elle a produit toute une pléiade d'hommes remarquables, mathématiciens comme Boscovitch et Ghetaldi, l'ami de Descartes; historiens comme Banduri; poëtes comme Palmatitch, Giorgetti, Bona, Gundulitch et tant d'autres. Sans doute il n'est sorti de ce milieu aucun de ces chefs-d'œuvre immortels, aucune de ces découvertes merveilleuses qui ont fait époque dans l'histoire de la civilisation générale; parmi ces poëtes et ces savants, on ne cite ni un Newton, ni un Guttenberg, ni un Dante. Ce n'en est pas moins un fait digne de remarque que cette petite ville ait su donner une

(1) Venise en 1797, Raguse en 1806.

impulsion féconde aux choses de l'esprit, en un temps où celles-ci étaient si négligées partout ailleurs autour d'elle. Par là Raguse mérite d'occuper un rang à part parmi ces cités de l'Adriatique auxquelles elle donna l'exemple et dont aucune ne la devança, ni ne l'égala jamais dans la carrière de l'intelligence et du savoir.

Toutefois, si elle a brillé longtemps par l'éclat de sa culture littéraire, et si certaines œuvres de ses poëtes, l'*Osmanide* entre autres et la *Christiade,* ont joui d'une légitime popularité en Dalmatie, il ne faudrait pas pour cela considérer cette ville comme l'unique, ni même comme le véritable foyer de la poésie jougo-slave. A côté de la tradition classique et académique plus particulièrement représentée par l'école ragusaine, il a existé et il existe encore chez les Slaves du Sud une tradition poétique qui n'a avec sa sœur aucun rapport d'origine ni aucune ressemblance. Cette poésie à la fois héroïque et populaire n'a point pris naissance entre les murs d'une ville, elle est née dans les montagnes, au temps des luttes de l'indépendance. Son apparition n'a pas été saluée par les applaudissements d'une société lettrée, mais par le bruit des fusillades, par des gémissements de blessés et de mourants. Aucune académie n'a veillé sur son berceau ; des guerriers, des haïdouks, des bandits ont été ses premiers maîtres et les guides de son enfance. Aussi a-t-elle gardé dans ses allures quelque chose de leur sauvage énergie. Il ne faut pas lui demander ces formes exquises de langage qui donnent parfois à des idées creuses une harmonie qui charme et qui trompe. Plus souvent elle s'exprime sur un ton grossier et barbare. Les raffinements de pensée, le tour ingénieux des images, les allusions classiques lui sont étrangers ; mais elle a la séve de la jeunesse, la force et la vie des choses vraies. Voyez ces pezmas que les rhapsodes slaves répétent en s'accompagnant de leurs guzlas, d'un bout à l'autre des provinces où leur race domine, aussi bien sur les plages de l'Adriatique que dans les vallées de la Bosnie et de la Serbie ; c'est rude, c'est incorrect, mais c'est vivant. L'idée est nettement dessinée, sans recherche de forme, sans contorsions de phrases. De la sorte elle est comprise de tous et elle va droit au cœur de ces hommes simples, dès que la voix de l'improvisateur s'élève au milieu de la foule pour chanter les malheurs de la patrie et les grandes actions de ses héros.

Évidemment on ne doit pas juger de l'intérêt de ces chants par leur côté purement littéraire. Ce qui les rend surtout précieux aux yeux de la critique, c'est l'abondance des renseignements historiques qu'ils renferment. La naïveté même qui règne dans la plupart d'entre eux, naïveté qui n'est autre que la vérité dans l'expression du sentiment populaire, loin d'amoindrir leur valeur, est pour nous un sûr garant de leur sincérité. Grâce à eux, nous pouvons reconstituer presque trait pour trait la physionomie de l'homme slave d'autrefois. Nous voyons clairement ce qu'il était ; nous sommes initiés à tous les détails de sa vie ; nous participons à ses combats ; nous pénétrons dans le monde légendaire au milieu duquel son imagination se plaisait à vivre. Toutes les anciennes traditions de la race, les exploits des ancêtres, leurs triomphes et leurs revers, leurs regrets et leurs espérances, et aussi les particularités de leur caractère, leurs défauts et leurs vertus, tout cela passe devant nos yeux, nettement retracé comme dans un miroir fidèle. C'est un curieux recueil où se déroulent tour à tour dans une suite de tableaux d'étendue restreinte, et l'histoire intime, et les fastes héroïques de la nation.

Cette poésie populaire slave ne se présente pas comme un phénomène isolé dans les annales littéraires du monde civilisé. Elle se rattache à une veine poétique qui a laissé des traces chez presque tous les peuples. Chez presque tous il existe des chants analogues qui ont caractérisé la phase militante de leur organisation nationale. Au début de la plupart des littératures on retrouve des chanteurs de Guzla. Scaldes scandinaves, bardes bretons, rhapsodes grecs, trouvères et troubadours, tous joueurs de harpe, de rote ou de mandore, appartiennent à une même famille de poëtes. Voix collective et souvent anonyme de leur race, ils en ont personnifié l'imagination en se faisant l'écho de ses souvenirs, de ses luttes, de ses épreuves et de ses gloires. Tantôt leur poésie répétée pendant des siècles et transmise d'âge en âge, se résume dans un chant de victoire : Achille a tué Hector devant Troie ; le Cid est entré dans Valence ; Guillaume au Court Nez a malmené Mahom dans la plaine d'Aliscans ; Rustem, le héros du *Schah-Nameh,* a vaincu le roi du Mazendéran. Tantôt au contraire plusieurs générations pleureront quelque grande et lamentable catastrophe : la mort du Cambrien Arthur à Camlan; celle de Roland à Roncevaux; le guet-apens dans lequel succombent les Niebelungen à la cour du farouche Etzel; le désastre du tzar serbe Lazare dans les champs de Kossovo. Ailleurs encore la muse populaire, renouant le fil d'une antique tradition religieuse, placera son héros dans un monde surnaturel et le fera vivre dans la familiarité des esprits ou des dieux. Ce sera Ramâ, semblable à Indra, qui terrassera par sa force surhumaine les hordes hideuses de Racksashas; ce sera le Sigurd de l'Edda conversant et luttant avec les divinités inférieures; ce sera Titurel ou Parzival réalisant avec l'aide des puissances invisibles la mystérieuse conquête du saint Graal; ce sera Marko Kraliévitch, le prince des Haïdouks slaves, qui sur les sommets déserts des Balkans ira demander aux fées ou vilas le secret de sa destinée. Comme on le voit, ces données ont des traits communs par où elles se rapprochent et parfois se confondent. Prises dans leur ensemble, elles constituent ainsi le grand fond épique et légendaire de l'histoire de l'humanité. Évidemment les productions individuelles qui en sont issues sont loin d'avoir une égale valeur. Il peut même paraître étrange de ranger sous une commune étiquette l'œuvre obscure des Guzlars serbes et les lumineuses épopées des Virgile et des Valmiki, des Firdousi et des Homère. Pourtant les unes et les autres découlent d'une même source poétique. Seulement celles-ci ont apparu à une époque de perfectionnement de la langue ; elles ont eu d'éminents poëtes pour interprètes; tandis qu'à celles-là ces priviléges ont été refusés; il ne s'est trouvé aucun homme de génie pour dégager leurs éléments de choix de la masse des scories amoncelées autour d'eux, et leur donner leur forme définitive et parfaite. Et n'est-ce pas précisément ce qui est arrivé à nos vastes épopées des onzième et douzième siècles? Ne les a-t-on pas longtemps dédaignées parce qu'elles étaient conçues dans une langue encore informe, et que leurs auteurs n'avaient point su atteindre à la véritable beauté littéraire? Nous sommes un peu revenus sur nos injustes préventions, et nous estimons davantage les trésors de notre vieille littérature. Sans doute nous ne réclamons pas pour eux la place occupée par d'autres dans nos traités didactiques; nous ne songeons point à substituer à la *Messiade*, à la *Jérusalem* ou même à la *Henriade* la Geste d'Aymeri de Narbonne, les Enfances Guillaume ou la Chanson des Saisnes. Il n'en est pas moins vrai qu'une critique plus équitable et plus éclairée nous a appris à respecter ces épaves de notre passé. C'est à la lumière de cette même critique qu'il nous faut envisager les poëmes des Slaves du Sud. Si nous ne pouvons trouver à les lire une véritable satisfaction littéraire, plaçons-nous à un autre point de vue, lisons-les en archéologues et en curieux; et nous y apercevrons à coup sûr ce qui y abonde, c'est-à-dire de précieux détails de mœurs, d'intéressants aperçus historiques et légendaires, en outre de l'originalité, de la couleur, de la vie, et un très-vif et très-profond sentiment poétique. Ces choses-là ne sont point en somme si communes qu'on en fasse fi en quelque endroit et sous quelque forme qu'on les puisse rencontrer.

Nous avons à bord un ménestrel slave. C'est un mendiant en guenilles, en belles et harmonieuses guenilles méridionales, proches parentes des guenilles espagnoles, les plus radieux chiffons qui aient jamais pendu à des dos de malingreux et d'archisuppôts. On fait cercle autour de lui. Chacun écoute en silence, l'œil sur l'horizon, l'esprit absorbé par le chant. Je me rappelle avoir assisté à une scène semblable en Écosse, sur le Forth d'Édimbourg. Un habitant des hautes terres chantait des airs de son pays au milieu d'un auditoire religieusement attentif. Mais quelle différence entre les deux tableaux! Là-bas tous les vêtements se confondaient dans une même vulgarité de couleur et de coupes : pas un plaid, pas une jupe bariolée; aucune trace de ce pittoresque qu'on s'attend naïvement à rencontrer dans la patrie des Rob-Roy et des Fergus Mac-Ivor. Ici la variété et la bizarrerie des accoutrements n'ont pas de limites. Dalmates des villes et des montagnes, Albanais musulmans et chrétiens, Bosniaques, Grecs, Monténégrins se mêlent sur le pont, formant les groupes les plus divers et les plus curieux. Ces derniers nous frappent plus que tous les autres. Les fiers types d'hommes! les rudes tournures de brigands! Il y en a une douzaine à bord, tous grands, sveltes, d'apparence robuste. Ils portent des tuniques blanches, des gilets rouges passementés d'or, des pantalons bleus fort larges et des bas attachés par des cordes autour des jambes. Ils sont chaussés d'opankés et ont la tête couverte de bonnets cylindriques rouges, relevés par des aiguillées de fil d'or et d'argent. Leurs ceintures sont garnies d'armes de toutes formes : pistolets à poignées en métal ouvragé, sabres aux lames recourbées, khandjars droits comme des flissahs algériens. Chacun en a au moins six ou huit entassées en faisceau sur le devant du corps. C'est trop pour l'élégance de la tenue : deux ou trois suffiraient. Le profil est gâté par le volume excessif de cet arsenal. Leurs mouvements n'en paraissent pour tant pas gênés. On ne peut se faire une idée de l'allure mâle et énergique de ces gens-là. En voici un, assis tout à côté de nous, qui a la tête enveloppée d'un bandeau. Hier il s'est pris de querelle avec un habitant des Bouches, là-haut sur les sommets. Il y a eu combat. Que peuvent les gendarmes dans ces solitudes? Le Bocchèse a été ni plus ni moins tué et décapité. Mais pendant la lutte il a déchargé son pistolet à la figure du Monténégrin. La balle a traversé les deux joues et enlevé l'extrémité de la langue. Cela n'empêche pas notre bandit de fumer tranquillement à bord du *Lucifer,* de narguer la police qui n'a rien vu, et de bégayer des menaces contre les proches de sa victime. A l'entendre, il ira ce soir même à leur village et il tuera le frère du mort. Et gare au reste de la famille si l'on n'y met ordre à temps. Voilà les hommes!

Voilà leurs manières d'agir quand leurs passions sont excitées et que le sang leur bout dans les veines.

Ces silhouettes de montagnards sont sans doute d'une originalité saisissante. Rarement on rencontre des types plus accentués, des physionomies plus nettement et plus vigoureusement tranchées. Mais il y a dans l'extérieur de ces gens, dans leur tenue, dans l'expression même qui anime leurs traits, quelque chose d'excessif et de farouche qui éloigne la sympathie tout en attirant l'attention. On voit trop que ce sont des hommes de sang, incapables de tenir en bride leurs instincts naturellement portés vers la violence. L'impression qu'on en garde est profonde, mais triste. Combien il fait bon alors, quand toute curiosité des yeux étant épuisée, on n'a plus présentes à l'esprit que les lacunes morales qui déparent ces fortes natures ; combien, dis-je, il fait bon diriger ses regards ailleurs, et oubliant les misères de nos sociétés imparfaites, s'absorber dans la contemplation des choses que Dieu a faites belles sans leur laisser la faculté d'être mauvaises! Montagnes couronnées de vertes forêts, roches bizarrement découpées, vastes étendues de mer emprisonnées dans de gracieux rivages, tout cela, nous l'apercevons de notre bord depuis que nous avons pénétré dans les bouches de Cattaro. Là, en effet, la scène a brusquement changé autour de nous. Aux immensités sans borne de la pleine mer a succédé un golfe profond resserré entre de hauts sommets. Dès l'abord on est saisi par le magnifique aspect de la campagne environnante, et cette beauté des lieux, loin de diminuer à mesure qu'on s'engage plus avant dans les terres, ne fait que s'accroître et s'accentuer. D'instant en instant le paysage revêt un caractère plus splendide et plus grandiose; tantôt les deux chaînes courent parallèlement l'une à l'autre, de sorte qu'on croit naviguer sur un fleuve. Tantôt au contraire les massifs montagneux s'écartent, puis se rapprochent et ferment l'horizon, de manière à donner à la mer l'apparence d'un lac. Ici de charmants îlots émergent du milieu des flots. L'un d'eux entre autres, celui de la Madone du Scapulaire, avec son église surmontée d'un dôme vert clair, forme le plus ravissant tableau. J'indique ce site entre mille. Il n'est d'ailleurs aucun point de ces côtes qui ne mérite d'être signalé. Admirables nappes d'eau bleue reflétant l'azur du ciel, séries de collines ondulées, les unes sévères et nues, les autres revêtues de l'épaisse verdure des oliviers, des châtaigniers et des pampres, gais hameaux étagés sur le flanc des coteaux ou s'alignant en longues files au bord de la mer, tout est empreint d'un cachet de grandeur et d'harmonie, qui fait de ce golfe l'endroit le plus beau de toute la Dalmatie, et peut-être de toute l'Adriatique.

La ville de Cattaro qui en occupe le fond n'a par elle-même rien de bien séduisant. C'est une modeste agglomération de maisons assises au pied d'un immense rocher qui tombe à pic sur le golfe. Elle ne renferme aucun objet digne d'intérêt. Nous ne l'avons pourtant pas quittée sans regret; un charme étrange et puissant nous attirait malgré nous vers les hauteurs qui la dominent. C'est que là-bas, derrière le roc sous lequel s'abrite la ville dalmate, commence le Monténégro. De Cattaro à Tsettinié la capitale, il ne faut que six heures de route. C'était une tentation bien forte. Et une fois là, quel superbe champ d'explorations s'ouvrait devant nous, soit que, descendant de la Tzerna-Gora vers Scutari et son lac, nous visitions l'Albanie, Orosch, la résidence princière de la dynastie myrdite, Alessio, où mourut Scanderberg, Kroïa, où il défit les armées ottomanes ; soit que, traversant les montagnes et nous dirigeant sur Prizrend, l'ancienne capitale d'Étienne Douchan, nous gagnions Salonique par Monastir et la vallée du Vardar! On ne s'arrêtait pas en si beau chemin. Il fallait aussi voir Ochrida, la métropole des tzars bulgares du dixième siècle, puis les forêts vierges du Pinde et de l'Agrapha, les villages des Armatoles et des Klephtes, Janina, la ville tosque, les célèbres couvents de Météores, la Thessalie, la vallée de Tempé, les monastères de l'Olympe, de l'Ossa et du Pélion, Larisse et Pharsale, enfin Volo et Athènes, ou Salonique et le mont Athos. Voyages séduisants au plus haut degré sous le double rapport de l'originalité des populations et des beautés de la nature; mais voyages difficiles, si l'on ignore les idiomes locaux, si l'on n'a pas de guides sûrs et éprouvés; voyages enfin qui demandent des semaines, et donner ici des semaines, c'était renoncer aux îles Ioniennes, au golfe de Lépante, à l'Égypte, à la Palestine, à la Syrie. Après de longues tergiversations, tous ces rêves d'une heure furent abandonnés. Le lendemain du jour où nous étions arrivés à Cattaro, nous remontions à bord du *Lucifer* et nous refaisions en compagnie du capitaine Pétrovitch la magnifique navigation des Bouches, mais non sans jeter en arrière un coup d'œil de regret sur la Montagne-Noire dont les assises gigantesques couvrent Cattaro de leur ombre.

# VI

LES ALBANAIS. — UNE SOIRÉE A ANTIVARI. — DURAZZO ET AVLONA. — ARRIVÉE A CORFOU.

Nous avons perdu de vue les terres dalmates. Devant nous s'ouvre un pays nouveau dont les habitants diffèrent profondément des populations grecques et slaves qui les entourent : c'est l'Albanie. Ce pays comprend toutes les côtes de l'Adriatique, du voisinage des bouches de Cattaro au golfe d'Arta, et s'étend dans la direction de l'est jusqu'à la Thessalie, la Macédoine et les anciens États serbes. La race albanaise n'est cependant pas rigoureusement circonscrite par ces limites. Il y a des groupes importants d'Albanais disséminés dans les provinces turques d'Europe, dans la Grèce, dans l'Italie même. D'autre part, des éléments étrangers se sont introduits sur plus d'un point du territoire national. Dès longtemps Valaques et Bulgares s'y sont appropriés des enclaves considérables et vivent côte à côte avec les indigènes. Si donc les cartes attribuent la dénomination d'Albanie aux deux Epires et à une partie de l'ancienne Prévalitaine, cela ne signifie pas que cette étendue de pays contienne toute la race et ne contienne qu'elle; cela veut dire simplement que là il y a une majorité d'hommes qui ne parlent ni serbe, ni valaque, ni bulgare, ni grec, mais bien albanais ou skypétar, suivant le nom qu'ils se donnent eux-mêmes.

La généalogie de ce peuple est restée longtemps fort obscure, et c'est à peine si les travaux de l'érudition moderne en ont écarté toutes les ténèbres. Sur bien des points la question des origines albanaises est encore indécise ou au moins controversée. Cependant on s'est assez généralement mis d'accord dans le monde savant pour adopter les conclusions de M. de Hahn, tendant à faire des Skypétars les derniers descendants de la race pélasgique illyrienne. François Bopp, l'éminent auteur de la *Grammaire comparée*, classe leur langue dans la grande famille indo-européenne, et la science ethnographique, se basant sur de sérieux indices, leur assigne un rang parmi les congénères des Hellènes et des Italiotes, dont ils auraient été les frères aînés. Toutefois, de respectables autorités soutiennent que les Pélasges étaient Chamites et Coushites, et si leur opinion venait à prévaloir, cela ne laisserait pas que de jeter un certain trouble dans les affaires de l'archéologie albanaise. Dans tous les cas, s'il est légitime d'identifier les Albanais avec les Pélasges, nous devons les compter au nombre des plus anciens habitants de l'Europe. Avec les Lapons et les Finlandais, qui représentent la race finnoise, avec les Basques, que l'on s'accorde à considérer comme les descendants des Ibères, les Albanais-Pélasges feraient partie de cette couche de peuples primitifs établis sur notre continent antérieurement aux migrations des Hellènes, des Germains et des Celtes, et par conséquent avant le début des temps historiques proprement dits.

Ces vieux enfants de notre sol sont-ils appelés à s'y perpétuer encore longtemps, et est-il à croire qu'ils sauront indéfiniment préserver leur individualité des atteintes des races envahissantes qui les touchent? Sans doute, il n'est point facile de prévoir ce que l'avenir leur réserve; néanmoins un fait qui paraît avéré, c'est que la nationalité albanaise perd peu à peu du terrain au lieu d'en gagner. Absorbés lentement par les Slaves au nord, par les Grecs au midi, les Skypétars semblent, en dépit des qualités énergiques qui les distinguent, marcher vers une ruine fatale en tant que nation. L'élément grec surtout a jeté chez eux de profondes racines. Certains districts de l'Épire sont complétement hellénisés, et ce n'est un secret pour personne que déjà de longue date leurs habitants nourrissent à l'égard de la Grèce des sentiments qu'on n'a que pour la mère patrie. N'a-t-on pas vu naguère l'Albanie fournir aux Grecs révoltés ces chefs dont les noms sont devenus populaires, Marco Botzaris, Tzavellas, Karaïskaki; et n'étaient-ce pas aussi des Albanais que ces intrépides marins d'Hydra et de Spezzia dont les brûlots vengeurs allaient incendier les flottes turques jusque dans les ports les plus sûrs et les mieux défendus de l'Asie?

Pour leur malheur, les Albanais ne forment pas un corps de population compacte et uni. Il n'y a pas de terrain sur lequel ils ne soient divisés. La race elle-même n'est point parfaitement homogène. Elle se fractionne en deux groupes principaux, dissemblables de types et de dialectes, les Tosques au sud, les Guègues au nord. La religion les sépare encore. Les chrétiens tosques sont pour la plupart schismatiques, et les chrétiens guègues, catholiques latins. M. Cyprien Robert affirme même (et je ne sais ce qu'il y a de fondé dans son assertion) que les musulmans tosques sont chiites et les guègues, sunnites (1).

L'état social et politique du pays est pour les habitants une autre source de division, et par là même de faiblesse. De toute antiquité le peuple a été divisé en clans ou *phars* indépendants les uns des autres, souvent hostiles, rarement reliés par un but, par des visées communes. Aussi, malgré leur incontestable valeur individuelle, ces hommes n'ont-ils jamais jeté aucun éclat sur la patrie albanaise. Celle-ci n'existe pour ainsi dire pas pour eux; leur patrie, c'est leur clan, si ce n'est leur famille. A un seul moment de leur histoire, on les vit s'unir, comme si, par une intuition subite, ils eussent eu tout à coup conscience de

(1) Cyprien Robert, *les Slaves de Turquie*.

la solidarité de leurs intérêts. Ce fut lorsqu'il s'agit de résister à l'invasion musulmane, au quinzième siècle. Émus par la grandeur et l'imminence du péril, ils se levèrent dans un élan superbe et se rangèrent sous la bannière de l'homme énergique qui avait pris la direction du mouvement national. Scanderberg se trouva ainsi commander à des bandes fortes et disciplinées, comme jamais l'Albanie n'en avait vu depuis Pyrrhus, comme elle n'en a pas revu dans la suite. Avec elles il réalisa de véritables prodiges, et l'on vit alors de quoi ces viriles natures albanaises eussent été capables, si l'union obtenue seulement à cette heure de crise les eût dès longtemps préparées au suprême effort que nécessitait la situation. Malheureusement cet élan improvisé ne pût se soutenir; il s'usa avec le temps. Scanderberg mourut, et l'indépendance albanaise ne lui survécut pas. Sa ruine fut même accompagnée de circonstances particulièrement attristantes. Un grand nombre d'entre les chefs du pays abjurèrent leur religion pour conserver leurs terres et se firent mahométans. Il y eut des renégats jusque dans la famille de Scanderberg.

Aussi haut qu'on remonte dans le passé, on ne voit pas qu'il se soit jamais constitué en Albanie une véritable et sérieuse unité nationale. Le rôle politique du pays a donc été de tout temps fort effacé et fort nul. Il n'a pris quelque importance que lorsqu'un chef ou un conquérant heureux a su momentanément réunir en faisceau ses forces dispersées pour en faire l'instrument de sa propre fortune. Ainsi en fut-il anciennement au temps de Pyrrhus et de l'Illyrien Gentius. Au moyen âge, l'Albanie ne compte guère que comme une proie sans cesse offerte à l'ambition du plus hardi ou du plus fort. Tantôt ce sont les Grecs qui l'envahissent et la possèdent, tantôt les latins et les Slaves. Au neuvième siècle, le tzar bulgare Samuel s'empare de Durazzo et d'une partie de l'Épire. Au onzième, les Albanais s'allient aux Grecs pour chasser les Slaves; mais ils retombent dans la vassalité byzantine. Les Grecs mettent garnison dans les villes du littoral, et c'est un dignitaire de l'empire, le duc d'Illyrie, qui de Durazzo, sa résidence, garde la haute main sur les affaires des provinces. Au siècle qui suit, il se forme bien par là un État indépendant, mais il est encore grec par ses origines. On était alors au temps de la croisade latine. Les Francs avaient pris Constantinople. Réfugiés en Asie, les membres de la famille impériale s'efforçaient d'y relever le prestige de leurs armes, en disputant pied à pied le terrain aux conquérants. Tandis que les Lascaris de Nicée, les Comnène de Trébizonde ramenaient peu à peu la victoire sous les enseignes byzantines, un autre Comnène de la branche des Lange, profitant du bouleversement général, se jeta sur l'Albanie, où les armées latines n'osaient guère s'aventurer, et, se mettant à la tête des tribus, organisa avec leur aide un royaume que ses enfants gardèrent pendant plusieurs générations. Les despotes d'Épire exercèrent une influence considérable sur les affaires de leur temps. A force d'énergie, d'habileté, et aussi de perfidies, ils se rendirent successivement maîtres de Janina, d'Arta, de Durazzo, d'Ochrida, de l'Étolie, de l'Acarnanie, de la Thessalie. Un jour ils s'abattirent sur l'empire mal défendu des Montferrat, s'en emparèrent et s'arrogèrent ouvertement le titre d'empereurs de Thessalonique. Ils devinrent ainsi des voisins redoutables pour les princes francs de Constantinople, et il n'est pas téméraire de conjecturer qu'ils eussent tôt ou tard réussi à les évincer de leur conquête, si les héritiers des Lascaris n'eussent pris les devants sur eux. Les Paléologue, une fois rentrés en possession de l'Empire, ne purent tolérer l'existence de vassaux aussi puissants, et mirent fin à l'indépendance du despotat.

Les Commène disparus, les provinces albanaises furent de nouveau absorbées par l'empire byzantin. Mais elles ne jouirent pas pour cela d'une longue paix. D'une part, la Serbie des Némanias convoitait les ports de l'Adriatique; de l'autre, Charles d'Anjou, maître de la Sicile par suite de sa victoire sur l'Allemand Mainfroy, prétendait faire revivre sur l'Albanie les droits que le prince dépossédé avait tenus du chef de sa femme Hélène Commène, fille du despote d'Épire. De là, d'interminables rivalités dont l'Albanie est le théâtre. Les princes de Tarente, descendants de l'Angevin, disputent longtemps aux Grecs et aux Serbes la possession du littoral. Ceux-ci l'emportent avec Étienne Ouroch III et son fils Douchan. Après eux, la souveraineté passe à une famille provençale venue en Orient à la suite du frère de saint

Louis, la famille des Baux. Les Balchides, d'abord vassaux des krals serbes, organisent le royaume de Zéta. Puissants pendant les années qui suivent la dissolution de l'empire serbe, ils prennent part aux luttes du siècle contre les sultans ottomans. Mais la dynastie s'éteint, et peu à peu le petit État se dissout. Une part du territoire de Zéta tombe aux mains des Turcs, une autre devient le berceau de la première principauté monténégrine ; un troisième lambeau échoit aux Vénitiens avec cette ville de Scutari que Lorédan défendra si énergiquement plus tard contre les assauts de Mahomet II ; enfin, le reste, c'est-à-dire Kroïa et le pays environnant, demeure aux Albanais. C'est là que prend naissance cette forte ligue qui, après avoir victorieusement résisté sous les ordres de Scanderberg aux efforts des Mahomet et des Mourad, finit elle aussi par succomber, entraînant dans sa chute les derniers débris de l'indépendance albanaise.

Dans cette lutte suprême du petit peuple contre toutes les forces de l'empire ottoman, une tribu guègue du Nord, celle des Myrdites, se signala entre toutes par l'ardeur de son patriotisme et l'héroïsme de sa résistance[1]. La plupart des compagnons de Scanderberg sortaient des rangs myrdites, et lui-même appartenait à une famille issue de leur sang, les Castrioti. Après la mort du chef et l'extinction du protectorat vénitien, les Myrdites, impuissants à arrêter le flot des envahisseurs, acceptèrent la suzeraineté ottomane et obtinrent par là de conserver une large part de leur autonomie. Depuis, leurs rapports avec la

Porte n'ont guère varié, et actuellement encore ils obéissent à des princes héréditaires, vassaux du sultan, qui portent le nom dynastique de Doda et résident au monastère d'Orosch. Toutefois, la soumission des Myrdites n'entraîna point leur adhésion à la foi des vainqueurs. Avec leurs voisins les Clementi, les Hotti et plusieurs autres tribus guègues, ils demeurèrent fortement attachés au catholicisme, qui, à l'heure qu'il est, est encore chez eux la religion dominante. Chose curieuse, ces montagnards ressentent moins d'éloignement pour les Turcs qui les ont asservis que pour les populations orthodoxes qui les entourent. Ce qu'ils ont surtout en horreur, c'est le chrétien de rite grec; l'ennemi qu'ils détestent entre tous, et qu'ils poursuivent de leur haine la plus vivace, c'est le Monténégrin.

Cette singulière aversion explique le concours qu'ils donnèrent souvent aux pachas turcs dans leurs querelles avec les chrétiens slaves et grecs. Au siècle dernier, on les vit soutenir de tout l'effort de leurs armes l'adversaire acharné des Monténégrins, le terrible Kara-Mahmoud. Il est vrai que celui-ci descendait d'une famille autrefois puissante dans le pays, celle des Tzernoiévich, et qu'aux yeux des Myrdites il pouvait passer pour un compatriote. Ses ancêtres immédiats, les Bouchattlis, avaient rendu héréditaire dans leur maison la dignité de pachas de Scutari, et ils s'étaient peu à peu assuré un pouvoir presque absolu sur les tribus guègues. D'ailleurs, par sa conduite habile, Mahmoud avait su se concilier personnellement la faveur des Myrdites, qui l'appuyèrent constamment dans ses démêlés avec la Porte et ses guerres contre le Monténégro. Il gouverna ainsi quelque temps sans contrôle presque toute l'Albanie du Nord. De Scutari, sa résidence habituelle, il entretenait des relations directes avec l'Autriche et Raguse, et affichait hautement ses prétentions à une souveraineté indépendante. Cette attitude devait tôt ou tard éveiller les jalouses susceptibilités du sultan. Plus d'une fois celui-ci essaya de réduire son vassal par la force ; mais il échoua dans toutes ses tentatives, et Mahmoud eût pu jouir longtemps du pouvoir, s'il n'eût eu à compter avec d'autres ennemis plus redoutables, avec les Monténégrins. Sa haine contre eux le perdit. Engagé dans une guerre contre le vladika Pierre Ier, il fut vaincu à la sanglante journée de Kroussa. Lui-même tomba entre les mains du vainqueur, qui lui fit trancher la tête, rendant ainsi sans le vouloir au sultan un signalé service (1).

Mahmoud le Noir n'est pas le seul musulman d'Albanie qui ait tenté de se constituer dans ces provinces une situation indépendante. Il eut dans le Sud un émule qui, après avoir possédé lui aussi une autorité considérable sur les populations albanaises, connut les retours de la fortune, et finit comme Mahmoud d'une façon tragique. Celui dont je parle jouit, au commencement de ce siècle, d'une renommée sanglante que lui valurent son rôle dans les guerres de la Grèce et sa lutte d'extermination

(1) Voir sur Kara-Mahmoud l'intéressant volume de M. F. Lenormant intitulé : *Turcs et Monténégrins*.

contre les peuplades épirotes de Souli. Homme doué d'un vaste génie, Ali de Tépélen (1) était parvenu à rassembler sous sa main toutes les forces de l'Albanie tosque. Ce fut sur cette base en apparence incertaine et fragile qu'il assit l'édifice prodigieux de sa puissance. On le vit alors briser un à un tous les obstacles qui s'opposaient à la réalisation de ses ambitieuses visées. Les grands feudataires furent abaissés; la république souliote anéantie; le sultan lui-même tenu en échec. De Janina, dont il avait fait sa capitale, Ali étendait son influence sur la Thessalie, le golfe d'Arta et jusque sur les îles ioniennes, dont les possesseurs anglais entretenaient avec lui des rapports amicaux. Il y eut un moment où cet homme connut tous les enivrements du succès. Ce temps passa; avec les années les forces du vieux lion déclinèrent. Ses adversaires, naguère réduits à l'impuissance, reprirent peu à peu courage lorsqu'ils virent la fortune cesser de lui sourire. Un jour Ali vit arriver devant Janina les régiments de Kourchid-Pacha, l'exécuteur des vengeances du sultan. Abandonné de tous à l'heure du danger, le malheureux voulut fuir; mais atteint dans une île du lac où il avait cherché un asile, il fut impitoyablement égorgé. Kourchid envoya sa tête au sultan Mahmoud, qui fit suspendre le sanglant trophée aux portes du sérail.

D'autres chefs albanais tentèrent encore après Ali de

(1) « With a bloody hand, he ruled a nation turbulent and bold », a dit de lui lord Byron. Voir l'orientale de V. Hugo intitulée : *le Derviche*.

secouer le joug ottoman. Vers 1830, un triumvirat s'était mis à la tête du mouvement séparatiste. Sélictar-Poda, Arslan-Bey, Vély-Bey, tels étaient les noms des hommes qui le composaient. Mais leur entreprise, un instant favorisée par le succès, aboutit à une catastrophe. Invités par le grand vizir Reschid-Pacha à se rendre à Monastir pour participer à une conférence pacifique, les trois beys trouvèrent la mort dans le camp turc. Depuis lors, l'Albanie est demeurée en paix. Ce n'est que dans ces dernières années qu'elle a été de nouveau le théâtre de troubles, et l'on peut augurer, d'après la marche des événements, que cette agitation, loin de diminuer, ne fera que s'accroître, à mesure que la crise orientale ira en s'aggravant. Les intérêts albanais sont trop directement engagés dans la solution du grand problème contemporain, pour que le pays ne s'en préoccupe pas et ne cherche par tous les moyens possibles à le faire aboutir, en ce qui le touche, dans le sens le plus conforme à ses vœux et à ses aspirations particulières.

La baie d'Antivari, au fond de laquelle notre paquebot a jeté l'ancre, fait partie du pays guègue (1). De là, en quelques heures de route, on peut gagner Scutari, la Scodra du roi Gentius, la Skadar du noir Mahmoud, la capitale officielle de l'Albanie du Nord. Rien d'ailleurs dans cette baie n'indique le voisinage d'un centre habité. La ville d'Antivari se dérobe derrière un rideau de col-

(1) Elle a été cédée au Monténégro par le traité de Berlin.

lines, et c'est à peine si l'on en aperçoit dans l'éloignement quelques maisons détachées. Des montagnes à demi dépouillées, à demi couvertes d'oliviers, entourent le golfe, et la plaine qui s'étend entre leurs premières ondulations et la mer est défoncée par des marécages.

C'est une excellente station de chasse. Les bécassines y abondent, et notre capitaine, qui est de la lignée des Nemrod, ne passe jamais par là sans mettre en deuil la population ailée d'Antivari. D'avance il prend ses mesures de manière à se ménager du temps. Le *Lucifer* est bon marcheur. Les dernières échelles de la côte ont peu de voyageurs et peu de commerce; on s'y arrête donc juste le temps réglementaire et même moins. On économise ainsi des heures, et ces heures sont pour Antivari. Si les rares passagers qui vont jusqu'à Corfou ne sont pas d'humeur trop récalcitrante, on retarde aussi le moment du départ, quitte à regagner la distance perdue par un surcroît de vitesse.

Cette fois Pétrovitch aura une bonne journée. Tout son monde est descendu à Cattaro. Il ne reste plus que nous à bord, et comme nous ne demandons pas mieux que d'aller jeter quelques grains de poudre aux bécassines, rien ne mettra obstacle à ces projets exterminateurs. Aussi le brave homme est-il radieux. Depuis le matin ses préparatifs sont terminés. Armé, guêtré, rasé, presque peigné (car c'est jour de fête), il attend sur le pont, frémissant d'impatience, ne respirant que le carnage, inspectant à chaque minute l'horizon pour découvrir la silhouette des collines qui annoncent Antivari. Tout à coup sa figure s'illumine, ses bras s'agitent en l'air, ses jambes esquissent un entrechat joyeux : « *Eccole, eccole!* » s'écrie-t-il d'une voix de tonnerre. En effet, la baie est en vue. Après avoir doublé un dernier promontoire, le paquebot ralentit sa marche, puis s'arrête tout à fait. En un clin d'œil Pétrovitch a donné ses ordres, pris ses armes, sauté dans la barque, et nous voilà partis en chasse.

La plage où l'on aborde est désolée, bien qu'à première vue elle semble fertile. Des haies, des plantations d'oliviers dissimulent de loin l'état du sol. Quand on approche, ce ne sont que flaques d'eau croupissante, fossés pleins de boue, et il faut être continuellement sur ses gardes pour ne pas s'y embourber. Quelques pâtres fiévreux, armés de longs fusils, gardent de maigres troupeaux de moutons et de porcs. Hormis ces indigènes, hormis deux ou trois employés du Lloyd qui vont et viennent sur la grève, et l'agent consulaire d'Autriche qui trotte sur un baudet dans la direction du paquebot, nous sommes les seuls êtres humains présents à cette heure dans la baie.

Tandis que nous marchons à travers les fondrières, prêtant notre attention aux particularités du pays bien plus encore qu'au gibier, notre ami exécute un vrai massacre. A chaque pas il fait lever de nouvelles bandes d'oiseaux. Des multitudes de bécassines et de merles noirs décampent à tire-d'aile et vont se cacher dans les roseaux ou dans les haies. Pétrovitch ne perd pas une charge de poudre. Il a un coup d'œil et une précision de tir étonnants. Aussi, quand la chasse terminée, il revient au bateau avec ses trophées, nous lui faisons une ovation, et nous le comparons poétiquement à Hercule après la chasse de Stymphale.

La journée fut couronnée par un magnifique coucher de soleil. On demeura longtemps sur le pont à contempler les montagnes, les forêts, la mer, le ciel et les étoiles. A la nuit close, le paquebot se remit en marche. Le lendemain nous franchissions les dernières étapes qui nous séparaient de Corfou.

Deux villes fort anciennes, Durazzo, Avlona, marquent ces étapes. Avlona, fondée aux époques helléniques par des habitants de la cité voisine d'Apollonie, jouit d'une certaine prospérité lorsqu'elle eut hérité du commerce de sa métropole. Elle n'atteignit cependant jamais à l'importance de Durazzo. Celle-ci, connue dans le monde antique sous les noms d'Épidamne et de Dyrrachium, joua aux jours de la domination romaine un rôle considérable grâce à sa situation intermédiaire entre le monde latin et le monde grec. Reliée à la Macédoine et à la Grèce par la voie Egnatia, dont un des tronçons venait aboutir à ses murs, assise d'autre part sur la mer, en face du populeux port de Brindes, elle servait de point de communication entre Rome et les provinces orientales de l'Empire. Toutefois ce privilége, s'il lui fut d'abord avantageux, devint plus tard la cause de sa ruine. Quand l'empire d'Occident eut sombré sous les coups des Barbares, Durazzo fut en butte aux perpétuelles attaques des conquérants de l'Italie. Aux onzième et douzième siècles, pendant les luttes incessantes des Normands contre les empereurs grecs de la dynastie des Comnène, elle est continuellement prise et reprise par les partis opposés. Chaque nouvelle agression latine est signalée par quelque tentative contre Durazzo. Au début des guerres de Robert Guiscard et de son fils Bohémond contre Alexis Ier Comnène, les princes normands viennent assiéger Durazzo. C'est encore par un siége de Durazzo que s'ouvre la campagne victorieuse dans laquelle Bohémond, refaisant l'itinéraire autrefois suivi par César et Pompée, poursuit Alexis de cette ville à Janina, de Janina à Ochrida, d'Ochrida à Castorium et de là à Larisse et à Pharsale, où se terminent les succès du futur prince d'Antioche. Si les hostilités se déplacent avec Roger II de Sicile et Manuel Comnène pour se concentrer plus spécialement autour de Corinthe et de Corfou, les Normands n'oublient pas pour cela le chemin de Durazzo. Guillaume II revient assiéger la forteresse albanaise avant d'aller conquérir Thessalonique. D'ailleurs, l'extinction de la maison de Hauteville ne clôt pas pour elle l'ère des siéges. La période historique ouverte par la quatrième croisade est aussi funeste que les précédentes aux villes du littoral. L'antagonisme entre Palerme et Constantinople se renouvelle sous Michel Paléologue et Charles d'Anjou dans les mêmes conditions que sous les Comnène et les Normands. Le frère de saint Louis, se prévalant des droits que le dernier roi de Sicile Mainfroy avait possédés sur l'Albanie, enverra encore ses soldats investir Durazzo. Après lui, les Krals serbes, les pachas turcs, les provéditeurs vénitiens viendront tour à tour battre en brèche ses murailles et la réduiront enfin dans le triste état où nous la voyons aujourd'hui. Durazzo entre les mains de l'administration turque ne s'est pas relevée de ses ruines; on peut douter qu'elle s'en relève jamais.

Enfin nous avons franchi le canal d'Otrante. A gauche l'horizon est formé par la longue ligne des monts de la Chimère, ces Acrocérauniens si décriés par Horace. En face apparaissent les hauteurs de Corfou dominées par la sombre masse du Pantocrator. Voici la Grèce, voici l'Orient. Un autre monde s'ouvre devant nous; nous commençons un nouveau voyage. Nous ne dirons cependant pas adieu sans tristesse à nos derniers compagnons de route, au jovial capitaine Pétrovitch et au *Lucifer*. Cette navigation de Trieste à Corfou, quelque inégales qu'en soient les beautés, nous laissera de charmants souvenirs. Mais quelles images ne rejetteraient dans l'ombre les perspectives enchanteresses de Corfou et de Zante, ces îles bénies des dieux!

LES

# ILES IONIENNES

ET LE

# GOLFE DE LÉPANTE (1)

## I

### CORFOU.

Alcinoüs, roi de Corfou, eut un jardin dont on parla dans l'antiquité. Ce devait être un lieu remarquable, à en juger par ce qu'en dit Homère. Rarement, en effet, le vieux poëte a pris un plaisir plus visible à décrire un site. Lui, si sobre d'habitude dans ses peintures, il ne consacre pas à celle-ci moins de vingt hexamètres. Chaque particularité du précieux jardin est relevée et notée par lui avec un soin scrupuleux. Ici il en énumère complaisamment les arbres : « poiriers, grenadiers, pommiers aux

(1) Paru dans le *Correspondant*, livraison du 25 janvier 1881.

fruits magnifiques, figuiers délicieux et verdoyants, oliviers (1) » ; là, les arbustes et les plantes. Voici la vigne féconde dont les grappes mûrissent au soleil, la haie qui sert de clôture, les fleurs disposées en plates-bandes de côté et d'autre. Plus loin, est le lieu où l'on foule la vendange. Rien n'est oublié. Il n'est pas jusqu'au petit ruisseau qui fournit ses eaux à l'arrosage, dont il n'indique la source et ne suive l'humble parcours. En un mot, il nous présente un état des lieux aussi minutieux et aussi précis qu'eût pu l'être le rapport d'un géomètre expert. D'ailleurs, le morceau ne se distingue point seulement par cette exacte précision des détails. L'art supérieur du nourrisson des Muses s'y révèle à chaque instant. Les tableaux qu'il trace sont charmants. On est captivé par ces vers, où perce un sentiment si vif de la nature, et l'on comprend qu'en lisant le septième chant de l'*Odyssée,* saint Justin se soit cru transporté dans le séjour béni de nos premiers parents et ait rêvé de l'Éden.

Mais si Homère est particulièrement prodigue de louanges à l'endroit de l'enclos royal, il s'en faut qu'il en soit avare vis-à-vis du reste de l'île. Sans faire à celle-ci l'honneur d'aussi longs développements descriptifs, il ne lui ménage pas les épithètes flatteuses. Il appelle sans cesse Corfou la « délicieuse », la « fertile » Schérie. On voit qu'il la considérait comme une terre privilégiée, et qu'il eût volontiers placé au milieu de ses campagnes le

(1) Homère, *Odyssée,* chant VII.

temple de la félicité parfaite. Ses enthousiasmes nous sont d'autant moins suspects qu'ils ont été partagés. Xénophon, qui se rappelait sans doute avoir souffert de la soif avec ses dix mille, dans les arides déserts de l'Asie, fait un tableau enchanteur de l'île et de ses plantations arrosées d'eaux vives. Ovide, qui, lui aussi, avait vécu longtemps sous de tristes climats, n'en parle que pour vanter la qualité exquise de ses fruits. Il n'est guère d'écrivain classique qui ne se soit cru obligé de lui payer à l'occasion son tribut d'adjectifs complimenteurs. Ainsi il semble qu'à toute époque le nom de Corfou ait éveillé dans l'imagination populaire des idées de fécondité et de richesse, et que l'antiquité ait été unanime à regarder le domaine du roi Alcinoüs comme un lieu idéal, orné entre tous des dons de la nature.

Or, après tant de siècles, les vergers corfiotes n'ont point cessé de mériter les louanges de leurs admirateurs. La même abondance qu'autrefois y règne, et il suffit de faire le tour de la capitale pour s'en convaincre. Ce ne sont partout qu'étalages de fruits de toutes sortes : oranges, figues, melons, pastèques, limons, raisins, dont les pyramides énormes, amoncelées çà et là sur les places et dans les rues, attestent par leur superbe apparence que les ressources du vieux sol phéacien sont toujours les mêmes, et que le paradis homérique n'est point perdu.

Ajoutez que, grâce à cette abondance, tout cela se vend à rien. Dans la campagne, une orange a à peine plus de valeur que l'eau qu'on puise pour se rafraîchir à la fontaine commune. Je me rappelle qu'un jour, revenant d'une longue course à travers l'île, je passai avec mon camarade de route près d'un champ d'orangers, dans lequel un brave homme était occupé à jardiner. Comme il faisait chaud et que nous étions altérés, nous le priâmes de nous donner cinq ou six de ses oranges, en échange de deux lepta, ce qui équivaut à dix centimes de notre monnaie. L'offre nous semblait marquée au coin de la plus stricte équité. Il paraît que nous étions simples, et heureusement l'homme se trouva honnête. Il nous fit entendre que pour nos lepta nous pouvions grimper à l'arbre, faire main basse sur ses oranges, et en emporter encore si cela nous convenait. Inutile de dire que cela nous convint, et que nous grimpâmes.

Mais la campagne de Corfou n'est pas seulement fertile; elle est encore admirable à voir. L'île renferme des paysages d'une rare beauté. Les côtes sont découpées par une multitude de baies arrondies et d'anses plus étroites, où l'harmonieuse alliance des arbres et de l'eau forme à chaque pas des tableaux d'un charme infini. Partout la végétation atteint un développement magnifique. Les oliviers, dont le sol est couvert, sont d'une taille qui défie toute comparaison. Les orangers et les citronniers, les figuiers, les myrtes, les cyprès alternent par intervalles avec eux, opposant à leur pâle feuillage leurs couleurs plus accentuées ou plus fraîches. Autour des propriétés privées courent de fortes haies de cactus, dont les branches bizarrement contournées prennent à la nuit tombante les apparences les plus fantastiques et les plus curieuses. Et que de fleurs partout ! Les jasmins et les roses montent aux murs des maisons ou s'épanouissent en buissons le long des chemins. Les géraniums s'étalent sur le sol en larges massifs ; les jonquilles, les iris, les anémones tapissent le fond des vallées et s'abritent dans le creux des ruisseaux, à l'ombre des cyprès séculaires. En un mot, c'est un vaste jardin qui s'étend à toute l'île et n'a d'autres limites que la mer.

Que ces paysages sont beaux ! Venez ici ! Voyez ! Devant nous s'ouvre une baie profonde, au fond de laquelle la mer apparaît claire ou foncée, d'un bleu argenté ou d'un vert d'émeraude, par places. Cette baie est dominée de tous côtés par des collines de médiocre hauteur que coupe à son extrémité un promontoire taillé à pic. Sur les pentes, les oliviers s'étagent en rangs serrés et touffus. Les plus voisins de l'eau y baignent leurs branches inclinées. Puis, à mi-coteau, ils cessent sur une ligne brusque et font place à des fourrés d'orangers et de citronniers, qui, en cette saison, sont couverts de leurs beaux fruits rouges et or. De cette masse de verdure, se dégagent une vingtaine de maisons d'une étincelante blancheur, ombragées çà et là par des cyprès de grandeur colossale qui se détachent en noir sur l'eau d'un bleu vif. Enfin, au delà, sur la côte, on distingue d'autres promontoires semblables au premier, qui portent les mêmes forêts d'oliviers, les mêmes groupes d'orangers, de cyprès et de maisons blanches. De loin en loin, on aperçoit leurs pittoresques contours, jusqu'à ce qu'ils se perdent dans les flots d'une brume bleuâtre dont l'horizon se voile sans s'obscurcir.

Et ailleurs! Nous sommes sur le versant d'une montagne, près d'un hameau perdu. Assis au bord d'un sentier, nous regardons la scène qui nous environne. Autour de nous, croissent de robustes oliviers, dont les troncs tourmentés et trapus adhèrent au sol par une multitude de racines saillantes et désordonnées. La terre qu'ils couvrent de leur ombre est jonchée d'anémones rouges à calices d'argent et de petites iris jaunes et violettes. Quelques porcs noirs rôdent çà et là dans les hautes herbes. A quelques pas en avant, le terrain se dérobe par une pente roide, entraînant jusqu'au fond de la vallée une luxuriante végétation d'arbres à fruits, de lianes, de vignes folles qui se précipitent en désordre dans le lit d'un torrent. Une ligne de verdure plus épaisse et plus fraîche indique le creux de l'eau; puis, figuiers, vignes et oliviers remontent la pente opposée toujours pêle-mêle, tandis qu'à gauche une subite et profonde fissure laisse entrevoir la mer et la côte d'Albanie.

Et maintenant, montons plus haut; gravissons le col San-Pantaleone, et de là nous découvrirons, non plus un horizon resserré et partiel, semblable à un joli chapitre d'un beau livre, mais le livre tout entier, c'est-à-dire l'ensemble de l'île, les côtes, la mer. C'est immense et c'est saisissant. Demeurons une heure. Il y a une herbe épaisse sur le roc; on s'y peut reposer à l'aise. Laissons-nous imprégner par la chaude atmosphère qui monte du fond des vallées en fleur; tenons les yeux obstinément fixés sur la scène magnifique ouverte au-dessous de nous; prêtons l'oreille aux sons indistincts que rendent les choses inanimées; et, de tous ces langages qui se croisent sans se heurter, des couleurs, des bruits, des parfums, de tout ce qui se voit, se sent et s'entend, formons-nous un souvenir en harmonie avec le charme souverain de ces lieux. . . .

Voilà donc la terre grecque; la voilà entourée de cette auréole de beauté radieuse, à laquelle ont rendu hommage ses historiens et ses poëtes. Ici au moins leurs enthousiasmes n'ont point cessé d'être justifiés. L'invasion barbare n'a pas, comme dans tant de provinces de la Grèce continentale, ravagé les campagnes, déraciné les arbres, ruiné les cultures, bouleversant de fond en comble l'aspect antique du pays et supprimant toute possibilité de contrôler les paroles de ses panégyristes. Je retrouve sans peine ces fraîches retraites d'ombre, où la fille d'Alcinoüs, Nausicaa « aux bras blancs », dansait en liberté ou jouait à la paume avec ses compagnes « aux belles chevelures ». Voici le bois touffu dans lequel Ulysse « coupa un rameau orné de ses feuilles, afin d'en couvrir son corps et de voiler sa nudité ». Que les coteaux d'Argos et de Mycènes soient donc aussi arides que l'échine pelée d'un âne de vingt ans, que les versants des montagnes de Béotie soient desséchés et torréfiés, au point qu'il n'y puisse germer autre chose que de maigres touffes de thym et de lavande!. Corfou est encore telle que l'a dépeinte au vieux temps le père de l'épopée hellénique; c'en est assez pour nous assurer que la Grèce a pu être belle, et que ses poëtes n'ont pas menti.

Ce n'est pas d'aujourd'hui qu'on a commencé à rendre justice à la véracité d'Homère et à l'exactitude de ses descriptions. Maintes fois déjà l'on avait signalé, à travers l'amas d'histoires fabuleuses qui remplissent ses chants, nombre de renseignements positifs et sincères. Néanmoins, à aucune époque les témoignages en sa faveur n'ont été aussi multipliés et aussi décisifs que de nos jours. L'archéologie surtout en a fourni de précieux. Grâce à cette science, la critique a été mise coup sur coup en possession de faits dont la plupart confirment d'une manière éclatante les données du récit antique. Un savant intrépide, qui a consacré une partie de sa vie à explorer le terrain de l'épopée grecque, a même obtenu dans cette voie des résultats si complets et si imprévus, que ceux-ci ont d'abord semblé de pures chimères, et qu'actuellement encore, en dépit d'importantes et nombreuses adhésions (1), tous n'ont pas réussi à dompter leur scepticisme et à ajouter une foi entière aux conclusions de l'explorateur. Il est vrai que, malgré tous les égards qu'on doit à la haute réputation d'habileté de M. Schliemann, il est difficile de ne pas être un peu troublé, en l'entendant assurer qu'il a remué de ses mains les cendres authentiques de la ville de Priam, exhumé à Mycènes la

(1) Entre autres celle de M. Gladstone, dans la préface du volume de M. Schliemann, intitulé : *Mycènes*.

dépouille mortelle d'Agamemnon et retrouvé partout dans la moderne Thiaki les traces de Laërte et d'Ulysse. Une fois en si beau chemin, il ne lui en eût coûté qu'un effort de plus pour déterrer les reliques de Neptune, ce qui eût rendu un signalé service à l'histoire ancienne de Corfou.

Neptune est en effet le personnage divin dont Homère a inscrit le nom en tête de l'arbre généalogique des rois de Corfou. Peut-être le poëte a-t-il voulu donner à entendre par là que la fortune de ces princes avait commencé sur la mer, dont Neptune était la personnification mythique. Pourtant je ne sais s'il est bien prudent d'admettre une interprétation dont un heureux coup de pioche de M. Schliemann peut d'un instant à l'autre démentir l'exactitude. Dans tous les cas, on court moins de risques à s'en tenir jusqu'à nouvel ordre au sentiment d'Evhémère d'Agrigente, lequel a au moins l'avantage de ne gêner en rien le libre essor de l'archéologie homérique. On sait qu'Evhémère, dépouillant les habitants de l'Olympe de leur caractère divin, voulait qu'ils eussent été de simples hommes, honorés comme des êtres surnaturels par la superstition de leurs descendants (1). De la sorte, Jupiter avait réellement régné en Crète, Pluton en Sicile, Neptune sur les mers. Les lignées princières des Éginètes, des Argiens, des Héraclides remontaient réellement au souverain de la Crète par Égine, par Danaé, par Alcmène. Et ainsi de la mythologie entière qu'il estimait

(1) C'est en tous points le sentiment exprimé par saint Augustin sur les dieux du paganisme. (*Cité de Dieu*, liv. VII.)

n'être autre chose que de l'histoire défigurée et embellie.

Neptune, d'après ce système, est donc un véritable homme de chair et d'os, dont la puissance sur la mer a été grande. Une nymphe appelée Corcyre par Diodore, Péribée par Homère, lui a donné un fils nommé Nausithoüs par l'un, Phéace par l'autre, et c'est ce fils que l'Odyssée représente comme le roi des Phéaciens et l'auteur de leur établissement dans l'île de Corfou. « Jadis, dit le poëme, ce peuple habitait la vaste Hypérie, près des cyclopes violents, qui le maltraitaient et le dominaient par la force. Le divin Nausithoüs leur fit abandonner ce séjour et les établit dans Schérie, loin du reste des mortels. Il entoura la ville d'un rempart, bâtit des maisons, éleva des temples aux dieux et fit le partage des terres (1)... » Or, Nausithoüs eut deux fils, Rhéxénor, qui périt jeune, « frappé dans son palais par le dieu à l'arc d'argent », et Alcinoüs, « auquel les dieux avaient départi la sagesse ». Alcinoüs succéda à son père dans le gouvernement des hommes. C'est lui que l'Odyssée nous montre régnant sur les Corfiotes vers le temps où Ulysse, souillé du meurtre récent du cyclope Polyphême, fils de Neptune, venait de subir l'assaut du dieu irrité et abordait dans l'île après avoir perdu ses navires et ses compagnons.

Si l'hôte qu'accueillait Alcinoüs était inconnu des Phéaciens et de leur roi, il était loin d'être également étranger aux autres habitants des îles Ioniennes. Ulysse est le héros

(1) Homère, *Odyssée*, liv. VI. Traduction Sommer.

par excellence de ces peuples dans l'âge homérique. Aucun des acteurs de l'épopée grecque ne personnifie mieux que lui le petit groupe d'insulaires dont il est le chef habile et au milieu desquels il est né. Jason, qui avait séjourné à Corfou au temps de l'expédition des Argonautes, n'était qu'un Thessalien jeté dans ces parages par les hasards de la fortune. Alcinoüs lui-même est issu d'une race acclimatée depuis peu sous le ciel ionien; et d'ailleurs son autorité ne s'étend pas au delà des frontières de l'île. Ulysse d'Ithaque a dans ces mers un tout autre rôle; il y jouit d'une véritable hégémonie. Sophocle dans *Philoctète,* Euripide dans le *Cyclope,* l'appellent « roi de Céphallénie », et l'*Odyssée* atteste qu'il possédait de grands troupeaux dans cette île. Nérite ou Leucade, qui est aujourd'hui Sainte-Maure, avait été prise autrefois par Laërte (1), aidé des jeunes gens de Céphallénie, et Ulysse avait gardé les conquêtes de son père. Zacynthe aussi lui appartenait, suivant Strabon, et son nom était respecté jusque sur la côte d'Épire. A Troie, il a sous ses ordres toutes les forces des îles Ioniennes : « les magnanimes Céphalléniens,... ceux qui habitent Nérite à l'ondoyant feuillage, Crocylée et l'âpre Ægilippe, ceux qui peuplent Zacynthe et les champs de Samé (2). » On ne voit à côté de lui, en Asie, d'autre chef indigène que Mégès, roi des Taphiens des Échinades, dont la puissance était fort inférieure à la sienne. Ainsi, sa prépondérance

(1) HOMÈRE, *Odyssée,* chant XXIV. — STRABON, liv. X.
(2) HOMÈRE, *Iliade.*

sur le petit archipel ionien était bien établie; seule entre les grandes îles, Corfou demeurait soumise à des princes particuliers, et bien que le bruit de ses exploits fût parvenu aux oreilles des sujets d'Alcinoüs, sa personne leur était inconnue lorsqu'il vint en fugitif implorer leur hospitalité et leur demander les moyens de retourner dans sa patrie.

C'est qu'à cette époque les Corfiotes n'étaient pas encore entrés dans le concert des nations helléniques. Ils n'avaient pris part à aucune de leurs entreprises, et ainsi que la belle Nausicaa le disait au héros naufragé, ils étaient jusqu'alors demeurés isolés dans leur île, s'abstenant de tout commerce avec les hommes du dehors. La conquête étrangère, en infusant à ce peuple un sang nouveau, devait modifier ses dispositions pacifiques et lui inspirer l'envie bientôt réalisée d'augmenter ses forces et d'étendre son influence. Les historiens des époques postérieures représentent les Corcyréens comme en possession d'immenses ressources navales. D'après eux, leurs trirèmes étaient les mieux construites de toute la Grèce (1), et ils pouvaient lutter, pour le nombre de leurs vaisseaux et l'habileté de leurs marins, avec Samos, Corinthe, Égine, c'est-à-dire avec les premières puissances maritimes du pays. D'ailleurs, la prospérité, loin d'adoucir leurs mœurs, semble les avoir rendues plus rudes et plus intraitables. Les mêmes écrivains les dépeignent comme doués d'un

(1) Thucydide, *Guerre du Péloponnèse.*

triste caractère, enclins aux discordes civiles, portés aux cruautés, faciles à soulever contre l'autorité établie. Le fait le plus saillant qu'ils signalent dans toute la suite de leurs annales est la funeste querelle qui, en les armant contre leur métropole, causa la guerre du Péloponnèse.

Quand cette lutte fratricide éclata, il y avait déjà longtemps que Corfou n'appartenait plus aux Phéaciens. Absorbés peu à peu par des races plus entreprenantes et plus jeunes, ils avaient disparu de la scène, sans laisser après eux d'autres traces que de vagues et légendaires souvenirs. Du reste, les peuplades colches et liburniennes qui les remplacèrent ne nous sont pas mieux connues. Ce n'est qu'en arrivant à la dernière et à la plus importante des transformations subies par la population de l'île, que nos renseignements se précisent et prennent un caractère plus véritablement historique. Cette révolution avait été contemporaine de grands événements. Elle remontait aux jours déjà bien reculés où les tribus helléniques, se trouvant à l'étroit dans leurs possessions continentales, s'étaient dispersées au loin, et étaient allées fonder des colonies, les unes en Orient, les autres dans les régions voisines de l'Europe. On sait combien les émigrations se généralisèrent en Grèce à diverses reprises. Dès le onzième siècle, les Éoliens se répandirent sur la côte asiatique, où ils élevèrent les murs de Lesbos et de Smyrne. Au siècle suivant, la conquête du Péloponnèse par les Doriens eut pour conséquence d'accentuer et de précipiter le mouvement colonial. Quand leurs légions, descendant les pentes du Parnasse sous la conduite des Héraclides, eurent franchi le golfe de Corinthe, elles renversèrent la monarchie achéenne d'Argos, alors représentée par Tisamène, petit-fils d'Oreste et le dernier des Pélopides. Les Achéens, dépossédés de leurs foyers, passèrent dans l'Ægialée maritime, d'où ils refoulèrent sur l'Attique les tribus ioniennes anciennement établies sur ces rivages. De l'Attique, celles-ci débordèrent sur l'Archipel et sur l'Asie Mineure, et elles y jetèrent les bases de plusieurs villes célèbres, telles que Milet, Phocée, Éphèse. Enfin les Doriens, après s'être successivement implantés en Argolide, en Arcadie, en Messénie, éprouvèrent à leur tour le besoin de s'étendre au dehors, et gagnèrent, eux aussi, l'Asie, où Rhodes et Halicarnasse devinrent leurs principaux centres. Un courant d'émigration analogue se produisit plus tard du côté de l'occident. Vers les huitième et septième siècles, des bandes d'Achéens, de Doriens, d'habitants de Corinthe, de Chalcis, de Mégare, désertèrent en masse leurs patries, vinrent en Sicile et en Italie, et y bâtirent des villes, qui, ainsi que Tarente, Syracuse, Zanclé (1), Locres, Crotone, Sybaris, Métaponte et Posidonie (2), jouirent longtemps d'une prospérité très-grande. Plus d'un point des côtes de la Grèce occidentale fut alors occupé et peuplé par des colons d'origine corinthienne. Les villes d'Ambracie et d'Anactorium sur le golfe d'Arta, les grandes îles de Leucade et de Corcyre furent du nom-

(1) Messine.
(2) Pæstum.

bre (1). Peu à peu leur autorité acquit dans ces parages une véritable prépondérance, et ainsi cette mer, à laquelle l'antiquité avait, on ne sait trop pourquoi, attribué le nom de mer Ionienne, devint en réalité une mer corinthienne.

Les écrivains grecs ne nous ont pas laissé ignorer les causes particulières qui amenèrent la colonisation de Corfou. Ces causes se rattachent étroitement à l'histoire d'une des révolutions dont Corinthe fut le théâtre, postérieurement à la conquête dorienne. Aux jours de l'invasion, Alétès, l'un des chefs héraclides, s'était emparé de cette ville et en avait chassé les princes issus du sang de Sisyphe et de Jason (2). Bien des années après, la vieille population éolienne, lasse des excès des Bacchiades, derniers représentants des dynasties héraclides, se souleva contre eux, et après en avoir triomphé, leur fit subir le sort qu'eux-mêmes avaient jadis fait subir à l'ancienne lignée royale. Devenus ainsi l'objet du mépris et de la haine publics, ces princes renoncèrent pour jamais à une patrie qui les reniait, et suivis de leurs partisans, s'en allèrent chercher au loin des territoires nouveaux, où ils pussent rétablir leur fortune. L'un d'eux, Archias, vint en Sicile, où il fonda Syracuse. Un de ses compagnons, Chersicrates, navigua vers les eaux ioniennes, aborda à Corfou (3), environ six cents ans après la guerre de Troie, selon Timée, quatre cent

(1) THUCYDIDE, *Guerre du Péloponnèse*.
(2) ÉPHORE, *Fragments*.
(3) DIODORE DE SICILE, liv. VII. — TIMÉE, *Fragments*.

quarante-neuf ans seulement après cet événement, selon Thucydide, purgea l'île des Colches et des Liburnes qui l'avaient conquise sur les Phéaciens, et répudiant ses dénominations primitives de Drepanum et de Scheria, lui donna le nom de Corcyre, qu'elle a gardé si longtemps. Cette occupation fut pour l'île le signal d'une ère de grandeur. Bientôt elle jetait elle-même des colonies sur la côte voisine, à Apollonie, non loin du site où s'éleva plus tard la ville d'Avlona, et à Épidamne, aujourd'hui Durazzo, où s'établit le Bacchiade Phalius (1). Toutefois, la situation personnelle des exilés vis-à-vis de la cité qui les avait proscrits, n'empêcha pas que celle-ci ne revendiquât et n'obtînt sur les terres qu'ils s'appropriaient, les droits supérieurs d'une métropole. Ainsi, Corinthe acquit sur Corcyre une influence sinon absolue, au moins largement prépondérante. Mais il ne paraît pas que l'entente ait jamais été complète entre les deux villes. A en juger par ce que Thucydide nous dit de leurs premiers rapports, elles ne cessèrent de nourrir des sentiments hostiles l'une vis-à-vis de l'autre. Cette mésintelligence s'accrut encore, lorsque la famille de Cypsélus, maîtresse à Corinthe depuis l'expulsion des Bacchiades, eut pris la haute main sur les affaires de la colonie, et que Périandre, fils de Cypsélus, lui eut imposé le gouvernement de son propre fils Lycophron. Les Corcyréens ne voulurent point se soumettre à cette tyrannie et assassinèrent Lyco-

(1) THUCYDIDE. *Op. cit.*

phron ; ce dont Périandre tira aussitôt vengeance, en envoyant à Alyatte, roi de Lydie, trois cents enfants des meilleures familles de l'île, pour qu'il en fît des eunuques (1). Ainsi, les deux cités en étaient arrivées à se considérer comme de véritables ennemies. La rupture définitive n'eut pourtant lieu que plus tard, après que toutes deux, dégoûtées du gouvernement tyrannique, eurent adopté des institutions républicaines. Alors on les vit, sous un prétexte en apparence léger, en venir ouvertement aux mains et inaugurer par une lutte à mort cette triste querelle, dans laquelle s'épuisèrent les forces vives de la Grèce.

Le passage où Diodore de Sicile expose les faits qui déterminèrent ce grand bouleversement a été traduit par Amyot de la façon que voici : « Ceux de la ville du « Duras, qui est assise sur l'une des costes de la mer « Adriatique, les habitants de laquelle sont anciennement descendus de ceux de Corfou et des Corinthiens, entrèrent en discussion les uns contre les « autres, et la plus forte partie chassa l'autre...... Les « barbares esclavons estant illec venus avec grosse puissance, se saisirent incontinent de tous le pays à l'environ et meirent le siége devant la ville ; par quoy « ceux de Duras envoyèrent premièrement à Corfou « requérir les Corfiotes que comme leurs parents et « progéniteurs ils les voulussent secourir ; à quoy les

(1) Hérodote, *Histoires*, liv. III, *Thalie*.

« Corfiotes ne voulurent point entendre, et à cette cause « ceux de Duras envoyèrent leurs messagers jusques à « Corinthe supplier les Corinthiens de les vouloir « secourir à ce besoin, etc... » En d'autres termes, et pour laisser là les Esclavons assez mal à propos amenés sur ce terrain, la colonie d'Épidamne, attaquée par une faction rebelle que secondaient des peuplades barbares, s'étant vu refuser tout secours de la part de Corcyre, porta ses plaintes au tribunal de la métropole, qui prit en main sa cause. Une déclaration de guerre s'ensuivit. Corcyre, impuissante à résister seule à Corinthe, implora l'appui d'Athènes. Puis Sparte intervint à son tour en faveur de Corinthe, au nom des villes d'origine dorienne. Tel fut l'enchaînement des faits qui, d'une querelle privée entre deux cités unies par des liens étroits, firent éclore une guerre générale où tous les États de la Grèce se groupèrent en ligues hostiles et s'entre-détruisirent à l'envi. Les détails de cette guerre sont trop connus pour que je m'attarde à en parler. Toutefois, au début de ces affaires, il importe de signaler la situation toute particulière de Corcyre, colonie dorienne et corinthienne, reniant toute solidarité avec les peuples de sa race et faisant cause commune avec ses plus irréconciliables ennemis.

Considérable dans le principe, le rôle de Corcyre s'amoindrit après les premiers coups. Pendant l'expédition de Sicile, elle ne fait plus que servir de point de ralliement aux flottes athéniennes, ainsi que faisait sa voisine

Leucade pour les flottes spartiates. « Elle se trouvait en effet fort bien située pour tenter de là un débarquement en Sicile », dit Diodore. Mais à mesure que le conflit change de caractère et dégénère en une pure rivalité entre Sparte et Athènes, Corcyre s'en désinteresse. Elle y prend d'abord une part moins active ; peu à peu elle réduit ses armements ; à la fin il n'est plus fait mention d'elle parmi les États belligérants. Du reste, elle n'oublie point pour cela ses vieilles haines. Celles-ci survivent à ces événements. Longtemps après la conclusion de ces guerres, au lendemain de la chute des ligues étolienne et achéenne, quand le Romain Mummius amena devant Corinthe cette armée qui allait la ruiner de fond en comble, il n'eut pas de coopérateurs plus ardents, d'alliés plus fidèles que les Corcyréens, une dernière fois traîtres à leurs origines, en même temps qu'à la cause grecque.

Dans la suite, l'histoire des insulaires n'offre plus le même intérêt. Vers le temps des guerres illyriques, ils acceptent le protectorat romain, et cessent dès lors d'avoir une existence indépendante. D'ailleurs, l'île ne perd rien de son importance stratégique. Bien au contraire, elle devient, entre les mains des conquérants de l'Italie une forteresse redoutable, dont ils font leur base d'opération contre la Grèce. Flaminius y concentre ses troupes avant d'aller battre Philippe, Mummius avant de renverser Corinthe. Plus tard elle est témoin des interminables luttes des empereurs d'Orient contre les envahisseurs occidentaux. Son port s'ouvre tour à tour aux soldats de Bélisaire et de Totila, de Robert Guiscard et d'Alexis Comnène, de Roger de Sicile et de Manuel, de Charles d'Anjou et de Michel Paléologue. La grande flotte latine qui doit abattre l'empire des Lange se réunit sous ses murs. « Les croisés séjournèrent trois jours dans cette île, qui était bien riche et plantureuse », dit Villehardouin. Puis elle passe successivement dans le domaine des despotes d'Épire, de la branche napolitaine de la maison d'Anjou, enfin de Venise, qui s'y fortifie contre les attaques des Turcs. Alors commence pour l'île une des phases les plus agitées et en même temps des plus glorieuses de son histoire. Assiégée à deux reprises par les armées de Soliman II et d'Achmet III, défendue victorieusement lors de cette dernière agression par le célèbre maréchal Schulembourg, elle échappe à tous les efforts des infidèles. Elle demeure ainsi entre les mains de la république jusqu'au début du siècle, où ses destinées changent encore. Le traité de Campo-Formio la cède à la France; mais celle-ci ne la garde pas longtemps. Arraché à nos armes par les flottes russes, replacé momentanément sous notre domination à la paix de Tilsitt, l'archipel ionien est soumis en 1814 au protectorat anglais. A partir de cette date et pendant l'espace de quarante-neuf ans, le drapeau britannique flotte sans interruption sur la citadelle de Corfou. Ce n'est qu'en 1863, à l'occasion de l'avénement au trône de Grèce du prince Georges de Danemark, que la couronne anglaise abandonne ses droits sur les Sept-Iles, qui cette fois redeviennent grecques et sont annexées au nouveau royaume.

Les populations ioniennes accueillirent avec des transports d'enthousiasme l'acte qui les réunissait à leurs compatriotes. Aucun événement n'avait été plus ardemment désiré par elles; aucun ne pouvait leur causer une plus entière satisfaction. Un passé qui leur était odieux s'évanouissait sans retour. Elles étaient enfin rendues à leur véritable patrie; désormais elles avaient le droit de se dire grecques et de se croire libres. La joie qu'elles firent paraître en cette circonstance solennelle était sans doute fort légitime, et l'on ne peut qu'applaudir à l'ardent patriotisme qui en inspirait les manifestations. On ne saurait néanmoins oublier que l'administration des lords hauts commissaires, si elle fut parfois tracassière et rigide, rendit au pays d'incontestables services. Sous aucun régime, on ne vit entreprendre à Corfou un plus grand nombre de travaux d'utilité publique. Les Anglais mirent la main à tout : établissements savants, université, colléges, bibliothèques, sociétés agricoles, tout fut fondé ou réorganisé par eux. En quelques années, complétant l'œuvre commencée par le général français Donzelot, ils couvrirent l'île d'un réseau de routes carrossables, analogue à celui qu'ils ont tracé dans l'intérieur de Malte. Maintenant ces routes se conservent comme elles peuvent. Leur entretien est en partie abandonné aux soins du hasard, qui est un déplorable cantonnier. Aussi n'est-il pas rare, lorsqu'on parcourt certains districts, de trouver les chemins envahis par les hautes herbes ou coupés çà et là par de profondes fondrières. L'administration locale n'a pas l'air de s'en troubler outre mesure, ou, si elle s'en trouble, cela ne va pas plus loin.

Pour notre part, d'ailleurs, nous ne lui faisons pas un crime de son insouciance. Ce ne sont pas, en effet, ces larges routes qui donnent aux campagnes de Corfou leur inexprimable attrait. Mais ce sont leurs chemins à demi abandonnés, où les herbes folles et les fleurs sauvages croissent en liberté à l'ombre des grands arbres. Ce sont leurs vastes fourrés d'oliviers parcourus çà et là par d'étroits sentiers, dont le tracé incertain s'arrête à chaque instant, se divise et se perd. Ce sont leurs villages enfouis sous les orangers, et auxquels on n'accède qu'à travers des séries de jardins et de terrasses étagées. Que de charmantes heures nous avons passées à gravir ces coteaux ombragés, à contourner ces baies mignonnes, à suivre ces ravins tortueux, marchant la plupart du temps à l'aventure, nous égarant à dessein, jouissant surtout de la grande solitude des rivages et des bois ! Si nous gardons de nos courses dans l'île une si heureuse impression, à coup sûr nous le devons à ces sentiers agrestes et par conséquent au hasard qui les a tracés. Aussi rendons-nous pleine justice à ce hasard que nous accusions, et reconnaissons-nous que, lorsqu'il s'emploie à seconder la nature, nul ne met plus d'art à dessiner des chemins et à les orner de mille scènes exquises. Il ne m'a pas été donné d'entrevoir le véritable paradis terrestre, et comme

Adam, notre père, n'a point jugé à propos de nous laisser quelque morceau de prose descriptive, qui nous le fît connaître (1), nous ne pouvons savoir au juste à quoi il ressemblait. Mais je gagerais que le Créateur souverain, jaloux d'assurer à son œuvre un cachet de perfection idéale, avait confié à cet intelligent serviteur, le hasard, le soin de l'arranger à sa guise, et que celui-ci, loin d'y ouvrir à profusion des chemins et des routes, y avait simplement esquissé quelques sentiers pleins d'ombre, de solitude et de parfums, semblables à ceux que nous avons rencontrés dans les ravissantes vallées de Corfou.

(1) Les Sabéens affirment qu'Adam a écrit des livres sur la culture de la terre. Le *Talmud* lui attribue le psaume XCII. Des rabbins prétendent qu'il composa des ouvrages d'alchimie. Enfin des Arabes disent qu'il fit un testament. Adam aurait donc été un auteur fécond. Peut-être dans un de ses ouvrages avait-il consacré quelque article à la description du paradis terrestre. Voir MIGNE, *Dictionnaire des Apocryphes.*

# I

## PRÉVÉSA, SAINTE-MAURE, CÉPHALONIE, ZANTE.

Entre Corfou et Céphalonie, on touche à Prévésa. Cette ville est située sur le continent, à l'entrée du golfe d'Arta, c'est-à-dire aux extrêmes confins de l'Albanie. Au delà commence l'Acarnanie grecque.

Ce lieu acquit autrefois une grande célébrité par le fait d'une femme qui s'y conduisit mal. Certes, voilà une illustration étrange. Est-ce donc à dire qu'avant ce jour l'antique serpent n'ait jamais trouvé son compte dans ces parages, et devons-nous croire que, de mémoire d'homme, les dames de Prévésa aient été si éminemment exemplaires qu'une seule peccadille commise dans les limites de leurs domaines ait suffi pour attirer l'attention des contemporains? Il n'en est pas tout à fait ainsi. Sans doute, rien n'empêche de supposer que les dames en question n'aient été et ne soient encore ornées de toutes les vertus qui conviennent à leur sexe. Je me plais même à croire qu'à l'heure présente, elles ne perdent aucune occasion de malmener et de confondre le vieil ennemi du genre humain ; mais, outre que notre héroïne n'était point des environs, de ce qu'on s'est souvenu ici des torts d'une seule, il ne s'ensuit nullement qu'on doive décerner aux autres des brevets d'innocence et des couronnes de rosières. La vérité, c'est que la faute commise en cet endroit ne fut pas précisément de la classe des fredaines vulgaires, et comme, de plus, la coupable était reine et belle, la chose fit du bruit dans le monde.

Son cavalier, homme d'importance, soldat brave, mais peu lettré, en dépit des belles tirades que lui fait débiter Shakespeare dans un drame connu, était en contestation avec un collègue rusé et point amoureux. Celui-ci, dévoré d'une ambition insatiable, revendiquait la totalité d'un pouvoir jusqu'alors partagé. Faute de s'entendre sur ce point délicat, on en était venu aux mains pour trancher le différend, et l'affaire se passait sur mer. La femme, qui n'était pas sans revenus et possédait par conséquent de quoi payer de la troupe, avait amené force soldats pour la bataille, et comme ses vaisseaux joints à ceux de son partenaire formaient une flotte assez imposante, il semblait que celle-ci dût se terminer à leur avantage. Mais voici le trait : soit peur, soit trahison, à peine l'action engagée, elle tourna le dos à l'ennemi, et s'en fut subitement avec tambours et trompettes, laissant son compère réfléchir sur les inconstances de la fortune, qu'il avait tout lieu de se figurer sous les dehors d'une femme. Lui, voyant que cette défection soudaine menaçait de lui faire perdre à la fois le gain de la bataille qui se livrait d'un côté, et la personne de la dame qui décampait de l'autre, se résolut à abandonner tout à fait l'une des deux pour ne pas rester, en fin de compte, sans victoire et sans dame. Mais laquelle choisir? laquelle abandonner? L'une n'était pas moins compromise que l'autre. Après quelques hésitations, ce fut la femme qui l'emporta dans la balance. Malgré sa fuite honteuse, le malheureux la préféra encore à l'honneur, et, désertant le combat, il courut à sa poursuite, laissant la victoire aux mains de son rival, qui s'estima bien partagé.

Tout ceci se passa dans le voisinage de Prévésa. Seulement, en ce temps-là, le promontoire voisin d'Acarnanie portait le nom d'Actium. Depuis, en souvenir de son triomphe, Auguste fit construire la ville de Nicopolis, sur la côte albanaise, à peu de distance de l'endroit où s'éleva plus tard Prévésa.

On a répété que cette journée avait décidé du sort du monde (1). Abus des mots et des phrases! Le sort du monde est d'une nature qui ne se prête pas si facilement aux jeux de l'amour et du hasard. Il n'est pas loisible à une paire d'ambitieux de le risquer en bloc, comme on fait d'une pile d'écus ou d'une liasse de papiers de banque. Sans doute l'affaire engagée entre les combattants d'Actium ne se réduisait point à une simple bagatelle. Il s'agissait de savoir qui aurait l'empire des deux.

(1) LORD BYRON, *Childe-Harold,* chant II, strophe XLV.

A coup sûr ce fut une date marquante dans la vie des pauvres diables qui la perdirent, ou qui eurent seulement les côtes rompues. Admettons encore que ceux-là durent éprouver de légitimes angoisses qui attendaient leur fortune du succès de l'un ou de l'autre. Mais de là au sort du monde il y a encore de la distance. Le monde se compose de cinq grands continents, sans compter les îles de taille et les îles de petite monnaie. Là vivent des multitudes humaines qui font plus ou moins de bruit, occupent plus ou moins l'attention, mais qui en somme forment un honnête total. Que perdirent, que gagnèrent à Actium les trois quarts de ceux qui formaient alors ce total ? Pas grand'chose. Et pour les bonnes gens de l'empire romain eux-mêmes, que leur importait au fond ? Payer l'impôt à Auguste ou à Antoine, à Jean-Pierre ou à Jean-Paul, n'était-ce pas l'équivalent ? On a dit qu'Antoine vainqueur, c'eût été l'Orient prenant le pas sur l'Occident, l'Égypte envahissant Rome, la corruption asiatique venant gangrener avant le temps la dure vitalité latine. Il est vrai que dans le conflit Antoine représentait davantage l'est que l'ouest. S'il eût eu le dessus, l'Égyptienne eût peut-être offert en spectacle son front coiffé du pschent aux badauds du forum. Mais quoi de plus? Supposons qu'elle eût procréé une lignée bâtarde, héritière de toutes ses abjections, et que cette lignée eût gouverné l'empire, eût-on vu une suite de princes plus prodigieusement laids, plus manqués, plus tors de cœur et d'entendement que cette file de Césars qui de Tibère aboutit à Néron? Le vice a des limites comme la vertu. Les turpitudes des Césars ne pouvaient guère être dépassées, et il était en somme de peu d'intérêt qu'un Caligula ou un Claude descendit d'Octave ou d'Antoine. Le sort du monde ne s'est donc pas joué ici, mais seulement le sort de Jean-Pierre Auguste et de Jean-Paul Antoine. Aussi ce n'est pas la peine de regarder ce coin de terre avec de si grands yeux, à moins que ce ne soit pour y voir autre chose que ces encombrantes et fastidieuses personnalités romaines.

Reportons-nous donc à d'autres temps. Ce ne sont pas les faits historiques qui manquent ici. Bien d'autres événements s'étaient accomplis dans ces lieux avant la bataille d'Actium; bien d'autres villes s'étaient élevées près de ce golfe avant Nicopolis. Dans une antiquité plus lointaine, d'importantes cités y avaient été florissantes. Ainsi Anactorium, bâtie près du site actuel de Vonizza, à environ cinquante stades du temple d'Apollon d'Actium (1); ainsi Ambracie, dont la ville plus moderne d'Arta occupe l'ancien emplacement; toutes deux colonies de Corinthe, toutes deux armées pour leur métropole pendant la guerre du Péloponèse. Or, en ce temps-là, l'Acarnanie tenait pour Athènes. De là des chocs, des rencontres de flottes, s'abordant au chant du Pæan comme plus tard les soldats de Zimiscès ou de Nicéphore Phocas assaillaient Bulgares et Perses au chant du Trisagion.

(1) STRABON, *Géographie*, liv. X.

Tous ces orages ne passèrent point inaperçus pour les malheureuses cités des bords. Au temps d'Auguste, Anactorium, Ambracie, Argos Amphilochique, étaient bien déchues de leur antique prospérité. Le vainqueur d'Actium acheva de les ruiner en transportant leurs habitants dans l'enceinte de Nicopolis.

L'île de Leucade ou Sainte-Maure est tout proche de là. Elle était autrefois reliée à la terre ferme par un isthme que percèrent les Corinthiens. La renommée capricieuse ne nous a point transmis les noms de ces précurseurs de M. de Lesseps ; mais en revanche, elle a fidèlement conservé celui d'une pauvre femme qui, en cet endroit, faiblit, elle aussi, en une heure critique. Son histoire ne présente d'ailleurs aucune analogie avec celle de Cléopâtre. Si l'Égyptienne avait été trop aimée, notre héroïne ne le fut pas assez, et celà lui causa un tel chagrin qu'elle en perdit l'esprit. Or, pour cette fois, la perte fut sérieuse. Ce n'était pas en effet la première péronnelle venue que cette Sapho, dont Lesbos s'enorgueillit d'avoir été la patrie. Poétesse inspirée, elle avait charmé ses contemporains par la douceur de ses chants et l'élégance de ses mètres. Tout son art ne l'empêcha pas de s'éprendre, comme la plus mince pécore, d'un beau muscadin nommé Phaon, qui la dédaigna. Quel était ce peu galant personnage, et par quelles belles raisons justifia-t-il sa froideur à l'égard d'une personne aussi distinguée? On ne sait, et après tout il se pourrait fort bien qu'il ne se fût montré que sage en cette occurrence ; toujours est-il que ses dédains firent commettre à la pauvre Sapho une irrémédiable sottise, digne tout au plus d'un menu boutiquier en danger de faillite. La malheureuse, égarée par le désespoir, se précipita du haut du promontoire de Leucade dans la mer, qui ne rendit qu'un cadavre. Telle est du moins l'histoire que raconte le poëte Ménandre cité par Strabon au livre dixième de sa *Géographie*.

Les confrères en poésie de l'illustre suicidée n'ont pas manqué de gémir sur son triste sort. Ovide, Lamartine, lord Byron, pour n'en citer que quelques-uns, lui ont consacré plus d'une stance attendrie. Childe-Harold déclare qu'il a éprouvé près du rocher de Leucade « une émotion peu commune ». C'est fort bien, mais on n'en saurait dire autant de l'émotion suivante. Deux strophes plus loin, Childe se met à manger du moine et du prêtre, tout comme un piètre journaliste de nos jours. Que l'émotion du voyageur vis-à-vis la froide tombe de Sapho ait été peu commune, d'accord! Mais pour ce qui est de ses violences à l'égard de ce qu'il appelle la superstition, m'est avis qu'elles sont passablement vulgaires.

Leucade n'est pas le seul point de ces parages que Byron ait célébré dans ses vers. A une époque de sa vie, il parcourut toutes les côtes de l'Illyrie et de l'Albanie, versant à flots les rimes poétiques sur les objets les plus divers et les plus opposés, exaltant à la fois la résistance des Souliotes et l'hospitalité d'Ali de Tépelen, mêlant aux pensées graves et aux nobles élans du cœur de sonores banalités et de vastes lieux communs. En somme, trop de paroles creuses, trop de déclamations, trop d'emprunts faits à l'inepte phraséologie antireligieuse et pseudo-libérale. Ses campagnes en Orient lui seraient d'un profit douteux devant la postérité, si elles n'avaient fini d'une façon tragique. Chacun sait comment, au début de l'insurrection grecque, Byron fut s'enfermer dans Missolonghi assiégée par les armées d'Ibrahim et de Reschid, comment il fut pris de la fièvre parmi les fatigues de la défense et comment il en mourut. On critique volontiers les écarts des vivants ; on se découvre devant les morts.

Ce fut de Céphalonie que le poëte s'embarqua pour la ville investie. Dans quelques jours, nous passerons en vue du rivage où s'accomplit le drame héroïque dont il fut un des acteurs. Aujourd'hui, nous abordons dans cette île qu'il habita, et où, dépouillant le manteau fictif du pèlerin Harold, il entra en scène avec son véritable nom, pour composer sans l'écrire le meilleur et le plus solidement poétique de ses ouvrages.

Assurément Byron obéit à des considérations étrangères à ses instincts de poëte et d'artiste, lorsqu'il vint s'établir à Céphalonie ; car cette île n'a rien du charme de ses voisines du nord et du sud. Autant Zante et Corfou sont fertiles et riantes, autant elle est triste, nue, desséchée dans certaines de ses parties. Rien n'est morne comme le golfe au fond duquel est assise Argostoli sa capitale. Ce ne sont partout que roches dénudées et terrains arides. Aussi loin que le regard puisse atteindre, à peine quelque maigre verdure vient-elle rompre cette désolante uniformité. Nous n'avons passé que peu d'heures dans cette île, et nous en sommes repartis sans regret.

Tout autre est Zante, la fleur du Levant, comme l'appellent les mariniers ioniens. C'est encore un paradis terrestre. Nous naviguons en vue de l'île, par un temps d'une singulière douceur. L'atmosphère qui nous entoure est d'une limpidité extraordinaire. Un vent léger s'élève par instants et nous apporte je ne sais quels pénétrants aromes, que nous respirons avec délices. Un gai soleil illumine autour de nous les îles rocheuses, met en relief les terres plus éloignées et revêt les belles vagues bleues de l'éclat resplendissant de l'or. Bientôt la côte apparaît plus distincte. Elle est sillonnée par de longues terrasses parallèles, qui surplombent la mer à une grande hauteur et sur lesquelles croît toute une végétation confuse d'oliviers, de figuiers, de cyprès, de vignes, de cactus, d'aloès entremêlés dans un pittoresque désordre. L'effet de ces masses de verdure jetées çà et là sur des balmes rapides, encadrées par l'azur du ciel et celui de l'eau, noyées dans les flots d'une incomparable lumière, est vraiment merveilleux. On n'imagine rien de plus séduisant, de plus gracieux. C'est comme un concert de teintes exquises dont l'harmonieux accord, semblable à une douce musique, caresse étrangement et s'insinue jusqu'au fond de votre âme.

La ville de Zante occupe un site charmant. Elle s'étend en demi-cercle sur le pourtour d'un golfe largement arrondi, ouvert au pied de la montagne. Les blocs grandioses du mont Scopos, qui ferment l'horizon sur la gauche, les escarpements abrupts que couronne la citadelle, dans le fond les molles ondulations des collines, servent de cadre à ce tableau, dont les maisons blanches de la ville forment le centre. L'ensemble a quelque chose de gai et d'aimable qui enchante dès l'arrivée. On dirait que les montagnes, les arbres, les maisons, en un mot chacun des objets qui composent le paysage, sourient à l'étranger que le hasard amène et lui tendent gracieusement la main pour lui souhaiter la bienvenue.

L'intérieur n'est pas moins gai que les dehors. A cette heure, la grande rue qui traverse la ville d'un bout à l'autre est pleine de monde, et ce monde a l'air en train et content. Une musique militaire joue sur la plage. Autour des musiciens circulent des bandes de promeneurs, des dames en grande toilette, des femmes du peuple curieusement attifées. Il règne dans cette foule une animation qui pourtant ne sent en rien la cohue. Nous employons toute notre soirée à courir de place en place et de rue en rue, inspectant les types, les costumes, les allures des passants, nous mêlant aux groupes, essayant de démêler les traits caractéristiques des physionomies locales. Il nous semble qu'elles ont beaucoup de rapport avec celles des villes du sud de l'Italie, telles que Naples, Messine, Palerme. Les femmes ont la démarche molle, le regard vif, l'élégance et le brio des Siciliennes et des Maltaises. Les hommes aussi nous rappellent leurs voisins d'Italie, avec leurs airs conquérants, leurs conversations bruyantes, leur manie de gesticuler à tort et à travers. Gens serviables d'ailleurs et pleins d'égards pour les étrangers. Il nous a suffi d'être reconnus comme tels sur la voie publique, pour être aussitôt invités à nous rendre à l'un des cercles de la ville, où l'on nous a reçus avec une parfaite courtoisie.

Le lendemain, courses dans l'île, orgies de grand air, cavalcades effrénées au bord de la mer et dans les bois. Pendant nos belles journée de Corfou et de Zante, nous avons mené une vie aussi absurde que délicieuse. De grand matin on partait à cheval ou à pied ; on s'en allait tantôt d'un côté, tantôt d'un autre, selon le hasard des chemins, sans but, sans guide, cherchant de préférence les vallées ombragées et les plages désertes, s'éternisant parfois dans une clairière où l'air était plus vif et la vue plus belle ; d'autres fois galopant à perte d'haleine à travers les landes inhabitées ou le long du rivage. Apercevait-on tout à coup quelque chemin mystérieux qui fuyait à travers les taillis, ou une élévation subite du sol semblait-elle promettre une perspective lointaine, une échappée sur un vallon inexploré, aussitôt, à bride abattue de ce côté, à qui tiendrait la tête dans la course, à qui le premier découvrirait l'horizon. Et quelles bruyantes exclamations de joie à ces trouvailles de chaque instant ! quels accès d'enthousiasme désordonnés ! quel oubli total du décorum, et quel abandon de tout nous-mêmes aux mains de cette nature généreuse qui nous comblait! Nous l'avons remerciée avec de grands cris; nous lui avons chanté des hymnes et tressé des couronnes de feuillage, comme à une divinité. A l'exemple de ces folles Ménades qui entonnaient l'Évohé sonore sous les futaies de chêne de la Thessalie ou sur les sommets rugueux du Cithéron, nous avons invoqué le soleil et la mer qui nous répondait par les rauques accents de ses vagues; la terre, cette mère nourricière des plantes, les montagnes, les arbres ont été salués par de frénétiques hourras; et il n'est pas jusqu'aux pauvres petites fleurs, anémones ou cyclamens, modestement recueillies dans le creux des ruisseaux, à l'ombre des myrtes ou des lauriers-roses, auxquelles nous n'ayons jeté au passage quelque compliment flatteur, quelque indiscrète déclaration d'amitié. Sottises et enfantillage que tout cela, n'est-il pas vrai? Que voulez-vous! on se sentait si loin, avec de si hautes montagnes autour de soi; personne pour nous voir et tout raconter; on a bien le temps de vieillir!

Volontiers on séjournerait des semaines au milieu des ravissantes campagnes de Zante. L'île n'est pourtant pas aussi uniformément belle que Corfou. Elle est moins accidentée. La grande plaine cultivée qui en occupe le centre est un peu monotone. Les arbres y sont clairsemés. Autrefois Zante était presque entièrement couverte de bois: « Nemorosa Zacynthus », disaient les anciens (1). Il n'en est plus de même à présent. La végé-

(1) Virgile, *Énéide*, chant III.

tation ne s'est guère conservée intacte que sur les côtes et dans les vallées adjacentes. Mais là, elle est vraiment puissante. Les oliviers y atteignent comme à Corfou de superbes proportions. Sans doute c'est dans ces îles qu'on peut le mieux juger de la réelle beauté de ces arbres. Ailleurs, en Afrique, en Syrie, dans le pays de Gênes, à Tivoli, à Beaulieu, il s'en trouve dont les troncs sont aussi larges, aussi forts ; nulle part je n'en ai vu formant d'aussi beaux massifs de verdure, portant avec plus de majesté vers le ciel leurs pittoresques rameaux. Les oliviers de Zante et de Corfou doivent tenir en souverain mépris les mesquins arbrisseaux de la Castille et de la Provence.

Nous allons sur une colline éloignée constater l'existence de ces puits de bitume dont parle Hérodote au livre de Melpomène. A quelque distance de là est une villa qu'on nous avait engagés à visiter et qui appartient à un des grands propriétaires de l'île. C'est primitif comme installation, ou plutôt il n'y a pas d'installation. Quatre murs et le toit, quelques briquetages, quelques portes et fenêtres, un nombre restreint de tables boiteuses, de chaises étiques, de fauteuils exténués, voilà tout. Le jardin est tout en buis et en ifs taillés, avec des tonnes, des boulingrins et des labyrinthes ; de curieuses variétés de plantes, mais arrangées sans art ou avec un art trop visible, ce qui se vaut. Ces piètres végétaux étiquetés, portés sur des béquilles, distants d'espaces réguliers comme des pions de jeu d'échecs, ont un air mélancolique qui fait peine à voir. Nous faisons rapidement le tour de ces allées, et nous retournons aux sentiers perdus sous les oliviers. A leur ombre, nous regagnons le voisinage de la ville, où nous rentrons à la nuit tombante.

Grand émoi le soir dans les rues de Zante. Il y a eu aujourd'hui un mariage dans la haute société, et cet événement a mis tout le monde en l'air. Les mariés appartiennent à d'anciennes familles vénitiennes, et à ce propos, on nous dit que l'aristocratie locale presque tout entière est italienne d'origine. Cela ne nous surprend pas. Déjà nous avions remarqué que les costumes, les maisons, les palais, tout enfin ici avait un caractère italien très-accentué : telle porte est encore ornée du lion ailé de Saint-Marc ; telle place est entourée de galeries à arcades, semblables à celles qu'on voit dans les rues de Bologne. Il paraît que cette empreinte étrangère n'est pas restée moins profondément gravée dans le sang même des populations qu'à la surface de leurs édifices. Et comment en serait-il autrement? Venise a possédé ces îles pendant plusieurs siècles, et il serait étrange qu'elle n'y eût laissé de sa domination qu'une trace éphémère et sans durée. D'ailleurs, la part d'éléments latins qui se mêle chez ce peuple à l'élément grec ne provient pas seulement de l'occupation vénitienne. Les Vénitiens avaient été précédés dans les îles par d'autres Latins ; par les Romains d'abord, puis plus tard par les Normands et par les Angevins de Naples. Il est donc assez naturel que la pureté de la race se soit altérée à leur contact. Les insulaires tiennent ainsi de deux races diverses. Ils forment comme une transition entre les Grecs, dont ils parlent la langue, et les Occidentaux, par lesquels il ont été si longtemps gouvernés.

A n'envisager pourtant que la question d'origine, ils sont bien Grecs. Ce n'est qu'à une date relativement récente qu'ils ont commencé à être entraînés dans l'orbite du latinisme. Avant les époques romaines, les îles firent constamment partie de la Grèce, dont elles partagèrent toutes les destinées. Leurs premiers habitants connus avaient été les Pélasges. Du moins est-ce à cette race qu'on rattache ces Lélèges qui s'étendirent anciennement sur les deux Locrides, l'Étolie, l'Acarnanie et les îles. Les Téléboens, dans lesquels l'histoire voit les colons primitifs de Leucade et de Céphallénie, les Taphiens des îles Échinades (1), les Thesprotes, qui fondèrent Ambracie, étaient sans doute de ces Lélèges. M. Raoul Rochette mentionne cependant une tradition qui fait sortir Taphiens et Téléboens de l'Arcadie, autre centre de population pélasgique (2). En tout cas, il paraîtrait que Zacynthe fut peuplée par des familles émigrées de cette dernière province, sous la conduite d'un fils du fondateur de Troie, Dardanus (3).

Comment s'opéra la transition entre l'ère pélasgique et la période où les Hellènes devinrent prépondérants

(1) Strabon, *Géographie*, liv. X.
(2) Raoul Rochette, *Histoire de l'établissement des colonies grecques*.
(3) *Ibid.*

dans les îles ? C'est ce qu'il est fort difficile, sinon impossible de préciser. On rapporte que Céphallénie fut enlevée aux Téléboens par Céphalus, gendre d'Erechthée et époux de Procris, qui lui donna son nom. Mais cette conquête ne paraît point encore contemporaine des temps helléniques. Cependant, comme Pausanias fait de Céphalus le père d'Arcisius, aïeul d'Ulysse, il est à croire que les Hellènes ne tardèrent pas à s'établir dans les îles ; car il est vraisemblable que les compagnons d'Ulysse aient été plutôt Hellènes que Pélasges. La nouvelle population y fut représentée d'abord par des tribus éoliennes et achéennes. C'est à ces dernières qu'Homère fait jouer le principal rôle au temps de la guerre de Troie. L'*Iliade* donne souvent l'appellation d'Achéens à l'ensemble des Grecs. « Reprendre Hélène à Priam, telle sera l'œuvre des Achéens », dit Agamemnon dans l'*Iphigénie à Aulis* d'Euripide. « Moi seul maîtriserai ces Achéens si fiers de leur vaillance », dit Rhésus, dans une autre tragédie du même poëte. Il importe toutefois de remarquer que le nom d'Achéens n'a pas une signification fort claire. Il n'est ni certain, ni même probable qu'il se soit appliqué exclusivement à une tribu d'Hellènes, et dès lors il serait peut-être téméraire d'assimiler à ceux-ci les Achéens qui vinrent de l'Ægialée peupler Zacynthe et Céphallénie (1). Tout ce qu'on peut affirmer d'une manière positive, c'est qu'au début des

(1) Raoul Rochette, *Op. cit.*

temps historiques, ces îles furent achéennes. En ce qui concerne particulièrement Zacynthe, Thucydide est des plus affirmatifs.

Quand la civilisation grecque eut atteint son plein développement, les îles jouirent d'une assez grande prospérité. Céphallénie renfermait alors quatre villes que nomme l'historien de la guerre du Péloponnèse. Le rôle de cette île et de Zacynthe dans les luttes civiles de la Grèce ne fut pourtant pas très-considérable. Comme elles n'avaient jamais été entièrement assujetties aux Corinthiens, elles se rangèrent de préférence du côté des alliés d'Athènes, auxquels elles fournirent à plusieurs reprises de forts contingents de marins et d'hoplites (1). Avant de passer sous la domination romaine, Céphallénie et Zacynthe furent mêlées aux conflits qui marquèrent le démembrement de l'empire d'Alexandre. Triste époque pendant laquelle rois de Macédoine, tyrans de Sparte, stratéges étoliens et achéens, ne cessèrent de se disputer la suprématie politique, donnant ainsi à leurs redoutables voisins d'Italie d'abord l'envie, ensuite l'occasion de s'immiscer dans leurs affaires et de les asservir. Les îles ioniennes prirent une part active à ces querelles. Elles se liguèrent contre Cassandre, fils d'Antipater (2); puis elles s'unirent aux Étoliens contre la ligue achéenne et Philippe III. Ce prince n'en occupa pas moins les îles. Il transforma Céphallénie en une formidable place de

(1) THUCYDIDE, *Guerre du Péloponnèse*
(2) DIODORE DE SICILE, liv. XIV.

guerre (1). De là il s'efforçait de maintenir dans son alliance le roi d'Illyrie, Scerdilaïdas; il volait assiéger Ambracie (2), il dominait Zacynthe (3), et bravait Rome dont les préteurs allaient bientôt le réduire. Polybe raconte tout au long les phases de ces dernières guerres grecques, dont il fut la victime avant d'en être l'historien.

Des mains de Rome, les îles passèrent dans celles de Byzance. Longtemps elles restèrent au pouvoir des empereurs grecs (4). Les guerres normandes les leur arrachèrent. A compter de cette époque, la domination latine s'établit dans l'archipel ionien; mais elle ne s'y maintint pas sans luttes; elle y subit même plus d'une éclipse temporaire. Lors de sa victorieuse expédition contre Thessalonique et Constantinople, Guillaume II avait fait don de Zante et Céphalonie à un de ses plus habiles capitaines, Margheritone, amiral de Sicile (5). Après la quatrième croisade, les îles furent érigées en fief et devinrent l'apanage de la famille des Orsini ou des Ursins (6). Ces petits princes en firent d'abord hommage aux Vénitiens, puis aux souverains de l'Achaïe. Mais quand la fortune des croisés commença à décliner, ils

(1) POLYBE, livres IV, V, VI, III

(2) *Ibid.*

(3) *Ibid.*

(4) Au dixième siècle, les îles Ioniennes formaient un thème particulier appelé thème de Céphallénie. (A. RAMBAUD, *l'Empire grec au dixième siècle.*)

(5) C. PAPARRIGOPOULO, *Histoire de la civilisation hellénique.*

(6) « J. Romanos, de Corfou, a écrit un ouvrage sur les comtes palatins des Ursins, despotes de Céphallénie et Zante. » (A. RHANGABÉ, *Histoire de la littérature grecque moderne.*)

furent contraints de se rapprocher des Grecs et d'accepter leur tutelle. Un puissant État se constituait dans leur voisinage. Une branche des Comnène, réfugiée en Épire, s'était emparée successivement de l'Étolie, de la Thessalie, de l'Acarnanie, de Corfou, et menaçait les autres domaines des Francs. Le comte de Céphalonie, incapable de résister à des voisins aussi entreprenants, préféra contracter avec eux une étroite alliance et épousa une fille du despote (1). Cette conduite, qui de loin semble étrange, ne l'était point, à ce qu'il paraît, en ce temps-là, puisqu'elle eut des imitateurs, et même de haut placés. Nous voyons en effet plus tard le roi de Sicile Mainfroy demander et obtenir la main d'Hélène, fille du despote Michel, qui lui apporta en dot Corfou et l'Albanie, tandis que le troisième Villehardouin d'Achaïe épousait Anne, sœur d'Hélène. Ainsi les Grecs recouvraient peu à peu et par des voies détournées l'influence qu'ils avaient exercée avant la croisade sur les territoires des princes latins. L'empire franc touchait à sa fin; bientôt il s'effondrait tout entier pour faire place a la monarchie restaurée des Paléologues.

L'ascendant des Latins ne se rétablit en Orient avec quelque solidité que lorsque Charles d'Anjou eut chassé de Sicile la dynastie souabe qui avait succédé aux Normands. Il y eut alors une période pendant laquelle le nouvel empire grec fut en péril. Le frère de saint Louis

(1) Buchon, *Histoire de l'établissement des Français en Grèce.*

paraissait un redoutable adversaire, et son ambition était grande. Il se présentait en face du Paléologue comme l'héritier et le vengeur des empereurs francs. Et ce n'était pas seulement le trône de Constantinople qu'il aspirait à reconquérir. Vainqueur du roi de Sicile Mainfroy, il réclamait hautement Corfou et l'Albanie, que celui-ci avait possédées du chef de sa femme, Hélène Comnène. Devenu par une alliance tuteur d'Isabelle de Villehardouin (1), il s'établissait fortement dans les États de Morée. Il n'était pas de territoire anciennement occupé par les croisés sur lequel il n'élevât quelque prétention plus ou moins justifiée. La situation devenait de jour en jour plus critique pour le Byzantin. Les Vêpres siciliennes, organisées avec sa coopération, le sauvèrent et mirent à néant les ambitieuses visées de Charles. Ses descendants napolitains conservèrent néanmoins une grande puissance en Orient. Maîtres de Corfou, qu'Ithamar Comnène, fille du despote Nicéphore-Ange, avait rapporté en dot à Philippe de Tarente, fils de Charles II le Boiteux, ils gardaient une influence considérable sur l'Albanie, devenu un État héréditaire entre les mains des enfants du seigneur des Baux, l'un des compagnons de Charles d'Anjou ; sur la principauté d'Achaïe, enfin sur les îles Ioniennes, sur Zante, Céphalonie et Leucade, qu'ils donnaient plus tard en fief à une famille dévouée à leurs intérêts, la famille de Tocco (2).

(1) Buchon, *Nouvelles Recherches sur la principauté française de Morée.*

(2) L'histoire des Tocco, comtes de Céphalonie, a été écrite par Baltha-

Ces Tocco étaient d'anciens et fidèles serviteurs de la dynastie angevine. Guillaume de Tocco, père du premier comte de Céphalonie, avait gouverné Corfou au nom de Robert d'Anjou, fils de Philippe de Tarente (1). D'autres Tocco de Bénévent s'étaient distingués dans les luttes de la reine Jeanne I^re de Naples contre son cousin le roi Louis de Hongrie (2). Robert de Tarente, pour récompenser leurs loyaux services, conféra en 1357 à Léonard I^er de Tocco le titre de comte palatin de Céphalonie, auquel s'ajouta bientôt celui de duc de Leucade (3). Quatre Tocco se succédèrent dans le gouvernement des îles et élevèrent leur maison à un certain degré de puissance. Charles I^er s'empara de l'Épire, de l'Acarnanie, de Castorium, d'Arta, de Janina (4), en un mot de toutes les provinces qui avaient constitué le despotat d'Épire. D'autre part, il recevait Corinthe et Mégare de son beau-père Nério Acciajuoli, duc d'Athènes. C'était une brillante fortune pour de si humbles princes. Il leur fallut autant de prudence que d'habileté pour se maintenir debout au milieu des révolutions qui dans la suite changèrent la face de l'Italie. De graves événements se préparaient en effet de ce côté. De tout temps les ennemis les plus

zar Raimondini, évêque de Céphalonie et Zante, dans un livre intitulé *De Zacynthi antiquitatibus*. (Buchon, *Nouvelles Recherches sur la principauté française de Morée.*) On trouve aussi des détails sur cette famille dans Chalcondyle et Phrantzès.

(1) Buchon, *Nouvelles Recherches sur la principauté française de Morée.*

(2) *Id., ibid.*

(3) *Ibid.*

(4) Chalcondyle.

acharnés de la maison d'Anjou avaient été les princes aragonais. Marié à Constance, fille du dernier roi souabe de Sicile, Pierre d'Aragon avait sans cesse opposé ses droits à ceux du conquérant. Son appui ne manqua pas aux promoteurs du complot qui, en chassant les Français de Sicile, devait le mettre en possession de ce superbe héritage. Une fois établis dans l'île, les Aragonais travaillèrent à contrecarrer partout la politique française en Orient, et ils lui firent éprouver plus d'un échec. Le duché d'Athènes lui-même tomba pour un moment entre leurs mains. Un beau jour, la bande catalane que l'empire grec entretenait à sa solde se rua sur la petite principauté française, massacra le duc régnant Gauthier de Brienne, successeur des La Roche, et fit accepter l'hommage de sa conquête au roi de Sicile. Il est vrai que celle-ci ne devait pas être durable. Peu après elle leur était arrachée par une famille florentine au service des Angevins, les Acciajuoli. Mais la fortune réservait aux Aragonais des succès plus importants et plus complets. Le royaume de Naples, compromis par les divisions de la famille royale, finit par devenir leur proie. Le dernier d'entre les princes français, René d'Anjou, vaincu par Alphonse le Magnanime, s'en alla mourir dans sa comté de Provence, abandonnant aux Valois et ses droits au trône, et la tâche difficile de les disputer à leur puissant détenteur. Cet héritage, bientôt revendiqué par Charles VIII et Louis XII, fut l'origine des funestes guerres qui, pendant près d'un siècle, ensanglantèrent l'Italie et eurent pour conséquence d'asseoir d'une manière définitive la domination espagnole dans le pays de Naples.

Les derniers Tocco furent témoins du triomphe de la maison d'Aragon. On ne pouvait attendre d'eux qu'ils tentassent une résistance inutile. Ils se soumirent et reconnurent la suzeraineté des vainqueurs. D'ailleurs, soit que leur fidélité à l'égard de l'ancienne dynastie se fût peu à peu affaiblie, soit que la décadence de celle-ci les ait décidés à adopter une politique plus conforme à leurs intérêts, il semble que ces princes aient renoncé en peu de temps à leurs vieilles alliances, pour former des amitiés plus sûres. C'est ainsi qu'on les vit se lier étroitement avec les Paléologues, ces autres ennemis invétérés des Angevins. Naguère les Paléologues avaient enlevé aux Francs la principauté de Morée, et celle-ci était devenue entre leurs mains un État séparé, où régnait un membre de la famille impériale, avec le titre de despote. Deux despotes de Morée, Constantin Dragazès et son frère Thomas, épousèrent des princesses de la maison de Tocco (1). On voit encore dans la ville de Misitra, en Péloponnèse, le tombeau de l'une d'elles, cette Théodora de Tocco (2), dont le mari, devenu empereur de Constantinople au déclin de la puissance byzantine, s'illustra en défendant jusqu'à la mort sa capitale contre l'assaut victorieux des troupes ottomanes. La prise de la grande cité

(1) BUCHON, *Nouvelles Recherches sur la principauté française de Morée.*

(2) H. BELLE, *Voyage en Grèce* (*Tour du monde*). — Celle qu'épousa Thomas Paléologue mourut en 1462 à Corfou, au couvent des SS. Jason et Sosipatre. (BUCHON, *ibid.*)

fut pour la cour de Leucade l'occasion d'un éclat passager, avant-coureur de la chute finale. La ruine de l'empire grec une fois consommée, les survivants de la suprême catastrophe se dispersèrent de côté et d'autre. Nombre d'entre eux se dirigèrent vers l'Occident et vinrent implorer l'hospitalité des cours européennes. Les liens qui existaient entre les Tocco et les Paléologues désignaient naturellement la cour de Leucade pour servir de refuge aux exilés. Maint illustre fugitif vint donc, pendant les années qui suivirent, planter sa tente sur les terres de Léonard II. Parmi eux se trouva l'historien Phrantzès. Intimement uni au dernier despote de Morée, Thomas Paléologue, Phrantzès avait suivi ce prince à Corfou et à Rome, après la conquête du Péloponnèse par Mahomet II. Mais au bout de quelque temps de séjour dans la ville des papes, ne pouvant supporter l'éloignement de sa patrie, il revint en Orient et fixa sa résidence à la cour de Léonard (1). Il y jouit d'un repos de courte durée. Le flot qui avait submergé l'empire, loin de se retirer, montait toujours ; bientôt il déborda sur la mer Ionienne. Impuissant à conjurer le fléau qui le menaçait, Léonard s'enfuit à Naples, où l'accueillit Ferdinand d'Aragon. Quant à Phrantzès, il alla s'enfermer dans un monastère de Corfou, où il écrivit son histoire. Peu après, les îles Ioniennes tombaient au pouvoir des Turcs, pour passer ensuite aux mains de Venise, qui les a gardées jusqu'à ce siècle.

(1) PHRANTZÈS.

## III

### LE GOLFE DE LÉPANTE.

Au sortir du port de Zante, le paquebot se dirige vers le Péloponnèse. Déjà nous avions aperçu les côtes du haut de la citadelle. Du Taygète qui domine Sparte au Cyllène où naquit Mercure, on en découvre la majeure partie. Maintenant nous en sommes tout proche et nous distinguons sans peine les accidents de leurs contours. Là-bas, au sud, c'est la Messénie, et ici, plus près, c'est l'Élide. Un fleuve se jette dans ces eaux, il s'appelle l'Alphée; une montagne élève vers le ciel ses sommets blancs de neige, elle s'appelle l'Érymanthe. Harmonie charmante de ces vieux noms! Il semble, à les entendre, qu'une suave musique frappe vos oreilles, et l'on ne doute pas que les lieux qu'ils désignent ne soient les plus beaux et les plus délicieux de la terre.

Ces noms ne nous sont pas seulement doux à l'oreille, ils nous sont encore doux au cœur. A mesure qu'on les prononce autour de nous, je ne sais quelle singulière émotion nous saisit. C'est que ce sont là d'anciens amis avec lesquels nous avons été habitués à vivre dès l'enfance. Il n'en est pas un parmi eux qui ne réveille un écho de notre passé, qui n'évoque une image familière à notre première jeunesse. Sans doute, c'est la première fois que le hasard des voyages nous amène dans ces mers. Ce sol de Grèce, nous ne l'avons encore ni foulé de nos pieds, ni vu de nos yeux; il n'en est pas moins vrai que notre esprit y a vécu, y a grandi, s'y est développé et fortifié. Oui, je te reconnais sans peine, patrie privilégiée des lettres et des arts, je te reconnais pour avoir bien des fois parcouru tes villes et sillonné tes rivages à la suite de tes historiens, de tes poëtes, de tes orateurs, d'abord d'assez mauvaise grâce, j'en conviens, et parce qu'il fallait bien en passer par là; puis, à mesure que les années sont venues, avec un intérêt croissant et une admiration de plus en plus vive. Maintenant, c'est avec la vénération d'un croyant que je refais ces itinéraires, dans la société des vieux maîtres, auxquels j'ai demandé pardon de mes irrévérences d'autrefois.

Comme ces lieux sont vivants en dépit de leur solitude, et comme l'éclat de leur passé les entoure d'une brillante auréole! Ah! nous sommes loin de ces ingrats continents d'Amérique et d'Afrique, dont le sol stérile n'a engendré jusqu'ici que des races de rebut! Comme elles nous paraissent pauvres et dénuées, ces terres marâtres, et comme l'intérêt qu'elles nous inspirent est médiocre! Sans doute Dieu ne leur a pas départi ses dons d'une main plus avare.

Elles ont pour elles la beauté des horizons et les séductions de la nature ; elles ont leurs grands fleuves et leurs forêts merveilleuses. Dans les profondeurs de leurs déserts, elles gardent des spectacles qui ne cèdent à nuls autres en magnificence et en majesté. Pourtant il leur manque quelque chose d'essentiel, quelque chose à défaut de quoi elles n'ont pas de prise assurée sur notre esprit et notre cœur ; il leur manque d'avoir engendré et nourri une élite humaine. Ceux qui ont autrefois vécu là-bas n'ont rien laissé qui atteste leur valeur aux yeux de leurs semblables. Où sont les traces de leur activité? où sont les témoignages de leur génie? Je ne les vois pas. Combien plus attrayantes sont ces terres d'Europe et d'Asie, qui nous apparaissent non-seulement ornées de tous les dons de la nature, des clartés du soleil, de la magie des forêts et des mers, mais encore ennoblies par la plus exubérante végétation intellectuelle qui, depuis l'origine, ait germé à la surface de l'univers! Là, chaque portion de l'immense territoire a eu ses sociétés civilisées, ses traditions religieuses, ses cultes augustes, ses sciences, ses littératures et ses arts. Voyez la Chine avec ses philosophes illustres, ses Confucius et ses Lao-tseu ; le Thibet avec sa vaste littérature bouddhique; l'Inde, cette sœur de l'Europe, avec ses Védas et ses épopées colossales, les temples mystérieux de ses divinités et les incomparables tombes de ses grands mogols. Comme l'Inde, la Perse a ses poëtes, les Saadi, les Djami, les Hafyz, les Firdousi; elle a aussi les architectes qui ont élevé ses charmantes médressés aux coupoles d'émail azuré. Et que dire de la vallée de l'Euphrate, de celle du Nil, de Thèbes, de Ninive, de Babylone, de Persépolis, et enfin de ce pays favorisé entre tous où Moïse a vécu et où le Christ est mort? N'est-ce pas là la pure aristocratie des contrées du globe? Joignons-y l'Europe; joignons-y ce bassin de la Méditerranée qu'on pourrait appeler le lac chrétien, et qui fut la mer grecque et la mer romaine; et nous ferons fi du reste de la terre. Ce golfe où nous entrons, nous le préférons à tous les pôles du monde, aux solitudes africaines, aux pampas et aux forêts vierges du nouveau continent. A lui seul il nous intéresse plus que toute une Amérique. Sans doute, il ne présente sur tout son parcours aucun de ces paysages qui saisissent et bouleversent. Point de Niagara, ni de chute du Zambèze; point de Cordillères infranchissables et de cours d'eau géants. Le sol est dépouillé, les côtes souvent rocheuses. Mais ces côtes et ce sol sont labourés de traces humaines, traces profondes, ineffaçables, contre lesquelles la rage des destructeurs est impuissante. Suivez ce rivage du Péloponnèse, du point le plus lointain où le regard puisse atteindre; suivez-le jusqu'à Corinthe; voyez s'il se peut trouver autre part semblable accumulation de noms célèbres. C'est d'abord, tout au sud, Sphactérie et Navarin, Pylos où régna Nestor, « le vieux cavalier de Gérénia » ; puis le fleuve Alphée, et sur ses bords, Olympie, fameuse par son temple consacré à Jupiter, et par ses jeux qu'institua Hercule; Andravida, qui fut la capitale des princes latins d'Achaïe et Patras, celle des derniers despotes grecs de Morée; le château de Morée, à la prise duquel nos troupes se distinguèrent (1), et celui de Roumélie, qui fut témoin d'un des derniers exploits de l'amiral Miaoulis (2); plus loin, voilà Vostizza, l'antique Ægium; Sicyone, la patrie d'Aratus et de Lysippe, la ville des Telchines et des Curètes, la plus ancienne peut-être des cités grecques. Et Corinthe, et Delphes, et Lépante, déjà grande au temps où elle s'appelait Naupacte et où Athènes en faisait un de ses boulevards contre les Doriens du Péloponnèse et de Sicile, et depuis environnée d'un nouvel éclat par la victoire qu'y remporta don Juan d'Autriche sur les flottes ottomanes.

Certains de ces lieux, maintenant abandonnés de leurs habitants ou retombés dans la vulgarité d'une destinée paisible, ont vu se dérouler les plus grands événements d'une époque, ont été le théâtre des plus émouvantes tragédies. Tandis que notre paquebot s'engage dans les eaux du golfe, nous cherchons vainement à découvrir un point perdu de la côte d'Étolie. Il y a là une misérable petite ville, confinée dans les lagunes d'une baie sans animation, qui, en ce siècle même, a soulevé les enthousiasmes de toute l'Europe, et dont le nom sera répété avec orgueil tant qu'il y aura des Grecs gardant le souvenir de leurs gloires et le culte de leur passé. Ce nom

(1) La prise du château de Morée fut le plus brillant fait d'armes de la campagne dirigée par le général Maison, lors de la grande insurrection grecque, sous la Restauration.

(2) Voir la *Station du Levant*, par l'amiral Jurien de la Gravière.

demeurera inscrit dans leurs annales comme une date mémorable. Il caractérisera le temps de leurs luttes pour l'indépendance, comme Troie, Marathon, Issus ou Mantinée ont caractérisé d'autres phases de leur histoire. Nulle part en effet le petit peuple révolté ne fit preuve d'une plus indomptable énergie que pendant les deux siéges de Missolonghi ; nulle part aussi le hasard des batailles ne réunit en plus grand nombre les champions d'élite de la cause grecque. Albanais, Souliotes et philhellènes étrangers, princes du Phanar et amiraux d'Hydra, Klephtes de l'Agrapha et poëtes patriotes, furent représentés à ces sanglantes assises, ceux-là par Marco Botzaris et lord Byron, ceux-ci par Mavrocordato et Miaoulis, Zalokostas et Karaïskaki. Tous ces hommes de cœur sont morts. La ville qu'ils ont défendue est rentrée dans l'ombre dont ces événements l'avaient fait un instant sortir; mais sa légende est faite. Missolonghi a désormais sa place marquée dans le livre d'or des cités héroïques, à côté de Numance, de Saragosse et d'Alésia.

La nuit tombe lorsque nous passons à la hauteur de Missolonghi; elle est complète quand nous atteignons Patras. De la capitale de l'Achaïe nous ne voyons rien, sinon quelques lumières qui indiquent sa position au milieu des ténèbres. C'est dommage; nous aurions voulu saluer cette ville qui, elle aussi, conserve le dépôt d'une grande mémoire. Nous aurions voulu retenir les détails de sa physionomie, quelques changements que les siècles aient pu y apporter. A travers l'obscurité nous lui envoyons notre tribut d'hommages, et, j'y pense, nous ne sommes pas encore ici les plus à plaindre. Une nuit épaisse enveloppe la ville ; mais nos yeux distinguent sans peine la figure lumineuse qui plane au-dessus d'elle. D'autres qui ont navigué par là à la pleine clarté du soleil ont vu des murs, des maisons, des arbres, mais n'ont rien aperçu de ce qui nous frappe et nous éblouit. Voyez ce génie élevé, puissant, ouvert à toutes les poésies, Byron ; il a promené son Childe-Harold sur toutes les plages de la Méditerranée, demandant à chaque ville, à chaque bourgade, à chaque baie, un écho de ses traditions et de ses souvenirs. Ce golfe, il l'a sillonné en tous sens ; à une époque de sa vie il a traversé huit fois l'isthme de Corinthe (1). Eh bien, cet homme si pleinement intelligent, si instinctivement attiré vers tout ce qui dépassait la médiocrité commune des esprits et des caractères, cet homme, dis-je, n'a pas seulement entrevu à Patras la grande ombre de saint André, le frère de saint Pierre, qui y a donné sa vie pour doter la Grèce de l'immense bienfait du christianisme. Le personnage n'est pourtant point obscur, et la place qu'il a tenue ici n'est pas une place médiocre. De tout temps il a été honoré comme le protecteur de la cité. Il est à Patras ce que Pierre et Paul sont à Rome, Jean à Ephèse, Marc à Alexandrie, Thaddée à Édesse, le Christ lui-même à Jérusalem. Pourquoi donc Byron et tant d'autres ont-ils fermé

(1) *Notes du siége de Corinthe.*

les yeux? N'y a-t-il pas eu ici dévouement et sacrifice aussi bien qu'à Missolonghi? La cause était-elle moins noble, moins humaine, moins poétiquement belle? Hélas! saint André n'était qu'un saint, et la sainteté est une monnaie qui n'a plus cours parmi nous. S'il eût eu l'esprit d'aller mourir dans une insurrection quelconque, vêtu d'une fustanelle et coiffé d'un bonnet turc, oh! alors, il y eût eu pour lui des odes et des dithyrambes. Mais être mort en vulgaire martyr chrétien, c'est vieux, c'est usé : sujet à mettre au rebut, mauvais thème ponr une amplification de séminaire. N'est-ce pas le cas de répéter ce que Théophile d'Antioche disait à Autolycus : « Dieu n'est pas visible pour tous ceux qui ont des yeux; il l'est seulement pour un œil net et sain. »

Ainsi ce fut là que le premier appelé des apôtres (πρωτόκλητος), condamné au supplice de la croix par une sentence du gouverneur Égée, versa son sang pour confesser la foi du Christ. La tradition de l'Église est constante sur ce point. Il est vrai que cette tradition ne s'appuie sur aucun texte canonique. Les actes du martyre de saint André, les détails relatifs à ses miracles, aux conversions de Stratoclès et de Maximilla, et les autres faits empruntés au récit du pseudo-évêque de Babylone Abdias, sont considérés comme apocryphes. Il est pourtant à croire que l'écrit, bien qu'exclu du canon de l'Église par les décrets des papes Gélase et Innocent I^er^, est basé sur des données anciennes et contient une part de vérité. D'ailleurs, on n'en est pas réduit aux indications qu'il donne touchant la vie et les actions du frère de saint Pierre. En outre de la lettre des prêtres d'Achaïe, admise par quelques-uns comme authentique, les Pères fournissent plus d'un renseignement précieux sur ce sujet. Avec l'aide d'Origène, de Sophrone, de saint Grégoire de Nazianze, de saint Jérôme, de saint Paulin, de saint Philastre, on peut tenter de dresser la carte de ses voyages. D'après eux, ils auraient embrassé de vastes contrées : d'un côté, le Pont, la Colchide, la Scythie; de l'autre, la Thrace, l'Épire, la Grèce. Sinope, Byzance, Patras, Argos (1), auraient été évangélisées par saint André, et les Ruthènes de Kiev lui attribuent aussi la fondation de leur Église. Nicéphore le Paphlagonien le fait séjourner quelque temps en Macédoine, et en cela il s'accorde avec les apocryphes qui le représentent passant de Byzance à Périnthe et de là à Philippes et à Thessalonique, où il confondit le gouverneur Quirinus. Sans doute l'exactitude de ces itinéraires peut être contestée; on ne les établit qu'au moyen de textes partiels ou incomplets; on n'a pas non plus de données très-précises relativement à l'existence de certains personnages que saint André aurait laissés en qualité d'évêques dans les villes où il demeura, tels que Callixte à Nicée, Achæus à Argyropolis, Stachys à Byzance, Philologue à Sinope. On ne saurait suspecter à égal degré la tradition qui fixe à Patras le dénoûment de la vie de l'apôtre (2). Cette tradition est si ancienne, si généralement acceptée;

(1) GODESCARD, *Vie de saint André.*
(2) On croit que son martyre eut lieu sous Domitien.

de plus, elle est confirmée par des autorités si respectables, qu'on ne s'aventure point en la tenant pour certaine et authentique. L'Église l'a toujours tenue pour telle, et, en fait de critique, il est permis de préférer l'école qui a produit les saint Jérôme, les Origène, et de nos jours, les Mabillon, les Papebrock et les Pétau, à celle dont M. Renan est parmi nous le représentant le plus en vogue.

Nicéphore Callixte affirme que les reliques de saint André étaient encore à Patras au quatrième siècle. Saint Jérôme ajoute qu'à cette époque, c'est-à-dire vers l'an 357, l'empereur Constance, en ayant été informé, les fit transférer, par un personnage du nom d'Artémius, à Constantinople, où elles furent placées dans l'église des Saints Apôtres, à côté de celles de saint Luc et de saint Timothée. Elles y restèrent jusqu'au temps de la quatrième croisade. Mais lors de la prise de Constantinople par les Latins, le cardinal Pierre de Capoue s'en rendit possesseur et en fit don à la cathédrale d'Amalfi. Depuis, elles ont passé de cette ville à Rome. Toutefois elles n'y parvinrent point dans un parfait état d'intégrité. Il paraît que dès le quatrième siècle d'importants fragments en avaient été distraits. Un culdée scot du nom de Régulus, en ayant obtenu une part considérable, l'apporta dans sa patrie et construisit pour la recevoir une église autour de laquelle se groupèrent les premières maisons de la ville de Saint-Andrew. Dès lors, le saint commença à être regardé comme le patron de l'Écosse, et l'on ne tarda pas à lui composer une légende. Sir Walter Scott raconte dans son

*Histoire d'Écosse* qu'en 1320, le parlement réuni à Aberbrothock émit un manifeste dans lequel étaient énumérées les preuves de l'ancienneté de la nation écossaise. Il y était dit que ses origines remontaient à Scota, fille de Pharaon, roi d'Égypte, et qu'elle avait été christianisée par saint André le Protoclet. Pour laisser là ces fables, rappelons que dans ces dernières années, quand Pie IX rétablit la hiérarchie catholique en Écosse, il décida que l'un des nouveaux métropolitains porterait le titre du lieu où avait été gardé le vénéré dépôt. D'ailleurs, d'autres églises se glorifièrent de posséder des reliques du saint. Ainsi à Estella en Espagne, on montre dans l'église de San-Pedro-la-Rua une châsse qui contient, dit-on, une de ses épaules. Il faut encore enregistrer le témoignage du protovestiaire Phrantzès, lequel assure que le chef de saint André fut offert au pape Pie II par le despote de Morée Thomas Paléologue, en reconnaissance de l'hospitalité que ce pontife lui avait accordée à Rome, après la conquête du Péloponnèse par les armées turques. Cette partie du corps de l'apôtre aurait donc été conservée à Patras ou y serait au moins revenue, puisque le despote passa directement de cette ville à Corfou et de là à Rome, lorsqu'il fut chassé de ses États par Mahomet II. Sans mettre aucunement en doute l'authenticité du présent de Thomas Paléologue, attesté en outre par l'office de l'Église romaine, je mentionne en même temps le dire du médecin valaque Jean Comnène, dont Montfaucon a inséré le voyage au mont Athos dans sa *Paléographie grecque*. Comnène prétend que le chef de saint André se trouve dans le diakonikon d'un des monastères de l'Athos, celui de Pantocrator (1).

Autres lieux, autres images. Nous avons dépassé Patras, Lépante et Vostizza. Là-bas, à gauche, s'ouvre une étroite baie que dominent les cimes du Parnasse. C'est sur les flancs escarpés de ce mont que s'élevait autrefois le temple de Delphes. Là, les Grecs sont venus pendant des siècles déposer aux pieds d'Apollon Pythien le tribut de leurs adorations. Nul sanctuaire ne l'a emporté en dignité sur celui-ci. Jupiter à Olympie, Diane à Ephèse et à Mégare, Neptune à Posidonie, Minerve à Athènes, Junon à Mycènes et à Argos, n'ont pas été plus honorés que le fils de Latone sur le rocher de Delphes. Nul oracle n'a été plus écouté que le sien. Seul, celui de Dodone a joui d'un égal crédit auprès des foules païennes. Fondée à une époque reculée par les Doriens, dont Apollon était le dieu national, il ne tarda pas à étendre son influence sur la Grèce entière. Deucalion et Pyrrha, échappés au déluge, étaient descendus des hauteurs du Parnasse pour s'instruire auprès de la pythie de la manière dont ils repeupleraient la terre. Dès lors aucun événement d'importance ne s'accomplit sur le sol hellénique sans que

(1) Un voyageur qui a tout récemment visité le mont Athos, M. l'abbé Neyrat, rapporte que la relique dont parle Comnène est actuellement conservée dans un monastère de l'Athos, agrandi depuis peu, celui de Saint-André ou de Séraï. (Voir l'*Athos*, par l'abbé Stanislas Neyrat, collection E. Plon et Cie.)

celle-ci y prenne part. Il n'est pas un monarque, pas un législateur grec qui n'ait gravi la montagne en quête de réponses divines. La procession au temple est continuelle. A chaque instant le trépied fatidique se dresse pour les plus graves comme pour les plus bizarres consultations. Les chefs argiens apprennent de la pythie que les flèches d'Hercule décideront du sort de Troie. Lycurgue reçoit d'elle les éléments des institutions dont il dotera Sparte (1). Hyllus et Témène n'envahissent le Péloponnèse qu'après en avoir eu un avis favorable (2). Cadmus ne fonde Thèbes (3), les Épigones ne la renversent (4), que de son consentement. Aucune colonie ne s'éloigne de la mère patrie sans l'avoir interrogée sur le sort qui l'attend (5). Elle intervient dans le drame privé de Laïus et d'OEdipe (6). Elle oblige Alcide à s'appeler Hercule (7), et elle enseigne à Égée devenu veuf le secret d'avoir des enfants (8). Et l'action du dieu ne se manifeste pas seulement par ces incessantes distributions d'oracles ; il garde la haute direction de tous les intérêts majeurs de la race. C'est sous ses auspices que se rassemblent ces augustes amphyctionies qui, après la chute de la royauté prépondérante d'Argos,

(1) Diodore de Sicile, *Fragments*, liv. VII.

(2) Apollodore, *Bibliothèque*.

(3) Hésiode, *Théogonie*.

(4) Diodore de Sicile, liv. IV.

(5) Raoul Rochette, *Histoire de l'établissement des colonies grecques*.

(6) Eschyle, *les Sept devant Thèbes*. — Sophocle, *OEdipe roi*, *OEdipe à Colone*.

(7) Apollodore, *Bibliothèque*.

(8) Euripide, *Médée*.

deviennent les véritables régulatrices des affaires générales de la Grèce. C'est lui qui, du fond de son sanctuaire, préside à ces féries solennelles des jeux pythiens, où le Grec du Péloponnèse et de l'Hellade vient fraterniser avec le Grec de l'Asie Mineure et de l'Archipel, de la Cyrénaïque, de la Sicile et de l'Italie; où le laurier verdoyant couronne le front du poëte vainqueur, qu'il s'appelle Pindare ou Terpandre, Simonide de Céos ou Corinne de Tanagra. En un mot, gouvernement des hommes, pompes du culte, direction suprême des lettres et des arts, tout, jusqu'aux amusements séculaires du peuple, est entre ses mains. Il inspire, il anime, il dirige tout. Son temple est vraiment le cœur de la Grèce, et comme, aux yeux des Grecs, la Grèce elle-même est le centre du monde, Delphes est le point central, le véritable cœur du monde : ὀμφαλὸς τῆς γῆς.

Maintenant toute cette puissance du dieu n'est plus qu'un souvenir. Son immense prestige s'est évanoui sans retour. Les peuples ont cessé d'assiéger les chemins de Delphes. Quant au temple, à cette arche sainte de l'antique unité grecque, à ce palladium redoutable devant lequel ont reculé, frappés d'une terreur religieuse, Xerxès et nos pères les Gaulois, il n'en est rien resté debout. Sa ruine a été si complète que c'est à peine si les explorateurs, après de longues et patientes recherches, en ont pu retrouver quelques assises dispersées çà et là sous le sol qui les recouvre. Sans doute rien n'est banal comme les éternelles lamentations qu'on fait sur la fragilité des monuments humains; mais aussi est-il possible de demeurer indifférent et de se taire en face d'un tel passé et d'une telle chute? Et quel étonnement, quand on compare l'âge de ces édifices aujourd'hui disparus à celui de cette nature toujours jeune qui les environne! Pourquoi le Parnasse ne disparaîtrait-il pas à son tour, lui qui déjà jetait vers le ciel sa double cime avant que la première pierre du temple ait été posée? Eh quoi! ces rochers, ces vallons, ces forêts sont plus anciens dans le temps que le monument ruiné de Spintharus! Singulière vieillesse, qui n'a ni rides, ni décadence!

Quelle matinée charmante et quel paysage! Le Parnasse, l'Érymanthe, l'Hélicon encadrent le golfe que ferment les sévères escarpements de l'Acro-Corinthe. L'ensemble est rocheux et pelé; mais ces monts ont de belles formes. La mer est d'un bleu admirable, et la lumière du matin promène sur les côtes des teintes roses et violettes d'un ravissant effet. Les vagues courtes, légèrement blanchies à la pointe, se succèdent sans se heurter et nous emportent avec un faible balancement vers le port. C'est dans ces lieux et sans doute par une matinée semblable que le poëte Arion, fuyant Corinthe, accomplit sur le dos d'un dauphin sa périlleuse traversée. A en croire Hérodote, le poëte n'aurait cessé de chanter et de jouer de la lyre jusqu'au moment où son étrange guide l'eut déposé sain et sauf sur le rivage de Ténare. Nous n'avons point appris par ici qu'on naviguât si aisément sur l'échine des poissons, et à supposer qu'on le fît, je doute qu'aucun poëte se souciât de réciter des vers ou de jouer du violon en réalisant un pareil exploit. Nous n'en aimons pas moins les naïfs récits du vieux père de l'histoire, quelque hasardés qu'ils soient. Nous les préférons sans peine aux plats réalismes de nos jours. Arion et son dauphin nous plaisent mieux que tous les scandales à la mode et les assommoirs à succès.

Voici Corinthe ou plutôt la chétive bourgade qui a hérité d'une part de ce grand nom. Une autre localité située plus loin, aux pieds de l'Acro-Corinthe, le partage avec elle. Toutes les deux sont misérables. Celle-ci pourtant est plus animée. Les cabarets y abondent, et la population bigarrée qui les remplit ne laisse pas que d'y entretenir un certain mouvement. Nous entrons un instant dans une de ces échoppes, aux murs de laquelle pendent d'atroces lithographies, représentant les victoires du premier Napoléon. Le public s'y compose de mariniers, de pêcheurs, de marchands de vases antiques, de drogmans sans travail. Bientôt nous sommes accostés par un de ces derniers qui a flairé en nous une proie et cherche à nous séduire par l'étalage de son érudition. « Voyez, nous dit-il, en nous montrant l'horizon avec force gestes de théâtre, voyez la fortoune de cette cité famôse qui était nominée Corinnthe. Elle fout souperbe, et il n'en est rien rimasté (resté). »

On traverse l'isthme en diligence. Des gamins nous poursuivent pour nous vendre de jolies poteries rouges et noires qui proviennent des tombes de la ville antique.

Des gendarmes irréguliers vêtus de la pittoresque fustanelle plissée et armés de longs fusils aux crosses incrustées de nacre, se promènent le long de la route et se suivent de distance en distance. Une maigre végétation d'arbres résineux couvre le sol. Mais la perspective est belle, surtout au point culminant du chemin. D'un côté le regard plonge sur le golfe de Lépante entouré de montagnes; de l'autre, sur le golfe Saronique. Voici Égine, puis à droite la côte d'Argolide où s'élevaient Trézène et Épidaure; à gauche, Mégare, la route d'Éleusis, Salamine, et dans le lointain la silhouette indécise de l'Acropole. A Kalamaki nous reprenons la mer. Le temps est superbe. Des dauphins en liesse bondissent autour de nous et se montrent tout entiers hors de l'eau. Escortés par eux, nous nous dirigeons vers le Pirée. Dans quelques instants nous serons à Athènes.

# ATHÈNES

Il serait injuste d'accuser les Piréotes d'indifférence à l'égard des étrangers qui les visitent. C'est littéralement à bras ouverts qu'ils les accueillent. A peine l'ancre a-t-elle été jetée, que de partout arrivent des multitudes de petites barques, qui se pressent autour du paquebot et s'attachent à ses flancs. Des gens de toutes professions et de toutes figures, bateliers, portefaix, domestiques d'hôtels, s'élancent de là à l'assaut, par l'étroite échelle qui donne accès sur le pont. Bientôt celui-ci est envahi par une véritable avalanche humaine. Ces hôtes empressés se précipitent du côté des cabines, criant à tue-tête, bousculant tout sur leur passage, travaillant des poings et des coudes pour se frayer un chemin jusqu'aux voyageurs, dont ils s'emparent comme d'une proie. En un clin d'œil, ils ont opéré une razzia complète de ce qui se trouvait à leur portée et ont entassé pêle-mêle dans leurs chaloupes passagers et passagères, coffres et malles, gros et petits bagages. Comme aux yeux de ces pratiques industriels, il n'y a pas une distinction notable à établir entre ces diverses catégories de marchandises destinées les unes et les autres à être embarquées, envoiturées ou emmagasinées sous un abri quelconque, ils ne mettent pas de différence dans leur manière de les traiter. Aussi, un instant après notre entrée au Pirée, emportés au trot de deux chevaux sur la route d'Athènes, nous félicitions-nous de ce qu'un hasard bienveillant avait réparti les places de la voiture de telle sorte que nous fussions installés sur les siéges de l'intérieur, au lieu d'être ficelés à l'arrière, dans une situation aussi pénible qu'humiliante.

La plaine où l'on s'engage est aride, mais point laide. La terre, que l'on dirait imprégnée de soleil, a de belles colorations. Les montagnes ont plus de grâce que de majesté, mais elles sont bien éclairées, et leurs croupes dépouillées se profilent sur le ciel avec une netteté remarquable. A mesure qu'on approche d'Athènes, on rencontre du peuple qui va et vient. C'est vivant et c'est gai. Les abords sont presque bruyants, et en pénétrant dans l'intérieur on ne se sent nullement envahi par l'impression de tristesse qui se dégage d'habitude de ces vieilles métropoles du passé. Celle-ci a même un certain air de jeunesse, qui sans doute ne lui messied point, mais qui surprend et déconcerte au premier moment. Les maisons des principales rues ont bon air. Il y a deux ou trois belles percées avec de jolis magasins. Par exemple, on ne se croirait guère dans une capitale. La ville ne renferme aucun édifice moderne de quelque valeur. Le palais du roi, qui seul parmi les constructions nouvelles a des dimensions respectables, n'est qu'une grande caserne insignifiante et sans beauté. Les quartiers propres sont bien vite parcourus, et à côté on en trouve d'autres sales, peu balayés, mal bâtis, qui rappellent de tous points les villes grecques qu'on a vues partout ailleurs, dans les îles ou sur le continent. Ce sont les mêmes cris de vendeurs sur les places, les mêmes amoncellements de légumes dans les rues, les mêmes pyramides de fruits, les mêmes odeurs tenaces d'huile rance. C'est là qu'il faut aller chercher les types originaux et les scènes de mœurs locales. Car l'Athènes moderne n'est pas aussi totalement dépourvue de pittoresque qu'il paraît d'abord. On découvre encore çà et là de curieux costumes. Beaucoup d'hommes en fustanelles blanches plissées, mode albanaise devenue depuis longtemps commune en Grèce. Aux uns cela va bien, et alors ils sont superbes malgré leurs airs de matamores. Aux autres, aux trop gros, aux trop grands, aux chétifs, cela va moins bien, et comme ils ne laissent pas pour cela d'affecter des poses théâtrales, ils ont des tournures parfaitement grotesques. On dirait des géants de foire ou de vulgaires comédiens en scène. Un type fréquent, c'est le maigre, bien découplé, pommettes saillantes, mâchoires accusées, avec de petits yeux brillants et des moustaches noires horizontales ; un tarbouch rouge laissant à découvert un front bas, resserré aux tempes, un peu fuyant ; le nez en bec d'aigle ; vrai profil de brigand d'opéra-comique, physionomie inquiétante à rencontrer dans un carrefour désert. On distingue encore le Grec des îles à son immense pantalon bleu. On s'étonne de l'ampleur excessive de ce vêtement, et on ne conçoit pas comment l'on peut marcher en traînant après soi pareil équipage. Quant aux mises des femmes, elles ne diffèrent pas sensiblement de celles de nos pays : quelques bonnets rouges à glands bleus, quelques voiles blancs enroulés autour des visages, mais rien qui ressemble aux bizarres bariolages populaires des bords de l'Adriatique ou des villes musulmanes.

Voici un enterrement. Il débouche par la rue d'Éole, tourne dans celle d'Hermès et se dirige vers la cathédrale. Plusieurs pappas en tenue d'église accompagnent la bière. Leurs chapes toutes chamarrées d'or et d'argent sont d'une coupe majestueuse. Elles s'harmonisent bien avec ces visages barbus et ces longues chevelures. Malheureusement pour le coup d'œil, têtes barbues et chevelues surmontent de petits corps maigres de tournures vulgaires. Les personnages restent laids, en dépit de l'exubérante végétation qui couvre leurs figures. Et puis, les ornements sont sales, négligemment arrangés; les chants originaux, mais peu nourris, et psalmodiés par des voix chevrotantes sur ce ton nasillard auquel nos oreilles occidentales demeurent obstinément rebelles. Le mort a le visage découvert. C'était un homme de quarante ans environ. Il est vêtu en grande cérémonie : cravate blanche, habit et pantalon noir. On a placé entre ses mains un bouquet de fleurs blanches et roses. La foule vient derrière; nous nous joignons au cortége. Il poursuit sa route dans la direction du temple de Jupiter Olympien, traverse l'Ilissus près de la fontaine Callirhoé, et arrive au cimetière situé sur l'autre bord, en dehors de la ville. Le clergé achève les prières, s'éloigne de quelques pas, et alors commence devant tout le monde une scène attristante. On retire le mort du cercueil; on le dépouille de son costume d'apparat qu'on met de côté, et on le descend dans la fosse enveloppé seulement d'un linceul, tandis que la foule demeure à regarder. Nous voyons tout cela de loin; car ces détails de toilette funéraire opérée en public nous choquent. Aussi ne sommes-nous pas présents à la distribution de dragées qu'on fait à l'assistance, une fois les choses terminées. Parents, amis, pappas s'en retournent chez eux en grignotant des bonbons. Singulière cérémonie! singuliers usages!

Allons ailleurs! Il y a un instant, en suivant la foule, nous avons contourné la base d'une colline hérissée de murailles. Cette colline, on l'aperçoit de loin, en mer. Ses escarpements abrupts, qui se dressent subitement au centre de la ville, sans se relier en apparence à aucun système montagneux, les bastions à demi détruits qui la couronnent, frappent la vue avant qu'on ait pénétré dans la plaine attique. Elle forme sans contredit le trait le plus curieux et le plus caractéristique de la physionomie d'Athènes. Dirigeons-nous de ce côté. Voici justement un chemin qui y conduit. Ce chemin atteint en quelques minutes au pied de l'éminence, s'élève peu à peu en serpentant sur ses flancs et aboutit après maint circuit à une porte basse qu'un gardien ouvre aux visiteurs. Les murs d'enceinte, les uns dans un triste état de délabrement, les autres mieux conservés, se prolongent sur tout le pourtour du roc. Leur aspect sévère, les tours et les contreforts qui les flanquent de distance en distance, indiquent que c'était là la citadelle ou ville haute, l'Acropole, comme on dit encore ici. L'emplacement d'une forteresse destinée à défendre Athènes ne pouvait être mieux choisi, et lorsque ces murs étaient debout et intacts, l'endroit ne devait pas être facile à escalader. Mais si l'on pénètre au dedans de l'enceinte, on ne trouve plus aux édifices qui s'y entassent le même caractère essentiellement militaire et pratique. Il semble que ce ne soit plus de la construction de défense, mais de luxe. A coup sûr ce ne sont pas des hommes de guerre, mais des hommes d'art qui ont donné ces plans. A l'extérieur, on s'est préoccupé avant tout de bâtir des remparts épais, solides et résistants; tandis qu'ici il est incontestable qu'on a travaillé à produire un effet artistique; ces colonnes n'ont pas été placées là pour défier les engins de destruction, mais bien pour réaliser un idéal de beauté, pour inspirer des sentiments d'admiration.

Est-ce donc qu'un sentiment de cette nature se fasse jour en nous en présence de ces amoncellements de pierres? Non. Nous raisonnons, mais nous ne sommes nullement saisis; ou si nous le sommes, c'est par un grand découragement et un grand regret. C'est si ruiné! Ce portique qui donne accès dans l'Acropole et qu'on appelle les Propylées, devait sans doute offrir un magnifique coup d'œil lorsqu'une longue et large rampe, formée par des degrés en marbre pentélique, y conduisait, au lieu de cette balme inégale, semée d'informes débris. Ces ailes symétriques se développant en retour de chaque côté de la rampe, cette ordonnance simple et logique de l'escalier, des ouvertures et du péristyle, cette disposition heureuse qui fait que chaque détail de cet important ensemble paraît en être une partie indispensable, tout cela satisfait certainement l'esprit qui se donne la peine de réfléchir; mais enfin, reçoit-on devant ce spectacle une de ces impressions fortes et spontanées, qui à l'instant ébranlent l'âme, la transportent et y gravent une image que les années n'effaceront pas? Vraiment non. Et comment en serait-il autrement? Nous n'avons sous les yeux que les assises inférieures d'un monument rasé aux deux tiers environ de sa hauteur totale, de larges dalles auxquelles adhèrent des bases de fûts cannelés, des lambeaux de murs disjoints. Mais l'entablement, mais les chapiteaux, les architraves, les frises, les frontons et tout le peuple de statues, de hauts et bas-reliefs qui se réfugiaient au sommet du bâtiment, où sont-ils? Par terre, peut-être! Si vous savez distinguer ce qui appartient à cet édifice ou à cet autre, cherchez-les!

Sur la droite, un petit temple, qui lui aussi avait subi anciennement de lamentables dégradations, a été relevé par des mains intelligentes. Ses colonnes d'ordre ionique occupent leur place primitive, et l'on peut juger, comme par le passé, de la grâce et de l'élégance de leurs proportions. Mais c'est bien restreint, bien mignon. La Sainte-Chapelle est un colosse en comparaison. C'est un morceau de gourmet, une miniature architecturale. Par exemple, on s'arrête longtemps devant les fragments de sculpture qu'il renferme : une Victoire déliant ses sandales et un autre corps de femme, dont l'avant-bras droit est levé en l'air. Quelle perfection de formes! Quelle grâce d'attitudes! Quelle délicatesse dans les plis de ces draperies! Comme cet art est achevé, vivant, réel sans être réaliste! Ni l'un ni l'autre de ces corps n'est couronné de sa tête, et cependant, tels qu'ils sont, mutilés et incomplets, ils captivent. Pour l'architecture, jusqu'à présent elle nous laisse indécis. Nous n'avons point encore ressenti de choc. Cela viendra-t-il?

Traversons les Propylées. Il paraît que là derrière, il y a quelque chose de plus complet. En effet, l'édifice qui se dresse en face de nous, un peu à droite, a conservé son couronnement. Si l'on demeure à distance, il semble dans un état d'intégrité satisfaisante. Oui, cela est noble et grand. L'œil s'égare avec complaisance sous les profondeurs de ces colonnades. Il erre de la base au faîte et d'une extrémité à l'autre sans se heurter à rien qui, à tort ou à raison, lui déplaise. Les hommes qui ont construit cela possédaient sans doute beaucoup d'expérience; ils connaissaient à fond toutes les ressources de leur art; ils ont fait preuve d'une mesure, d'un tact, d'une sagesse difficiles à surpasser. Mais le choc! le choc! qui nous le donnera? Si nous faisons le tour du monument, la satisfaction première que nous avons éprouvée en découvrant l'ensemble s'efface peu à peu, à la vue des décombres attristants qui jonchent le sol. Quoi! pas une statue entière dans les tympans des frontons! Quoi! toute la frise, toutes les métopes disparues, ou celles qui restent martelées et brisées au point qu'elles sont absolument méconnaissables! Quoi! le tiers de l'édifice à bas et toutes ces colonnes étendues pêle-mêle les unes sur les autres, comme des combattants un soir de bataille! Quels vides! quelle désolation! J'aime mieux cet autre temple, là-bas à gauche, ou au moins l'annexe qui décore sa face latérale; j'aime mieux ces six statues de femmes, qui, gracieusement drapées dans les plis traînants de leurs robes, soutiennent de leurs têtes robustes un lourd entablement de pierre. Leurs charmants profils se détachent avec une élégance parfaite sur le fond clair de la plaine; elles paysagent à merveille. Mais c'est encore un détail. En réalité, nous ne sommes pas fortement remués. Nous n'avons pas été atteints par une de ces secousses subites, telles que nous en avons parfois ressenties en face des grandes églises ogivales, à Bourges, à Chartres, à Lincoln, à Cologne, à Séville, à Batalha, ou encore à Sainte-Sophie de Constantinople, ou même devant certaines constructions arabes de Grenade et du Caire. Là, il nous arrivait souvent, après avoir reçu le choc, de réformer par le raisonnement une partie de nos impressions, et de trouver maintes choses à reprendre, soit dans l'ensemble, soit dans le détail. Ici, nous ne savons que critiquer. Mais nous demeurons froids. Au fond nous sommes déçus, bien que nous hésitions à nous l'avouer à nous-mêmes.

Ne nous hâtons pourtant point de porter un jugement. Si ces débris ne nous parlent pas vivement à l'âme, la faute en est peut-être à nous. Notre éducation en fait d'art n'est pas assez complète. Nous distinguons bien un ordre d'un autre, un temple hexastyle d'un tétrastyle; nous savons à quoi riment les mots de cella et de pronaos, de métope et de frise, d'acrotère et d'antéfixe, d'ove et de volute. Mais nos yeux sont-ils suffisamment exercés à reconnaître les éléments essentiels et constitutifs du beau? Ne cherchons-nous pas là où il n'y a rien? Ne passons-nous pas inattentifs là où il y aurait à examiner longuement? Surtout ne nous laissons-nous pas impressionner au delà de toute mesure par l'état de ruine de ces édifices? C'est possible, probable même. Appelons donc à notre aide un guide sûr et expérimenté qui supplée à notre inexpérience et nous fasse toucher du doigt ce qui nous échappe. Voici un livre excellent, *l'Acropole d'Athènes,* de M. Beulé. C'est de lui que nous voulons nous aider en commençant un second examen de ce lieu. Nous lui donnons charge d'âmes ou plutôt d'intelligences. A lui de secouer notre indifférence et d'y faire succéder l'admiration. A lui de nous communiquer une étincelle du feu sacré qui animait son auteur, lorsqu'ici même il découvrait l'entrée jusqu'alors contestée des Propylées. Notre attente n'est point vaine. A peine a-t-on jeté un coup d'œil sur ce livre qu'on s'y attache. Cette méthode claire et positive, cet enseignement à la fois brillant et solide, charment et persuadent en même temps. A mesure que nous avançons dans cette voie jusque-là mal explorée, nos appréciations, nos idées se modifient. Et déjà les géants de pierre exercent sur nous une attraction plus sensible. Mais aussi, quelles leçons d'anatomie lapidaire! Le Parthénon, le voilà disséqué, désappareillé, puis rejointé, relevé, restauré devant nous jusque dans ses moindres détails. Que de secrets nous a dévoilés ce travail! Choix minutieux des matériaux, précautions infinies pour en assurer le meilleur emploi possible, fixation de la hauteur des fûts d'après leur module, convexité insensible mais systématique des surfaces planes, inclinaison calculée et graduelle des colonnes vers un centre imaginaire; ces recherches et ces raffinements sans nombre en vue d'obtenir l'harmonie parfaite, voilà qui nous étonne et nous confond. Ainsi de la décoration des temples. A la voix du savant, la voilà tout entière restituée à nos yeux. Ce ne sont plus quelques fragments tristement défigurés. Chaque pierre occupe la place que l'architecte primitif lui avait assignée. Le Musée Britannique a rendu ses dépouilles à Minerve. De nouveau la procession des Panathénées se déroule sur la frise de la cella. Les erréphores portent le péplum de la déesse. Les prêtresses, filles de Pandrose, s'avancent par groupes, suivies de loin par des chars attelés et par des cavaliers montés sur des coursiers de Thessalie. De nouveau, métopes et triglyphes alternent sur la frise extérieure. Les images des dieux adhèrent aux tympans des frontons, et au dedans, la statue d'or et d'ivoire de Phidias, ce chef-d'œuvre de la toreutique ancienne, trône glorieuse, comme au temps où elle recevait les hommages de ses adorateurs. Quelle magnificence substituée à cette nudité! Et maintenant, convertis et séduits par ce spectacle que nous apercevons sans efforts, nous prêtons une attention de plus en plus vive à toutes ces questions techniques, qui nous semblaient tout à l'heure si arides et si ingrates. Le Parthénon était-il périptère comme le Théséion, ou diptère comme le temple d'Éphèse; hexastyle comme celui d'Agrigente, ou octastyle comme celui de Sélinonte; hypèthre ou recouvert d'une toiture, polychrome ou sans couleurs? Et quelles étaient les teintes? Comment peignait-on les chapiteaux, les triglyphes, les mutules? Il n'est aucun de ces détails qui à présent nous paraisse dénué de valeur ou indigne d'intérêt. Et après avoir ainsi examiné chaque problème et recueilli chaque solution, quand, la tête remplie de toutes ces notions nouvelles, nous envisageons encore ces monuments à distance et dans leur ensemble, ils ne nous paraissent plus tels que nous les avions d'abord entrevus. Un sens qui nous manquait s'est soudainement développé en nous. Cette beauté achevée dont nous ne savions saisir l'expression, livrés à nos propres ressources, maintenant nous la saisissons. Nous apprécions à leur juste valeur ces qualités parfaites de mesure, de sagesse, de goût, qui forment le caractère essentiel de cet art. Nous lui rendons un hommage tardif, il est vrai, mais sincère. Si notre imagination est restée d'abord muette en face de ces chefs-d'œuvre, à cause de l'état de décrépitude où le temps et la main des hommes les ont réduits, notre raison, éclairée par les lumières d'une science supérieure, a corrigé cette impression et approuvé sans réticence et sans arrière-pensée. Oui, un art parfait, délicat et puissant éclate dans ce Parthénon si grand malgré ses dimensions médiocres, dans ces temples d'Érechthée et de la Victoire aptère, créations gracieuses de l'art ionien, dans ces Propylées que l'antiquité plaçait dans son estime au même rang que le temple de Minerve. Oui, sur ces édifices brille l'éternel rayonnement de la beauté vraie. Nous le comprenons et nous le sentons. Grâces en soient rendues aux habiles leçons de notre savant guide.

Mais l'intérêt qu'offre l'Acropole n'est pas épuisé par l'examen détaillé de ses temples. Les divins artistes qui peuplèrent autrefois la colline de leurs chefs-d'œuvre, les Ictinus et les Mnésiclès, les Alcamène et les Phidias, en firent sans doute le plus magnifique sanctuaire que la Grèce, cette mère des arts, ait jamais possédé sur son sol. Ce n'est cependant point à eux seuls, ni à leurs œuvres, que ce lieu dut sa célébrité et son éclat. Bien avant le temps de Cimon et de Périclès, l'Acropole était consacrée par les mystères de la religion et les souvenirs de l'histoire. Ce rocher avait été le berceau de tous les vieux mythes, de toutes les traditions anciennes du peuple athénien. Si le Parthénon et les Propylées apparaissaient aux contemporains d'Alcibiade comme la plus éclatante manifestation du génie artistique de leur race, l'Érechthéum était revêtu à leurs yeux du prestige non moins grand de l'antiquité et de la légende. Minerve Poliade, protectrice d'Athènes, y avait été honorée avant que Pisistrate eût construit l'Hécatompédon, dont le Parthénon de Périclès prit la place à la suite des guerres persiques. On disait qu'en cet endroit, Neptune Poséidon et Pallas Athéné s'étaient pris de querelle au sujet du droit de patronage exclusif que l'un et l'autre prétendaient exercer sur la cité naissante. Là, on montrait le flot de la mer et l'olivier sacré laissés par les deux divinités au peuple d'Athènes comme gages de leur faveur (1); là aussi, on conservait cette statue en bois de Pallas jadis tombée du ciel, et offerte par Cécrops à la vénération des Pélasges (2). Les premières prêtresses de Minerve, filles de Cécrops, Agraule, Hersé et Pandrose, les erréphores qui tissaient le péplum de la déesse pour la fête des Panathénées, les pontifes de Neptune, descendants de Butès, avaient habité cette enceinte, et l'on croyait que les plus anciens rois de l'Attique, Cécrops et Érecthée, y avaient été ensevelis.

Ainsi, dès les plus lointaines origines, l'Acropole était regardée comme le centre et le cœur de la cité. Il était donc bien naturel que les Athéniens tinssent à honorer de pareils souvenirs en les entourant de toute la magie de leurs arts. On ne comprend pas moins qu'ils se soient préoccupés du soin de les protéger contre les ennemis du dehors, en rendant inexpugnables les approches de la colline sainte. Malheureusement leur sollicitude à la

(1) *Apollodori Bibliotheca.*
(2) Beulé, *l'Acropole d'Athènes.*

mettre hors de la portée des atteintes profanes fut la source des calamités qui dans la suite fondirent sur elle. L'Acropole, fortifiée par le travail des générations, devint la citadelle et le boulevard d'Athènes, de même qu'elle était le sanctuaire auguste de son culte. Dès lors, elle était destinée à servir de point de mire à toutes les attaques dirigées contre la ville. Combien de fois ses murs, devenus l'abri du peuple au jour du danger, ne furent-ils pas dévastés par le fer et le feu! Si l'archéologue peut supputer l'apport de constructions que chaque siècle a déposé à la surface de ce sol sacré, qui dénombrera les profanations et les ruines qui s'abattirent sur lui avec les années? Si les murailles qui enserrent le Péribole peuvent à coup sûr être attribuées aux Thémistocle, aux Cimon, aux Périclès et aux Conon; si les fortifications des Propylées furent élevées par les ducs francs d'Athènes, les La Roche, les Brienne, les Acciajuoli, qui dira l'œuvre néfaste accomplie par Xerxès et par Mardonius, par Cassandre et Poliorcète, Lysandre et Sylla, Mahomet II, Morosini et Reschid-Pacha? Il n'est pas d'injure qui ait été épargnée au malheureux sanctuaire. Détruit une première fois de fond en comble par les Perses de Xerxès, il devait, comme suprême affront, être souillé par des mains grecques. Au déclin de la puissance athénienne, on vit le fils d'Antigone installer la courtisane Lamia dans l'opistodome du Parthénon. Plus tard, les gouverneurs turcs placèrent leurs harems dans l'Érechthéum. Enfin, vinrent les barbares civilisés, qui accomplirent les derniers et les plus irréparables sacriléges. Ce furent des bombes vénitiennes qui jetèrent bas le Parthénon, sous Kœnigsmark; ce sont des mains anglaises, celles de lord Elgin, qui l'ont dépouillé de ses statues et de ses marbres.

Détournons nos pensées de ces destructeurs et nos regards de ces ruines, et contemplons le spectacle qui s'offre à nous du haut de ce magnifique observatoire. Il est assez intéressant pour mériter qu'on s'y arrête à loisir. J'aperçois à l'horizon les monts harmonieux qui forment comme une ceinture rocheuse autour de la plaine attique, l'Hymette et le Pentélique, le Cithéron et le Parnès. Ici est la route de Marathon, et là celle d'Éleusis. Par là on allait au port de Munychies, et par là à celui de Phalère. Cet édicule, qui couronne la colline voisine du Musée, a été bâti en l'honneur de Philopappos, le dernier des Séleucides, au-dessus de la prison de Socrate. Si j'abaisse mes regards vers les pentes de l'Acropole et sur les terrains qui s'étendent à ses pieds, ils rencontrent d'abord les restes du théâtre construit par le fastueux ami des Antonins, Hérode Atticus; puis l'arc d'Adrien et les majestueuses colonnes du temple de Jupiter. Ailleurs se dresse le Théséion ou temple de Thésée, le plus intact de tous les monuments de l'antiquité grecque qui nous soient restés, avec les temples d'Agrigente et de Pæstum. Les historiens attestent qu'il fut bâti pour recevoir les cendres de Thésée que Cimon avait rapportées de Scyros. Il appartient donc à la plus belle époque de l'art. Puis, dans la ville, le monument chorégique de Lysicrates et la tour des Vents d'Andronicus Cyrrestes. Il n'est pas un coin de cette plaine qui ne garde une ruine ou un souvenir. Le Lycée rappelle Aristote, et l'Odéon, Chrysippe. Proclus a sa tombe au Lycabette, et Thémistocle au Pirée. Là est le théâtre de Bacchus, où furent représentés, aux acclamations de la foule, les drames d'Eschyle et d'Euripide, les comédies d'Aristophane et de Ménandre; le Pnyx, où les Athéniens venaient applaudir les harangues de Démosthènes et d'Eschine, d'Isocrate et de Phocion; l'Aréopage enfin, où les plus grands souvenirs du christianisme se mêlent à ceux de l'histoire profane et de la fable.

De tout temps, l'endroit avait été entouré par les Athéniens d'un religieux respect. Ils tenaient pour certain que les dieux eux-mêmes s'y étaient assemblés plusieurs fois pour trancher d'augustes différends. Euripide le rappelle dans *Électre* : « Or, il était une colline qui portait le nom d'Arès : les dieux y siégèrent une première fois pour connaître du meurtre commis par le cruel Arès, lorsque, irrité de la violence faite à sa fille, il tua le fils du roi des mers, Halirrothius. Depuis lors, ce tribunal est saint entre tous, et inspire confiance aux dieux. » C'était en effet une tradition reçue parmi le peuple, qu'Arès ou Mars s'étant uni à Agraule, fille de Cécrops (1), avait eu d'elle une fille, nommée Alcippe. Halirrothius,

(1) *Hellanici Fragmenta.*

fils de Neptune et de la nymphe Euryte (1), la déshonora, et encourut ainsi la vengeance du terrible dieu de la guerre. On disait encore qu'en ce même lieu, les dieux appelés à prononcer entre les prétentions rivales de Neptune et de Minerve avaient accordé à celle-ci le droit de patronage exclusif qu'elle revendiquait sur la cité fondée par Cécrops. Céphale, fils de Mercure et d'Hersé, avait aussi comparu devant eux pour répondre du meurtre de sa femme Procris, fille d'Érechtée (2). Ce fut alors qu'exilé d'Athènes, il passa sur le rivage de la mer Ionienne, et s'établit dans l'île qui de son nom s'appela Céphallénie (3). Enfin, au témoignage d'Eschyle (4), Oreste, poursuivi par les Euménides après l'accomplissement de sa vengeance, avait été délivré de l'odieuse obsession, grâce à l'intervention de la déesse-vierge, et avait juré, en présence des juges de l'Aréopage, que « jamais roi d'Argos ne porterait la guerre chez les Athéniens ». Ainsi, à n'envisager que ces faits, dont d'antiques traditions leur attestaient la réalité, on comprend que le peuple païen ait tenu pour digne de vénération un emplacement visité par de tels hôtes, et choisi pour de si solennelles manifestations de leur puissance.

Pourtant toute cette grandeur pâlit devant l'austère figure d'un homme qui, lui aussi, parut un jour devant

(1) *Apollodori Bibliotheca.*
(2) *Hellanici Fragmenta.*
(3) *Apollodori Bibliotheca.*
(4) ESCHYLE, *les Euménides.*

l'assemblée des sages d'Athènes, non point cette fois pour subir un interrogatoire et rendre raison d'un crime, mais pour prononcer les plus graves paroles qui aient jamais retenti dans la redoutable enceinte. On devine de qui je veux parler. Il s'agit du glorieux père du christianisme grec, de l'apôtre saint Paul. Nous qui croyons d'une foi ferme que, dans l'œuvre de la civilisation générale, le christianisme a eu de beaucoup la plus large, la plus solide part, nous estimons que les ancêtres chrétiens, c'est-à-dire les saints, ont été les plus réellement grands des hommes, qu'ils ont constitué l'élite et en quelque sorte l'aristocratie du genre humain. Or, parmi cette élite, qui l'emporte sur saint Paul? Qui plus que lui a contribué à la diffusion de cette doctrine dont, malgré toutes ses négations et toutes ses révoltes, vit le monde civilisé? Personne assurément. Aussi est-ce mus par un sentiment de légitime respect qu'après avoir salué dans Athènes les grandes ombres d'un Aristote et d'un Socrate, nous nous agenouillons à l'Aréopage pour baiser les traces de l'Apôtre des gentils; traces augustes et saintes que nous avons déjà vénérées à Rome, à Pouzzoles, à Malte, à Syracuse, et que nous retrouverons bientôt à Corinthe et à Thessalonique, à Jérusalem et à Smyrne, à Éphèse et à Chypre, à Diraya et à Damas (1).

(1) Diraya est un petit village voisin de Damas, où la tradition place le théâtre de la vision et de la chute de saint Paul. A Damas, on voit encore la rue Droite où était la maison d'Ananie et la porte (Bâb charkî) par où saint Paul s'enfuit de la ville.

Chacune de ces étapes sacrées est marquée par quelque acte de la vie du saint. De même en est-il d'Athènes. Nous nous rappelons ici la magnifique harangue qu'il prononça devant les anciens du peuple, l'allusion qu'il fit au dieu inconnu des Athéniens, son éloquente exposition du mystère de la résurrection, le rire moqueur qu'il provoqua dans l'assemblée, le peu de résultats obtenus à cette première mission, et aussi l'éclat qu'après de si pauvres débuts, cette Église jeta plus tard avec Denys l'Aréopagite, Publius, Quadratus, Aristide, Miltiade, Athénagore et tant d'autres. Ce qui se passa alors à Athènes s'est passé dans la plupart des centres chrétiens. Les églises, et parmi elles les plus puissantes, n'ont pas eu de plus brillants commencements. Accueillis par le rire ou le dédain du plus grand nombre, les missionnaires n'ont d'abord réuni autour d'eux que quelques disciples obscurs et dévoués. Peu à peu le sol païen, fécondé par le sang des martyrs, a levé une abondante moisson. Les foules se sont pressées autour de ceux que leurs pères bafouaient et crucifiaient, et l'Église de Dieu a dominé la terre. Ceci s'est passé à Rome aussi bien qu'à Corinthe et à Athènes.

Ce dernier pèlerinage accompli, nous nous apprêtons au départ. Quelle impression définitive emporterons-nous d'Athènes? Celle-ci : tout d'abord, et en dépit de satisfactions secondaires, nous avons éprouvé une déception. Mais nous ne nous sommes pas retirés découragés après cet échec. Nous avons voulu approfondir. Nous avons cherché, nous nous sommes entourés d'aides, et, grâce à ces efforts, la lumière s'est faite en nous. Elle s'est faite lorsque Athènes nous est apparue, non plus déshonorée, souillée, ruinée, comme elle ne l'est, hélas! que trop, mais restituée, rebâtie, restaurée par les hommes d'art et de science. Au fond, nous avons surtout admiré Athènes avec les yeux de l'imagination. Je n'entends pas dire de cette imagination folle qui invente à plaisir des formes chimériques dépourvues de toute réalité, mais de celle qui, conduite par la prudence et assujettie à la vérité, se représente vivement les objets tels que la tradition et l'histoire les dépeignent. Et puis, nous avons aussi admiré Athènes environnée de l'incomparable magie de ses souvenirs. En somme, toutes nos facultés y ont été employées séparément d'abord, puis réunies. Ce travail nous a sans doute coûté plus d'un effort; mais les secours ne nous ont point manqué, et le but a été atteint. Ainsi, quand M. Beulé travaillait à remettre au jour les degrés jusqu'alors enfouis des Propylées, il examinait, fouillait, analysait, cherchait, consultait sans relâche. Rien n'apparaissait. Le découragement commençait à succéder à la conviction et à l'ardeur, quand, dit-il, « tout à coup j'entends des pas. Panaiotti entre essoufflé et criant : Les escaliers! les escaliers! *Scalopatia! scalopatia* (1)! » De même, après avoir examiné les monuments d'Athènes, frappés de leur

(1) Beulé, *Fouilles et découvertes.*

état de décrépitude, nous demeurions froids, découragés, incertains, quand notre savant guide est survenu; il nous a crié comme Panaiotti : Athènes! Athènes! Et à sa voix, les nuages se dissipaient devant nos yeux. Nous comprenions ce qui nous avait d'abord échappé. Cette fois, nous avions réellement vu Athènes.

# LE MONT ATHOS [1]

D'après une tradition d'origine grecque, Notre-Seigneur Jésus-Christ aurait accompli un voyage dont il n'est pas fait mention dans les Évangiles. Au temps où il parcourait le littoral phénicien, le Sauveur aurait traversé la mer et serait venu jusqu'en Chalcidique, visiter ce promontoire célèbre que terminent au sud les falaises à pic du mont Athos. D'autres légendes de même provenance se taisent sur cette navigation du Christ et parlent seulement d'un passage de la Vierge Marie sur le territoire de la montagne. Ailleurs enfin il n'est plus question que d'une apparition de la Mère de Dieu. Quel que soit le fait primitif qui ait servi de base à la dévotion populaire, toujours est-il que le mont Athos a joui et jouit encore d'un immense prestige aux yeux des fidèles des Églises photiennes. Par eux il a été appelé *aghion oros,* c'est-à-dire montagne sainte, et il est devenu le but d'un pèleri-

(1) Paru dans le *Correspondant,* livraisons de janvier et février 1880.

nage aussi assidûment fréquenté que les lieux saints de Judée et de Galilée. Les nombreuses bandes de paysans russes qui, chaque année, se mettent en route pour aller suivre à Jérusalem les cérémonies des fêtes de Pâques ne manquent pas d'achever leur pieuse tournée par une visite à ces sanctuaires. Là au moins, ils ne sont pas inquiétés dans les manifestations extérieures de leur foi par la présence d'étrangers indifférents ou hostiles. A l'Athos, les photiens sont les seuls maîtres et les maîtres incontestés; car nulle autre communion chrétienne ne leur dispute la possession d'un terrain dont le privilége n'est attesté que par des traditions sans valeur ou des documents apocryphes.

Ces traditions doivent toutefois avoir un caractère respectable, si l'on en juge par l'ancienneté du culte auquel elles ont donné naissance. Ce n'est pas de nos jours que s'est formée cette immense agglomération monastique dont les laures et les semnées ont couvert toute la montagne sainte. Dès les règnes des premiers empereurs chrétiens, celle-ci était devenue un centre d'attraction pour les fidèles qui voulaient suivre les exemples des Paul et des Antoine. Comme les solitudes d'Hébron au temps des esséniens, comme le désert de Nitrie au temps des thérapeutes et des disciples de saint Macaire, les vallées de l'Athos se peuplèrent peu à peu d'ermites dont le nombre ne fit que s'accroître pendant toute la durée du moyen âge byzantin. La vie ascétique s'y épanouit sous toutes ses formes. Les anachorètes se creusaient des cellules isolées dans les anfractuosités des rocs, tandis que les cénobites allaient construire les murs de leurs monastères sur le rivage de la mer ou au milieu des forêts qui couvraient la presqu'île. Grâce à ces situations reculées, les communautés ne ressentirent que dans une faible mesure le contre-coup des événements qui bouleversèrent à de si fréquentes reprises la péninsule gréco-slave, et elles traversèrent une longue suite de siècles sans trop subir leur influence. Aussi n'est-ce pas un médiocre sujet de surprise pour les voyageurs occidentaux, que de voir fleurir en ces lieux des coutumes dont ils pouvaient, à juste titre, croire la tradition abandonnée depuis le temps d'Amrou et de Chosroès. Ce qu'ils observent à l'Athos, ces usages, ces manières de vivre, c'est Gaza, c'est Scété, c'est Tabenne; ces vieillards amaigris par l'âge et les privations, ce sont les Pères du désert. La ressemblance est complète, et si la flamme surnaturelle qui animait les premiers instituteurs de la famille monastique n'avait été malheureusement étouffée dans cette branche de leur descendance par l'esprit de révolte et de schisme, on ne trouverait nulle part un tableau plus fidèle de l'âge héroïque de la foi, que dans ces monastères où se sont conservées toutes les règles et toutes les formes de l'ascétisme primitif.

Mais ce n'est pas seulement le spectacle de cette société humaine demeurée si étrangère à la marche du temps qui donne à la péninsule un intérêt vraiment exceptionnel. Ici tout étonne et tout frappe. Parcourez d'une extrémité à l'autre et dans toutes les directions cette pointe de terre longue d'environ cinquante kilomètres, large de six ou huit, vous ne découvrez pas une localité, si perdue soit-elle au milieu des rochers, si enfouie au fond des ravins, si haut perchée aux sommets des pics, qui n'ait quelque chose d'insolite et de curieux. Et d'abord, ce sont les vingt grands monastères où se gardent intactes les plus précieuses épaves de cette civilisation byzantine si peu connue de l'Occident, et d'autant plus attrayante à étudier qu'elle nous est moins familière. Chacun de ces monastères, véritables villages fortifiés, renferme cinq, dix, vingt églises ou chapelles remplies de la base au faîte de fresques immenses où se révèle un art plein d'originalité et de caractère. Dans les sacristies sont accumulés des trésors d'orfévrerie : reliquaires, croix, châsses, ornements, triptyques, panaghias miraculeuses; et sur les rayons des bibliothèques s'entassent des manuscrits précieux, des palimpsestes, des éditions rares, parmi lesquels les chercheurs érudits ont fait plus d'une découverte de valeur. Puis, en outre des grandes maisons, ce sont ces multitudes de skytes (1), d'oratoires, de chapelles disséminés sur tous les points de la montagne et du rivage, tantôt cramponnés à des rocs qui surplombent la mer à de vertigineuses hauteurs, tantôt cachés dans les replis de vallées mystérieuses dont la végétation touffue les dérobe à tous les regards. Et que dire de l'organisation si

(1) Les skytes sont de petits monastères dépendants des grands centres.

particulière du gouvernement d'Athos, des imposantes cérémonies de la liturgie melkite, des vieilles psalmodies de saint Jean Damascène et de saint Cosmas de Jérusalem, sinon que là encore il y a de vastes champs ouverts aux nvestigations savantes? Enfin il n'est pas jusqu'à la nature qui en ces lieux ne revête un caractère à part et ne brille d'un éclat inaccoutumé. C'est au point qu'un voyageur anglais, le Révérend Fanshawe Tozer, va jusqu'à déclarer dans son enthousiasme qu'aucun paysage d'Europe ne l'emporte sur ceux du mont Athos, et que c'est à peine s'il en est qui les égale (1).

J'ai passé dans ce pays de bienheureuses journées avec mon ami X. de B. il y a déjà longtemps, et je n'ai cessé d'entourer ce souvenir d'un véritable culte; aussi ai-je voulu le recueillir et le fixer avant que les années en aient trop atténué la trace dans mon esprit. D'autres avant moi ont parlé du mont Athos. Je n'ai pas cherché à revenir sur des études qui ont été faites et bien faites. Dire ce que j'ai vu en voyageant, indiquer les renseignements historiques que j'ai pu récolter çà et là dans de vieux auteurs : voilà tout ce que je me suis proposé en écrivant ces pages.

(1) « And it is no slight addition to the pleasure of a visit, that, in passing from one monastery to another, you are surrounded by scenery certainly not surpassed and hardly equalled by any in Europe. » Et plus loin : « It may easily be conceived from this how exquisite the scenery is. Such combinations of rock, wood and water can hardly be seen elsewhere. » (Rev. FANSHAWE TOZER, *Researches in the highlands of Turkey.*)

# I

Salonique est le point de départ habituel des caravanes qui se rendent à l'Athos par la voie de terre. C'est en effet le centre populeux le plus considérable du voisinage, et son port est régulièrement fréquenté par les paquebots d'Europe. A l'arrivée, la ville présente un assez beau coup d'œil. On a devant soi un amas de constructions médiocres étagées sur des pentes rapides et resserrées dans une enceinte de fortes murailles qui les empêche de se disperser autour du golfe. Des tours massives, dont les créneaux servent d'abri à d'innombrables familles de cigognes, rompent la ligne des murs et se succèdent à intervalles inégaux jusqu'à la citadelle qui couronne la hauteur. Quelques grands cyprès se balancent au-dessus des mosquées, et une dizaine de minarets droits comme des cierges d'église complètent la physionomie de la ville. Le tableau est harmonieux, mais point très-original; toutes les grandes cités turques, à commencer par

Constantinople, offrent à peu de chose près pareil décor; murs crénelés tombant en ruine, légions de cigognes perchées au haut des tours, coupoles arrondies et minarets aigus cherchant l'ombre des platanes, noirs cyprès se détachant avec vigueur sur l'azur du ciel et la blancheur uniforme des maisons; cela s'appelle, suivant les lieux, tantôt Scutari et Smyrne, tantôt Brousse et Trébizonde. Ici l'on dit Salonique.

A peine a-t-on débarqué qu'on est assailli, comme dans tous les ports du Levant, par une foule de gens en loques, qui se pressent autour de vous et s'acharnent à vous offrir leurs services avec une insupportable insistance. Tout ce monde crie, hurle, s'égosille, se pousse, s'escrime, se bouscule, sans que vous puissiez vous soustraire à sa poursuite et esquiver la cohue. Pour sortir de là, il faut user de moyens énergiques et distribuer à droite et à gauche coups de poing et coups de canne. Enfin, dégagé des mains de cette multitude, vous vous précipitez dans la première rue venue, escorté par deux ou trois gaillards plus obstinés que les autres, auxquels, de guerre lasse, vous avez abandonné votre bagage. Vous examinez alors ces drôles, et vous êtes frappé de l'étrangeté de leurs accoutrements et de leurs physionomies. Ces gens-là ne sont pas des Turcs : les Turcs n'ont ni ce type, ni ce costume. Ce ne sont pas des Grecs : ils n'ont pas leur air vif et intelligent. Ils ne sont ni Bulgares, ni Valaques, ni Maltais, ni Espagnols, ni Italiens, bien qu'ils parlent toutes ces langues à la fois, en y joignant au besoin quelques phrases françaises ou anglaises. Ils portent serré autour des tempes un étroit turban de couleur sombre, d'où s'échappent deux boucles de cheveux frisés qui retombent sur leurs joues maigres et haves. Leurs regards inquiets et perçants, leurs nez busqués, leurs barbes en pointe, en un mot tous leurs traits accusent leur origine. Ce sont des Juifs qui ont conservé ici comme partout le type persistant et le cachet indélébile de leur race.

A en croire les statistiques, les Juifs formeraient à eux seuls près de la moitié de la population de la ville, qui se monte à un total d'environ cent mille âmes. Et il est de fait que nulle part, en Orient, on ne rencontre pareils assortiments de nez crochus et de houppelandes sordides. La plupart sont des Séphardim venus au quinzième siècle d'Espagne et de Portugal. Mais le fond de la colonie est plus ancien : il date d'avant l'ère chrétienne. A partir de la domination des Séleucides, sous les rois asmonéens et iduméens, il y eut un continuel mouvement d'émigration parmi les Juifs, et Thessalonique fut, après Alexandrie, Cyrène, Antioche, un de leurs principaux centres d'établissement dans le bassin de la Méditerranée. Aussi, lorsque saint Paul y vint avec Silas et Timothée, y trouva-t-il une synagogue florissante dont l'influence s'étendait sur toutes les juiveries de Macédoine.

Le livre de saint Luc nous apprend que l'Apôtre des gentils n'eut pas à se louer grandement de l'accueil de ses compatriotes de Thessalonique. Beaucoup refusèrent de l'écouter et travaillèrent à le perdre. D'autres, mieux préparés à recevoir la doctrine de vie, se pressèrent autour de lui et formèrent l'Église nouvelle à laquelle il adressa plus tard deux épîtres. Plusieurs Macédoniens le suivirent dans ses voyages : ainsi Aristarque, ami dévoué de l'apôtre, l'accompagna à Rome avec saint Luc et partagea sa captivité (1). La tradition voit en lui le premier évêque de Thessalonique.

Cette chrétienté, issue de si nobles ancêtres, prospéra dans la suite. Sous les premiers empereurs byzantins, la ville devint la métropole de l'Illyrie orientale, et ses évêques reçurent du pape Damase le titre de vicaires du Saint-Siége (2). Elle eut ses saints, ses confesseurs, ses martyrs, entre autres ce saint Démétrius, auquel fut dédiée sa cathédrale et dont les peintres grecs ont si souvent reproduit l'image dans les fresques de leurs églises. Aujourd'hui ces grands souvenirs sont bien effacés. Les Turcs sont les maîtres, et seule la voix de leurs mollahs retentit dans les vieilles basiliques jadis élevées par la piété des Justinien et des Théodose. Cependant le christianisme n'a point perdu tous ses adhérents. La population grecque forme à Salonique un groupe nombreux et agissant ; le catholicisme, lui aussi, est là à l'œuvre, luttant par ses missions, ses hôpitaux, ses écoles. Il est représenté par des Lazaristes et des filles de Saint-Vincent de Paul, dont les vertus toutes viriles sont encore un des plus fermes

(1) « Aristarque est captif avec moi... » (*Epist. ad Coloss.*, IV, 10.)

(2) Le premier vicaire du Saint-Siége à Thessalonique fut ce saint Aschole qui baptisa Théodose dans cette même ville.

soutiens de notre influence française si diminuée de nos jours, autrefois si puissante et si respectée dans ces mers.

Ces excellents religieux ont droit à toute notre reconnaissance. Leur supérieur, M. Bonnetty, nous rendit des services que nous n'oublierons pas. Non content de nous fournir nombre d'indications précieuses touchant le pays que nous comptions traverser, il nous trouva un interprète dans la personne d'un de ses anciens élèves, jeune homme de dix-huit ans, né à Constantinople de parents italiens et qui possédait parfaitement le français, le grec, le turc et le bulgare. Le consul de France, M. Moulin, si lâchement assassiné depuis dans une émeute, et dont nous appréciâmes aussi l'aimable accueil, nous fit envoyer par le vali deux zaptiés ou gendarmes, chargés de veiller à notre sûreté pendant la route. Grâce à cet obligeant concours, notre caravane fut bientôt organisée, et au bout de peu de temps nous pûmes quitter Salonique. Nous partîmes un beau soir de mai pour aller passer la nuit dans le village de Langadza.

En sortant de la ville, nous trouvons toute la population groupée en dehors des portes sur le bord du chemin. Déjà en Palestine et en Syrie j'avais observé cette coutume. Vers la fin de la journée, tandis que les rues de l'intérieur restent désertes, les carrefours situés hors des portes se remplissent et s'animent. Là se dressent les cafés en plein vent, les théâtres de marionnettes et de karagheuz. Là affluent les marchands de limonades et de sorbets. Toutes les distractions, tous les plaisirs que peut offrir la ville se concentrent dans ce lieu. Les affaires s'y discutent, les marchés s'y concluent. C'est la place importante, quelque chose comme le forum ou l'agora des Levantins. Il en a été ainsi en Orient depuis de longs siècles, et nous en voyons maintes preuves dans les livres de l'antiquité sacrée et profane. Ouvrons par exemple l'*Iliade* : au troisième chant de son poëme, Homère nous montre Priam tenant conseil près des portes Scées avec les anciens du peuple « Panthoüs et Thymætès, et Lampus, et Clitius, et Hicétaon, rejeton de Mars, et Ucalégon, et Anténor, tous deux pleins de sens ». Et ailleurs, dans les Saintes Écritures, lorsque Booz, décidé à prendre Ruth pour sa femme, veut procéder à la cérémonie qui doit la lier à lui, il se rend à la porte de Bethléhem, et désignant dix hommes choisis parmi les anciens de la nation, il leur dit : « Asseyez-vous ici. » (*Chevouh poh.*) Devant ce tribunal il acquiert la Moabite selon le rite usité en Israël, et pour rendre ce pacte plus solennel, il prend le peuple à témoin en disant à haute voix : « Soyez témoin ! » (*Hédim attem*) et tout le peuple qui se tenait près des portes répond : « Nous sommes témoins. » (*Hédhim.*) Dans le temple de Jérusalem, le nasi ou prince du sanhédrin convoquait les prêtres à la porte de Suza, et le lieu de réunion des docteurs de la loi était la porte Nicanor. Cet usage de s'assembler près des portes était si commun chez les Hébreux, qu'il y donna lieu à une locution particulière. Les auteurs sacrés se servent parfois du mot *chahar* (porte) dans l'acception de tribunal, de conseil, d'assemblée. C'est ce sens qui lui est attribué dans le passage du Nouveau Testament où Notre-Seigneur dit à Pierre : « Tu es Pierre, et sur cette pierre je bâtirai mon Église, et les portes de l'enfer ne prévaudront point contre elle. » Par ces mots « les portes de l'enfer », le Sauveur désignait les puissances infernales, qu'il représentait ainsi assemblées et dressant leurs machinations à l'entrée des sombres demeures. Cette même figure a été introduite dans le langage officiel de l'empire turc, où elle a donné naissance à ces formules bien connues : « la Porte ottomane; la Sublime Porte. »

Les abords de la ville une fois dépassés, nous sommes bientôt environnés de la plus complète solitude. Nous franchissons la chaîne de montagnes à laquelle est adossée Salonique. Au delà s'étend une vaste plaine qu'occupent en partie les deux lacs de Langadza et de Betchik. Devant nous, les champs de blé succèdent aux prairies et les prairies aux champs de blé; à droite, les montagnes se suivent sans interruption. Les perspectives manquent de variété, et le chemin serait assez insipide, s'il n'était animé par des multitudes d'oiseaux de toutes sortes qui peuplent les champs voisins et semblent redouter fort peu notre approche. A chaque instant il en survient de nouveaux. Des échassiers de toutes grosseurs et de tous plumages s'alignent le long des lacs en rangs serrés et compactes à se toucher presque. Çà et là filent à travers les buissons de ces geais bleus si communs dans les environs de

Nazareth et de Tibériade, et qu'on désigne en Palestine sous le nom de *sarah'ras*. A tous les pas nos chevaux heurtent du sabot de petites tortues jaunes qu'ils font sortir de leur paresseuse inertie, tandis que des myriades de tourterelles roses et de corneilles à têtes grises s'envolent à tire-d'aile et vont se poser sur des arbres touffus au milieu desquels elles disparaissent. L'incessant va-et-vient de ces animaux, leurs cris, leurs mille manéges égayent la route et abrégent un peu les heures. On traverse plusieurs villages turcs et bulgares, Ortos, Pasaroudha, etc... Puis on quitte la plaine pour entrer dans la montagne. Là, l'horizon se resserre; plus de prairies à perte de vue, plus d'espaces découverts, plus même de ciel; mais une forêt immense dont les taillis opposent au soleil une barrière infranchissable. Le village de Varvari, situé au milieu de ces bois, est le dernier que l'on rencontre avant d'arriver en vue de l'Athos. Enfin, au troisième soir de notre voyage, après huit heures de marche, nous atteignons la limite des forêts et le versant opposé des montagnes. Peu à peu la végétation s'éclaircit. A quelque distance du village d'Isvoro, une large trouée pratiquée dans les futaies nous permet pour la première fois d'embrasser d'un coup d'œil le vaste panorama de la péninsule.

Le tableau est loin d'être banal. En face se dresse le majestueux sommet de l'Athos, dont les pentes rougies par le soleil forment un superbe contraste avec la sombre masse des forêts qui couvrent sa base. Les gigantesques assises de rocs de ses contre-forts plongent brusquement dans l'eau d'un côté, tandis que de l'autre elles s'abaissent par gradations insensibles. Plus près voici l'étroite langue de terre qui relie la montagne à la Chalcidique. La mer y a creusé de part et d'autre deux gracieuses baies dont les bords arrondis se reflètent dans des flots plus clairs que l'azur transparent du ciel. Contemplée à cette heure tardive, à travers les troncs noircis des arbres, cette scène a une grandeur saisissante. Rien d'harmonieux comme cet horizon de mer et de montagnes éclairé par les teintes exquises du soir. Il y a dans ce spectacle je ne sais quelle séduction puissante qui s'exerce sur nous à notre insu et nous ravit dans une subite et délicieuse extase. Cependant nous avons gagné la plage. Bientôt le soleil disparaît; ses derniers rayons dorent encore les cimes des arbres et illuminent au loin la mer. Autour de nous des buissons épais de genêts, de lavandes, d'églantiers, embaument l'air de leurs parfums. Les âcres émanations de l'eau salée et des plantes marines s'y mêlent. Cela achève de nous troubler. A peine avons-nous pris pied sur la grève que soudain, comme d'un commun accord, nous enfonçons nos talons dans les flancs de nos bêtes et, nous dressant sur nos étriers, nous partons au quadruple galop droit devant nous, tandis que de nos lèvres s'échappent de bruyantes exclamations d'enthousiasme. Nos gens, ne comprenant rien à cette furie subite, nous croient atteints de folie et s'efforcent en vain de nous suivre. Nous dévorons l'espace, en proie à un besoin de vitesse qui dégénère en véritable frénésie. Nous ne savons où nous allons. N'importe ! Il faut courir, courir sans relâche, courir à perte d'haleine jusqu'à ce que la fatigue nous dompte ou que nos chevaux refusent d'aller plus loin. Ce n'est qu'après trois quarts d'heure de cette course folle que, grâce à un hasard heureux, nous arrivons aux portes du bourg d'Hiérisso, où la raison, puissamment secondée par les objurgations chagrines d'estomacs en détresse, reprend enfin le dessus et met un terme à ce qu'Homère eût appelé nos magnanimes ardeurs.

A Hiérisso, nous tombons en plein monde grec. Partout autour de nous on parle grec, et nous n'entendons plus les barbares consonnances du turc et du bulgare. « Ora kali », nous dit le maître du khani en nous adressant un salut de bienvenue. « Kali mera (1) », répondons-nous en mettant pied à terre. Et aussitôt on monte à la salle de réception. Celle-ci ne contient d'autre meuble qu'une table étroite qui en occupe le centre. Des nattes couvrent le plancher. Les murs gris ne sont égayés que par quelques tableaux enfumés, représentant la Vierge toute-sainte (Panaghia), saint Démétrius ou saint Georges. A peine sommes-nous installés que les deux filles de l'hôte accourent munies de grandes aiguières de cuivre pour nous laver les mains. Nous nous prêtons à ce cérémonial, admirant en nous-mêmes les formes touchantes d'hospita-

1) *Kali mera*, beau jour ; *ora kali*, belle heure.

lité qui se sont conservées parmi ces gens avec le langage et les habitudes de vie de leurs pères.

Nos hôtesses n'ont pas de jolis traits, et elles sont loin de nous rappeler l'idéale beauté des marbres antiques; mais leur mise est des plus originales. Elles sont vêtues de jupes d'une étoffe lourde et épaisse, de teintes très-voyantes. Les corsages sont d'une autre couleur, les manches blanches et bouffantes. Sur leurs têtes s'élèvent des diadèmes en métal travaillé, d'où retombent sur leurs épaules des voiles également blancs. Leurs cous et leurs oreilles sont ornés de bijoux singuliers, qu'elles nous laissent examiner avec la plus entière complaisance. Après avoir rempli leur office, elles se retirent pour apporter bientôt le café, le raki et les cigarettes d'usage. L'hôte succède alors à ses filles et vient prendre nos ordres pour le repas. Lui aussi est habillé d'une façon caractéristique. Il porte des bas bleu foncé, avec une espèce de jupe blanche sans plis, qui lui descend à mi-jambes et le fait ressembler à un paysan espagnol de la huerta de Murcie. Il a le corps serré dans un gilet écarlate, et sa tête est couverte d'un large chapeau de paille qu'il remplace à l'intérieur par un tarbouch rouge à gland noir. Notre homme nous traite aussi bien qu'il peut. Du riz, du poisson frais, du lait caillé avec des oignons, des oranges, du café, voilà pour le festin ; un plancher solide et des nattes, voilà pour le coucher ; que nous faut-il de plus? Le repas fini, nous nous installons pour fumer au clair de lune sur une espèce de balcon de structure assez élégante qui règne autour de la maison. Tout le monde de l'auberge s'y est donné rendez-vous, et cela forme un assemblage des plus bigarrés. A l'une des extrémités, l'hôte, gros homme à figure joviale, cause familièrement avec un pappas qui se rend à la montagne sainte. A l'autre bout, nos deux zaptiés, accroupis en face l'un de l'autre, font un modeste repas composé exclusivement de lait caillé et d'oignons crus. Les braves gens ont refusé de partager notre nourriture, dans la crainte de toucher à des mets prohibés par la loi du Prophète. Puis c'est un continuel mouvement d'entrants et de sortants, de servantes affairées, de paysans qui reviennent des champs et passent au-dessous de nous, dans la rue. Nous assistons en curieux à toutes ces scènes, jusqu'à ce que le silence ait succédé au bruit. Alors nous allons nous étendre sur les planches du xénodoxion, où nous sommes visités par des songes austères. Nous rêvons que nous parcourons le monde en réformateurs, afin d'extirper la funeste hérésie des matelas et des paillasses.

D'Hiérisso à l'entrée de la montagne sainte, il faut compter encore plusieurs heures de route. On franchit le revers de la colline sur laquelle est bâti le village, et l'on descend dans une petite plaine basse et étroite appelée Pravlika, où les moines possèdent des métokhies ou fermes. Ce ne sont pas les seules propriétés qu'ils aient en dehors de la montagne. Les deux promontoires voisins de l'Athos renferment un grand nombre de domaines qu'ils font cultiver par des métayers. Celui de Cassandrie leur appartient presque en totalité, et leurs fermes y portent les noms des monastères dont elles dépendent.

La plaine de Pravlika est la partie la plus resserrée de l'isthme qui relie l'Athos au continent. On y voit encore, dit-on, les vestiges du canal creusé par Xerxès, lors de l'invasion de l'Attique. Ces vestiges ont été examinés et décrits par M. de Choiseul-Gouffier, le colonel Leake, Niebuhr et d'autres voyageurs érudits. Nous n'avons point été tentés d'aller patauger dans ce fossé classique. Vers le milieu du jour, nous arrivions à l'entrée du défilé par où l'on pénètre sur le territoire aghiorite. Là s'élève une maison occupée par un poste de pallikares albanais au service des moines. Ils ont la consigne d'examiner les passe-ports des visiteurs et de refuser le passage à tout être appartenant au sexe féminin. Une loi qu'on dit remonter au temps de Constantin IX Monomaque interdit aux femmes l'accès de la montagne, et l'on n'en rencontre aucune dans le pays. « *Ou gunaiôn olôs ekei xunaulia* » (Ici point d'habitations de femmes), dit l'historien Nicéphore Grégoras. La même règle fut mise en vigueur par saint Christodule dans l'île de Patmos, et en Russie dans la communauté de Solovetsk par saint Savatie, premier ascète des îles saintes. A l'Athos, la prohibition va plus loin et s'étend à tous les animaux femelles. Les pallikares nous demandèrent nos passe-ports, puis ils nous laissèrent entrer, et bientôt après nous foulions ce sol auquel la croyance de plus de cinquante millions d'hommes attribue les priviléges des lieux les plus sacrés qui soient au monde.

# I

Grégoras, au livre XIV de ses *Histoires,* fait du mont Athos une description qui rivalise avec celles du Révérend Tozer. Ce sont les mêmes enthousiasmes pour ces vallées, les mêmes louanges prodiguées à leur ciel, à leurs arbres, à leurs paysages. Tout cela est parfaitement justifié. On ne saurait parler de ce magnifique pays en termes trop flatteurs. A peine a-t-on fait un pas sur le territoire saint que de toutes parts on est environné de scènes pittoresques. On n'aperçoit d'abord ni monastères, ni oratoires; à perte de vue, rien que des taillis et des bois. Mais quels bois! Végétation du Nord, végétation du Midi se rencontrent ici et s'unissent pour composer le plus splendide poëme de verdure qui se puisse imaginer. Des arbres géants étendent leurs grands bras au-dessus de nos têtes à des hauteurs que nous ne pouvons apprécier. Les espèces de nos contrées prennent des proportions inusitées, au point que nous avons de la peine à les reconnaître. Les bruyères qui jonchent de leurs tapis variés le voisinage immédiat de la route, les genévriers, les fougères, les myrtes, les lauriers atteignent leurs limites extrêmes de développement. Essences résineuses, hêtres, chênes, caroubiers, platanes d'Orient se mêlent et forment à chaque pas de nouvelles combinaisons de paysage. Ici de sombres cyprès s'élancent d'un massif d'oliviers grisâtres ; là des chênes verts marient leur verdure à celle de figuiers gigantesques et de vigoureux érables. Des milliers de plantes grimpantes et de lianes en fleur s'enlacent aux branches et s'enroulent en replis tortueux autour des troncs robustes. Des clématites, des chèvrefeuilles, des vignes folles se suspendent aux buissons et rampent jusqu'au haut des branches, d'où elles retombent vers le sol en gracieuses guirlandes. Puis, au loin, par delà les hautes futaies, tantôt à demi masqué par l'inextricable réseau des branches, tantôt se découvrant sur un espace illimité, le clair azur de la mer qui termine invariablement toutes ces perspectives. Au fond, c'est le même tableau qui se renouvelle à chaque détour du chemin, mais avec une telle diversité d'accidents, une telle multiplicité de nuances, que, loin de lasser, il attache de plus en plus et finit par absorber l'esprit dans une contemplation de tous les instants.

Au sortir des forêts, nous regagnons le bord de la mer. Devant nous s'élèvent deux édifices de médiocre importance. L'un est une tour carrée, bâtie à plusieurs mètres de la terre ferme, dont elle peut s'isoler au moyen d'un pont-levis; l'autre est une dépendance du couvent voisin, un skyte dédié à saint Basile. De ce point, on pénètre par un brusque détour dans une petite vallée ombragée de platanes, de cyprès et d'arbres de Judée. Au bout d'une demi-heure de marche, la vallée s'élargit, et l'on voit tout à coup surgir du milieu des bois les hautes murailles du monastère de Khilandari ou Khilindar. L'aspect en est des plus imposants, et l'on ne peut se défendre d'un vif sentiment d'admiration à la vue de cette architecture étrange. Ce n'est pas que tout y soit beau. Une irrégularité absolue règne dans les constructions, et l'œil a de la peine à en discerner les traits essentiels, tant l'absence de tout ordre symétrique y est flagrante. Aucune idée d'art ne paraît avoir présidé à la conception du plan; point de forme arrêtée, point de façade ni de portail apparent, point même de ces détails d'architecture qui occupent et intéressent à défaut de grandes lignes. Une muraille immense se dresse sur un sol inégal et s'infléchit peu à peu sur la droite, de manière à former par son prolongement une enceinte divisée en plusieurs sections d'étendues différentes. Sur cette muraille se dessinent, à une certaine hauteur, des assises de pierres rouges et grises accompagnées d'imbrications qui en égayent un peu la surface nue et sévère. Puis, à une distance considérable de terre, plusieurs rangées de galeries, soutenues par des solives peintes en rouge et couronnées par des toitures, se projettent en avant et suivent presque sans discontinuité les inflexions et les angles du mur. Tout cela déroute un peu. Ce n'est pas, à proprement parler, un édifice qu'on a devant les yeux; c'est plutôt un assemblage de bâtiments soudés les uns aux autres, sans un grand souci, peut-être même sans une véritable connaissance des règles de l'art; mais c'est grand, c'est large, c'est puissamment original. On a beau être choqué par plus d'un détail, on est saisi et l'on admire.

Jusqu'auprès du monastère on ne découvre pas l'entrée; seul, un porche étroit qui s'élève à droite du chemin l'indique à l'arrivée. Sous ce porche s'enfonce une sorte de vestibule carré, bas et obscur, entièrement peint à fresque, dans lequel trois ou quatre moines sont assis sur un banc de pierre. Ils se lèvent à notre approche, et nous adressent quelques paroles de bienvenue. Ils sont vêtus d'amples robes noires à manches évasées; leurs têtes sont couvertes de bonnets en forme de cylindres, également noirs; leur barbe et leur chevelure, qui semblent n'avoir jamais été coupées, leur donnent une apparence noble et vénérable. Ils nous invitent à les suivre, et, après avoir tourné deux angles, nous arrivons à l'entrée de la cour intérieure. L'effet de celle-ci est surprenant; on ne saurait imaginer un ensemble de constructions, sinon plus beau, au moins plus pittoresque. La même irrégularité qui nous frappait au dehors règne dans cette cour; mêmes faces multiples des corps de logis, même enchevêtrement de galeries à charpentes en saillie, qui s'étagent et se superposent au-dessus des arcades cintrées du bas. C'est sur ces galeries que s'ouvrent les cellules des caloyers; ils apparaissent d'ici et de là, allant et venant avec la rapidité de gens affairés, ou bien se promenant gravement et s'accoudant aux balustrades pour contempler les derniers reflets du soleil. Du milieu de la cour pavée de pierres, deux ou trois hauts cyprès pointent vers le ciel, encadrant de leurs troncs noirâtres l'église ou catholicon. Celle-ci est précédée du baptistère ou phiale, petit édifice octogone surmonté d'une coupole et soutenu par huit colonnes entre lesquelles on distingue une large vasque de pierre. Ses nombreux dômes métalliques qui reluisent au soleil couchant, et les combinaisons d'ornements que déroulent sur ses murs des briques d'un rouge vif, donnent à cette église un étonnant relief. Est-elle vraiment belle? Non. On y trouverait sans doute beaucoup à reprendre; mais la banalité est à cent lieues de là, le cadre est superbe, et puis enfin, avouons-le, nous ne sommes plus aptes à critiquer. Nous avons rencontré une impression forte, elle a mis la main sur nous, nous sommes ses prisonniers.

Cessons donc de décrire, et transportons-nous sur le terrain de l'histoire. Voyons quelles furent les origines du monastère, quels ont été ses fondateurs et ses saints. La plupart des centres conventuels de l'Athos sont de création byzantine. Les premiers princes cités comme les fondateurs des grandes maisons, les premiers bienfaiteurs dont on lit les noms au bas des chartes et des chrysobulles qui peuplent les archives des couvents, sont des empereurs de Byzance. Les moines aiment à répéter qu'ils possédaient déjà une organisation du temps de Constantin. D'après eux, Théodose le Grand et son fils Arcadius auraient élevé le couvent de Vatopœdi, et l'impératrice Pulchérie celui de Xéropotamou. Toutefois, le doute n'a cessé de planer sur des faits qu'aucun document sérieux, aucune donnée positive n'est venue confirmer. Au fond, les annales des communautés restent assez incertaines jusque vers les neuvième et dixième siècles. Alors seulement l'histoire vient renforcer leurs traditions par des témoignages précis et authentiques. La protection des empereurs s'étend visiblement sur l'Athos. Basile le Macédonien, Romain Lécapène, Nicéphore Phocas, interviennent dans les affaires des moines. Jean Zimiscès et Constantin Monomaque approuvent les règlements mis en vigueur parmi eux. Sous les Comnènes, sous les Paléologues, jusqu'aux derniers jours de l'empire, cette faveur ne se dément pas et devient pour les sanctuaires une source perpétuelle d'accroissements et de splendeur.

Cependant les Césars byzantins ne furent pas seuls à répandre leurs bienfaits sur l'*aghion-oros*. Dès le neuvième siècle les missionnaires grecs avaient prêché la foi chez leurs voisins barbares. Saint Cyrille et saint Méthode gagnèrent au christianisme le puissant empire de Moravie et jetèrent ainsi les bases d'une vaste chrétienté slave. A la voix de Méthode et de ses disciples, Clément, Naüm, Gorazd, les Bulgares ne tardèrent pas à se convertir. Bientôt toute l'Europe orientale fut chrétienne. Dès lors les dynastes slaves commencèrent à élever monastères et églises. Fondations des knèzes bulgares autour des vieilles capitales d'Ochrida, de Ternovo, de Sophia, l'ancienne Sardique; fondations des krals serbes sur tous les points de leur empire, et plus tard fondations des voiévodes moldaves et des hospodars valaques dans les vallées des Karpathes, à Campù-Lungù, à la Curtea d'Argis, à Niamtzo, etc. Ce fut pendant le moyen âge comme un assaut de générosité entre ces princes à qui doterait le plus largement les couvents nationaux. Nuls ne firent davantage que les rois serbes, et maint édifice construit par eux est demeuré debout comme un témoignage durable de leur bienfaisante piété. Telle la laure de Detchani, près d'Ipek, fondée par Ouroch III, le père du célèbre Étienne Douchan; Ravanitza, fondé par le vaincu de Kossovo, l'infortuné Lazare Gréblianovitch; Stoudénitza, près de Novi-Bazar, fondé par Stéphan, premier roi de la dynastie némanide; enfin Khilandari, œuvre du même monarque, qui, bien que situé sur le territoire byzantin, était destiné à devenir un des sanctuaires les plus vénérés du peuple serbe.

Stéphan Nemania vivait au douzième siècle. Grand joupan de Serbie, il cessa de garder vis-à-vis de l'empereur grec l'attitude d'un vassal et engagea son peuple dans la voie des agrandissements et des conquêtes. Ses descendants continuèrent sa politique hardie. Ils rejetèrent les titres de joupan et de kral pour celui de tzar, et l'un d'eux, le plus grand, Étienne Douchan, fut à la veille de renverser le trône des Paléologues. Mais la mort l'arrêta avant qu'il eût pu achever sa grandiose entreprise. Après lui, l'État serbe, miné par des dissensions intestines, fut entraîné vers un déclin rapide pour tomber enfin sous les coups de Mourad Ier, à la sanglante journée de Kossovo.

Deux siècles séparent cette date fatale du temps du fondateur de Khilandari ; deux siècles pendant lesquels la fortune des Serbes, soutenue par de vaillantes mains, parvint à son apogée. Le règne de Stéphan compte assurément parmi les phases les plus heureuses de leur histoire. Mais Nemania ne fut pas seulement un chef énergique et un politique habile, il fut encore un saint. Vers la fin de sa carrière, ce prince, qui s'intitulait fièrement « grand knèze ou tzar de Serbie, souverain autocrate de Dioclétie, Dalmatie, Travonie, Bosnie et Rascie, orthodoxe ami du Christ (1) », se dépouilla volontairement du pouvoir royal en faveur de son fils Étienne II, et, revêtant l'habit des moines, alla s'enfermer dans la laure de Stoudénitza, pour s'y livrer aux exercices d'une rigoureuse pénitence. Pèlerin à l'Athos, où son plus jeune fils l'avait précédé, il voulut donner aux lieux saints une marque éclatante de sa faveur, en les dotant d'un nouveau monastère. Plusieurs des anciens couvents tombaient en ruine, et parmi eux, celui de Khilandari, construit on ne sait trop à quelle époque, et dont il ne subsistait qu'une église. Il résolut de le réédifier dans des proportions plus vastes, et l'on se mit aussitôt à l'œuvre. Les murs s'élevèrent rapidement sous les yeux du prince. Le biographe des Nemanias, Dométian de Khilandari, rapporte qu'il suivait la marche des travaux avec la plus grande sollicitude. « On commença,

(1) *Légendes slaves*, traduction Chodzko.

dit-il, par établir une enceinte et poser les bases du maître-autel et des ermitages. L'église s'enrichit de nouvelles images, et les parois en furent dorées. On la pourvut de vases sacrés et de tentures. Le reste s'acheva en peu de temps, et l'église fut consacrée sous l'invocation de la Présentation de la Sainte Vierge au temple de Jérusalem (1). » Dès lors, le roi-moine ne quitta plus cette retraite, et ce fut là qu'il mourut vers la fin du douzième siècle. L'Église grecque, en l'invoquant dans ses prières, au troisième jour de janvier, sous le nom de saint Siméon, y ajoute l'épithète de Myroblêta, pour indiquer qu'après sa mort son corps distilla miraculeusement une huile d'agréable odeur (2).

Son second fils, Rastko, que l'hagiographie grecque nomme Saba, joua au mont Athos un rôle encore plus considérable. Échappé tout jeune de la cour royale de Serbie, il vint s'initier aux coutumes monastiques dans la laure russe de Saint-Pantéléimon. Après avoir suivi quelque temps les exercices des cénobites, il passa à Vatopædi; puis il visita les divers sanctuaires de la montagne, laissant à chacun d'eux quelque marque de sa générosité, restaurant et relevant les maisons ruinées comme Karakalo, Philothéou, Xéropotamou; enfin s'associant à son père pour rebâtir Khilandari, dont il devint archimandrite. Plus tard, quand le bon roi Stéphan se fut éteint entre ses bras,

(1) *Légendes slaves*, trad. Chodzko. — Les Bollandistes (*Annus græco-slavicus*) appellent Domitian *luculentissimus testis et bonus biographa.*

(2) *Acta sanctorum*, XIe volume d'octobre.

dans la plénitude de l'âge, Saba, obéissant aux ordres qu'il en avait reçus, rapporta ses restes en Serbie. Mais quand, ce pieux devoir accompli, il voulut reprendre le chemin de l'Athos, les Serbes en manifestèrent une telle douleur, que, devant d'aussi unanimes regrets, il dut abandonner son projet et s'établir au milieu d'eux. Ce fut en effet à Stoudénitza, en l'année 1218 (1), qu'il reçut du patriarche de Constantinople, Arsène, la dignité épiscopale. Autant la perspective du départ de Saba avait affligé les Serbes, autant la distinction dont il était l'objet les combla de joie. Quant à lui, il n'accepta qu'à regret. On lui imposait un dur sacrifice. Il lui fallait renoncer, cette fois pour toujours, à habiter ces monastères qu'il aimait tant et où il avait passé les meilleures années de sa jeunesse. Cependant il ne balança pas longtemps entre son inclination et ce que sa conscience lui faisait considérer comme un devoir. Une dernière fois il voulut visiter Khilandari, son sanctuaire préféré; puis, brisant avec ses plus chers souvenirs, il entra résolûment dans la voie nouvelle où l'appelaient les vœux de tout un peuple. Il y persévéra jusqu'à sa mort, arrivée en 1237, à Ternovo, alors capitale de la Bulgarie (2).

L'élévation de Saba au siége archiépiscopal d'Uschitzé marque une date importante dans l'histoire religieuse de la Serbie; car elle fut un premier pas de fait vers

(1) *Acta sanctorum*, vol. Ier de janvier. — *Vita sancti Sabæ auctore Toma Marnavitio.* — Lequien, *Oriens christianus.*

(2) Dométian, *Légendes slaves*

l'établissement d'une hiérarchie ecclésiastique serbe. Aussi l'Église de ce pays a-t-elle toujours vénéré le nom de saint Saba comme celui du chef de sa longue dynastie patriarcale (1). Toutefois son souvenir ne demeura nulle part aussi vivant que parmi les moines de l'Athos. Comme fondateurs d'un des grands couvents, comme bienfaiteurs de tous, le père et le fils jouirent longtemps après leur mort d'une popularité sans bornes, sur la montagne; mais Saba y fut honoré d'une manière plus particulière, comme un des législateurs des couvents slaves. Il avait en effet rédigé pour eux un *typicon* ou règlement, dont Khilandari possède une copie autographe signée de sa main. Ses prescriptions sont encore en vigueur dans les centres slaves de Khilandari et de Zographou.

La mémoire des deux saints personnages dont je viens de parler eût sans doute suffi pour placer ce monastère bien haut dans l'estime des Serbes. Ce ne sont pourtant pas là tous ses titres. S'il faut en croire les pezmas populaires, un autre souvenir illustre s'y rattacherait et contribuerait à augmenter son prestige à leurs yeux. D'après un de ces chants, Khilandari renfermerait la dépouille mortelle de Marko Kraliévitch. Or Marko est sans contredit le personnage légendaire le plus aimé des Serbes; c'est leur héros favori, leur Roland, leur Arthur,

(1) Les patriarches d'Ipek succédèrent aux métropolitains d'Uschitzé. Ce patriarcat fut supprimé au siècle dernier. Actuellement les Serbes de la principauté sont soumis à l'autorité du métropolitain de Belgrade, ceux d'Autriche à celle du patriarche slavon de Carlowitz. (Voir les *Serbes de Turquie*, par A. Ubicini.)

leur Cid. L'histoire de ses hauts faits appartient à un cycle parallèle à celui de Kossovo. Fils de Voukachine, l'assassin d'Ouroch V, il se réfugie, après ce grand désastre, dans les retraites inaccessibles des Balkans, et là, il organise contre les Turcs une guerre d'extermination d'autant plus haineuse et cruelle que l'espoir du succès final semble plus chimérique et plus lointain. Il apparaît ainsi comme le premier chef et la personnification vivante de ces terribles heiduques, qui, semblables aux klephtes grecs, moitié bandits, moitié soldats, soutiennent durant des siècles l'esprit d'indépendance parmi les leurs et les préparent de longue main aux luttes de la délivrance. Voici le texte de la pezma, tel que je le trouve dans le recueil de poésies serbes édité par M. Dozon. Il contient le récit de la mort de Marko Kraliévitch. La vila ou fée de la montagne a averti le héros que son jour est venu ; alors il tue son compagnon fidèle, son bon cheval Charatz. Comme Roland à Roncevaux, il jette son sabre brisé par delà les monts, afin qu'il ne tombe pas aux mains des Turcs. Il trace quelques lignes destinées à faire connaître ses dernières volontés aux passants qui trouveront son corps ; puis s'enveloppant dans son dolman vert, il s'étend sous un pin, et il meurt. « Marko mort, dit le chant, resta au bord de la source de jour en jour, toute une semaine ; quiconque par le chemin passait et voyait Marko Kraliévitch, le croyait endormi et faisait un long détour de peur de l'éveiller. Où est le bonheur, là aussi est le malheur ; et là où est le malheur, il y a aussi du bonheur ; et ce fut une bonne fortune qui amena l'higoumène Vaço de la blanche église de Khilandari sur la sainte montagne (Sveta Gora) avec son diacre Isaïe · « Doucement, mon fils, dit-il, de crainte « que tu ne le réveilles ; car Marko, troublé dans son som- « meil, est enclin au mal, et il pourrait nous tuer tous deux. » Pourtant le moine, le regardant dormir, vit au-dessus de lui la lettre, et il la parcourut, et la lettre lui apprit que Marko était mort. Alors il descendit de cheval, et toucha le hardi guerrier; mais il y avait longtemps qu'il n'était plus. Les larmes coulent des yeux de l'higoumène Vaço, tant il regrette Marko. Il lui ôte sa ceinture avec les trois mesures d'or et l'attache autour de son corps ; puis, songeant où il enterrera Marko, il prend cette résolution : sur son cheval il charge le corps sans vie et le porte sur le rivage de la mer; avec lui il s'assied sur une barque, et le conduit droit à la montagne sainte et le transporte à l'église de Khilandari. Là il lit sur Marko les prières qui conviennent à un mort, puis dépose le corps en terre, au milieu de la blanche église. Là où le vieillard avait enseveli Marko, il ne lui éleva aucun monument, afin que l'on ne reconnût point sa tombe et que ses ennemis ne pussent y exercer de vengeance. »

Ces derniers mots indiquent assez qu'il n'est point facile de contrôler les faits rapportés par la légende. Il est donc inutile de chercher à Khilandari la place où gît le grand guerrier slave. D'ailleurs, les légendes ne sont pas des pages d'histoire, et il se pourrait que celle-ci n'eût rien de fondé. Elle n'en montrerait que plus clairement en quelle estime le sanctuaire de l'Athos était tenu par les Serbes, puisque l'imagination populaire l'avait choisi entre tous pour le lieu de sépulture de son héros préféré. Ainsi les anciennes traditions galloises faisaient reposer le roi cambrien Arthur à côté de Joseph d'Arimathie, sous les dalles de l'antique sanctuaire national de Glastonbury.

## III

Au delà de Khilandari, les monastères s'échelonnent de distance en distance sur le bord de la mer, dans de ravissantes positions. On en compte quatre avant la bourgade de Karyès : Sphigmène, Vatopædi, Pantocrator et Stravronikita. Chacun d'eux possède ses églises, ses bibliothèques, ses trésors d'art, et il semble, lorsqu'on passe de l'un à l'autre, qu'on parcourt les différentes salles d'un immense musée. Mais ici l'intérêt s'attache pour le moins autant aux hommes qu'à leurs œuvres. Aussi le charme de ces tournées quotidiennes est-il grandement accru par la facilité qu'on a à se renseigner par soi-même sur le détail de ces existences monastiques. En effet, en survenant à l'improviste au milieu des moines, selon que le hasard des itinéraires y amène le matin, le soir ou dans le jour, on les trouve vaquant tantôt à une occupation, tantôt à une autre ; on prend pour ainsi dire leur vie sur le fait, de sorte qu'en réunissant les observations recueillies à chaque étape, on finit par se rendre un compte passablement exact de la manière dont ils emploient leur temps d'un soleil à l'autre.

A Sphigmène, on était en train de prendre le repas du milieu du jour. Nous pénétrons dans la *trapéza*, où tous les habitants du monastère sont assis par groupes de cinq ou six, autour de larges tables de pierre. D'un côté se tiennent les caloyers; de l'autre, les frères lais, les domestiques, les laïques ou *kosmikoï*. Tous ces gens aux tenues pittoresques, aux figures belles et expressives, mangent en silence, tandis qu'un moine lit une homélie ou un chapitre de littérature sacrée, du haut d'une étroite chaire octogone dont l'issue est dissimulée dans l'épaisseur du mur. La charpente de la trapéza n'est pas cachée par un plafonnement. Elle est apparente jusqu'au faîte et revêtue d'une teinte rouge foncé. Les murs sont couverts de fresques aux couleurs vives, sur lesquelles les profils des moines se détachent en relief dans l'ombre de la salle. A voir ces physionomies et ces costumes empreints d'un caractère si étrange, il semble que les convives assis devant les tables n'ont pas plus de réalité que ceux qui se tiennent immobiles à côté d'eux, dans leurs nimbes d'or et leurs draperies antiques, et que toute cette page de vie monacale n'est qu'un vaste tableau jeté tout à coup devant nos yeux par la fantaisie inspirée de quelque peintre ascétique du moyen âge.

Tandis que nous nous arrêtons à considérer ce curieux spectacle sans pouvoir nous en détacher, un caloyer vient nous avertir que les supérieurs désirent nous recevoir. Il nous invite à le suivre et nous conduit dans un petit parloir garni de divans, où trois ou quatre moines ne tardent pas à nous rejoindre. La conversation s'établit aussitôt. Qui sommes-nous? que venons-nous chercher ici? Est-il possible que nous ayons entrepris un si long voyage pour notre seul plaisir? Telles sont les questions auxquelles il nous faut répondre avec force explications et force redites. Il en sera de même partout. Partout nous provoquerons les mêmes surprises et nous aurons les mêmes curiosités à satisfaire. Les sujets d'entretien ne varieront guère; seuls les individus changeront, apportant au dialogue plus ou moins d'intelligence, d'entrain ou de simplicité. Nos hôtes d'aujourd'hui ne manquent nullement des qualités de l'esprit. L'un d'eux est un jeune homme de trente à trente-cinq ans dont les traits sont fins, l'œil pénétrant, les manières distinguées. Sa conversation est soutenue, et il ne tombe pas dans les puérilités et les bavardages que nous aurons plus tard à subir. Son voisin est un petit vieillard tout débonnaire, qui ne cesse de rire et cherche à chaque instant à éveiller notre gaieté par des plaisanteries que nous avons le regret de ne point comprendre. Bientôt arrivent les rafraîchissements, le café à la turque, le raki, l'eau fraîche et les confitures. Nous y faisons honneur; puis, quand le défilé des verres a cessé, nous demandons à explorer les différentes parties de la maison, l'église, le *diakonikon* ou sacristie, la bibliothèque. Les caloyers nous conduisent d'abord à celle-ci, installée dans deux salles étroites au-dessus de l'église.

Les bibliothèques de l'Athos ont été à diverses reprises l'objet de minutieuses investigations. Déjà, à l'époque de la conquête turque, les savants grecs émigrés en Italie avaient révélé leur importance à l'Occident. Jean Lascaris, l'un d'eux, rapporta de la montagne un grand nombre d'ouvrages anciens. De nos jours, les recherches ont été plus fréquentes et non moins fructueuses. MM. de Sébastianof, Mynoïde-Mynas, Miller, Langlois, Robert Curzon et d'autres, ont dressé le catalogue des manuscrits conservés dans les couvents. Dans le nombre, il en est de fort précieux, tels que les géographies de Strabon et de Ptolémée, découvertes à Vatopædi. Mais ce ne sont pas les auteurs profanes qui abondent dans ces bibliothèques. Leurs véritables richesses consistent en œuvres théologiques, liturgies, transcriptions des évangiles, patrologies et hagiographies, règlements des monastères, recueils d'homélies, bréviaires et antiphonaires; martyrologes et actes des conciles. Dans ces catégories d'ouvrages, on trouve des manuscrits grecs, slaves, géorgiens, remontant aux dixième, onzième et douzième siècles, écrits en caractères d'or, avec miniatures et vignettes, ou reliés en argent repoussé, de la plus grande beauté. Les voyageurs anglais Curzon et Tozer parlent avec admiration d'un évangéliaire in-quarto, en lettres semi-onciales, qui appartient à Khilandari. D'après eux, ce manuscrit, donné au monastère par l'empereur Andronic Comnène, serait presque sans rival dans son genre. A Lavra, nous vîmes un Dioscoride et un volume de chroniques byzantines de je ne sais plus quel auteur, dont les enluminures étaient de vrais chefs-d'œuvre.

Or, pendant que nous regardions à droite et à gauche, furetant dans les rayons, ouvrant les in-folios, humant l'odeur exquise des vieux papiers roussis par le temps, le moine rieur s'était mis en tête de nous jouer un mauvais tour. Persuadé que nous ignorions la première lettre de la langue d'Homère, il avait été chercher un énorme saint Grégoire de Nazianze, dans le traître dessein de nous mettre aux prises avec ces caractères inconnus et de nous plonger dans la confusion. Il s'approcha donc de moi, le sourire de Judas sur les lèvres, et me pria de lui lire quelques lignes de l'ouvrage. Je m'exécutai aussitôt, en me conformant de mon mieux à la prononciation des Grecs, si différente de la nôtre. Là-dessus, grand ébahissement du moine. Mais ce fut bien autre chose quand, pour compléter mon triomphe, faisant appel à tous mes souvenirs, je lui débitai de mémoire trois ou quatre lambeaux de l'Iliade et de l'Odyssée. Je ne chercherai pas à dépeindre les diverses expressions qui se succédèrent dans l'espace d'une minute sur son honnête figure. Ce fut toute une série d'évolutions opérées par sa bouche, ses yeux, ses sourcils, évolutions qui signifiaient tour à tour désappointement, attente, surprise, approbation, joie sourde, joie qui monte, joie qui éclate. Elle éclata juste à temps pour me tirer d'embarras; je trébuchais sur le rivage de la mer retentissante (poluphloïsboïo thalassis), quand le bonhomme, ne pouvant plus se contenir, me saisit dans ses bras, et me presse avec effusion contre son cœur. Puis s'emparant de la période, il se met lui-même à déclamer l'Iliade avec les gestes les plus réjouissants. La tirade achevée, il en commence une autre sans reprendre haleine, scandant chaque vers en me frappant doucement l'épaule. Impossible de voir un homme plus ravi. Il est au troisième ciel. Les vers succèdent aux vers. Du train dont il marche, tout Homère y passera. C'est Agamemnon, c'est Ulysse, c'est le divin Hector et Achille aux pieds légers, dont les coursiers se pressent moins vite autour des murs d'Ilion que les hexamètres sur les lèvres du caloyer. Cependant nous avons quitté la bibliothèque, nous sommes dans l'église. Le vieillard n'en a pas conscience. Il est à Troie avec Priam, ou dans l'antre de Polyphême avec le fils de Laërte; et lorsque enfin rappelé à lui par la vue de l'iconostase devant laquelle nous sommes arrêtés, il s'incline pour dire une prière, sa langue rebelle refuse de suivre sa pensée, et il murmure encore en pliant le genou : « Mênin aeide, thea, mênin aeide. »

Au sortir de l'église, nous entrons dans l'école de peinture. Celle-ci consiste en une modeste salle où sont exposées, dans un désordre qui n'est pas un effet de l'art, quelques douzaines de planches vigoureusement coloriées. La plupart représentent la Panaghia ou des saints grecs. Leurs maintiens roides, leurs regards fixes, leurs physionomies archaïques décèlent chez leurs auteurs un grand respect pour la tradition iconographique. Évidemment ces peintres connaissent par cœur leur Denys d'Agrapha, et ils sont persuadés, que l'oubli de ses préceptes les mènerait tout droit à la barbarie. Malheureusement cette croyance invétérée dans la vertu des vieux canons constitue à peu près tous leurs principes en fait d'art. Il n'y a plus à l'Athos d'enseignement sérieux, il n'y a plus d'écoles dignes de ce nom, et l'on s'en convainc bien vite en face des fresques d'exécution récente qui déparent certaines églises et certains trapézas de la montagne. L'école de Sphigmène ne contenait que des horreurs. Dans un angle de la salle, deux jeunes moines barbouillaient des planches avec une verve et une prestesse de plâtriers. L'un d'eux s'efforçait de reproduire un saint tout rouge placé devant lui, et venait à chaque instant mesurer les bras, les doigts, le nez de son modèle. Un autre qui achevait de copier une mauvaise lithographie française, retraçait avec minutie jusqu'à la signature de l'éditeur, et l'on voyait à son air de profonde conviction qu'il mettait toute son âme dans les courbes du parafe. De tels enfantillages ne sont pas de l'art. Aussi n'est-ce pas aux écoles actuelles qu'il faut demander le secret de l'ancien renom des peintres aghiorites. Ce secret, il ne nous sera révélé que plus loin, dans les vieilles églises de Karyès, de Vatopædi, de Lavra. Là seulement nous serons en présence d'un art véritable, et nous jugerons quelle distance sépare les peinturlureurs de Sphigmène des maîtres du douzième siècle, et en particulier de Manuel Pansélinos.

De Sphigmène nous passons à Vatopædi. Là on mangeait, ici l'on dort. La communauté tout entière voyage dans le pays des songes, et il nous faut attendre son retour pour être admis à visiter l'intérieur. Le père gardien dort, ses clefs sous son échine, et à voir le mouvement d'horreur avec lequel on repousse l'idée de l'aller réveiller, on devine que c'est un austère défenseur de la règle qui lui ordonne de dormir après son repas du jour. Nous patienterons donc une heure, et afin que le temps ne nous paraisse pas trop long, on ira secouer quelques menus moinillons de cuisine qui nous prépareront à déjeuner. Nous suivons le portier dans une salle où il nous prie de demeurer en paix jusqu'à ce que les moinillons sacrifiés aient élaboré notre repas. Il nous laisse d'ailleurs en bonne compagnie. Sur un des divans est étendu de tout son long un grand et gros moine au teint coloré, dont la barbe inculte et la chevelure en désordre attestent chez leur propriétaire une ignorance absolue de l'usage du peigne et du rasoir. Il dort de tout son cœur et ébranle la salle de ses ronflements sonores. Cependant notre arrivée a interrompu son sommeil. Il entr'ouvre un œil, puis l'autre, se frotte la face de ses deux poings fermés, pousse deux ou trois formidables bâillements suivis d'un pareil nombre de hoquets; puis, saisissant une cruche d'eau placée à côté de lui, s'en asperge le front et la barbe, s'en verse dans la bouche une gorgée qu'il rejette bruyamment sur le plancher, en accompagnant son action de soupirs, de roulements d'yeux et de pantomimes des plus burlesques. Enfin, il se lève, et nous apercevant à quelques pas de lui, nous demande qui nous sommes et ce que nous faisons là. Nous lui déclinons nos titres et qualités. Cette réponse ne le satisfait pas. « Vous, des Français! exclame-t-il, il n'y en a point ici. Vous êtes des Bulgares ou des Valaques. Je vais vous chanter quelque chose dans votre langue. Vous jugerez si j'ai une belle voix. » Et il entonne un psaume en bulgare. Nous protestons que nous n'en comprenons pas une traître syllabe. « Alors vous voulez du grec, nous dit-il; rien de plus facile, en voilà. » Nouveau psaume en grec, nouvel insuccès. Voyant enfin que nous ne mordions pas plus à l'un qu'à l'autre, le facétieux caloyer s'approche et entreprend de nous enseigner à lire dans son eucologe slave. Puis, quand il pense avoir suffisamment instruit ses auditeurs qu'il suppose être de vrais païens, il veut achever son œuvre et va chercher la cruche pour les baptiser. La plaisanterie est bonne, mais l'eau est de trop. Nous prenons une attitude récalcitrante. L'apôtre n'entend pas de cette oreille. Il triomphera de notre endurcissement. Il s'avance vers nous, sa cruche à la main, avec des gestes du plus haut comique. Je ne sais trop ce qu'il serait advenu de nos rapports avec cet excentrique individu, dont les manières divertissantes commençaient pourtant à passer les bornes permises, si les moinillons de la cuisine n'étaient venus opérer une diversion en nous apportant à déjeuner. Le moine, dérangé dans son travai évangélisateur, ferma brusquement son livre et s'éloigna en grommelant. Les cuisiniers nous apprirent alors que le pauvre homme avait le cerveau fêlé, et qu'on l'avait séquestré de la communauté en pénitence de ses péchés, qui étaient gros et nombreux. Ainsi c'était avec le rebut de la maison que nous étions demeurés pendant une heure. Mais je doute que tous les justes de Valopædi eussent réussi à nous distraire autant que ce jovial et amusant pécheur.

Le repas terminé, nous descendons dans la cour où l'on sonne le réveil. Debout sur la plate-forme d'une tour élevée, des moines frappent avec des maillets de fer de longues pièces de bois qui rendent un son presque aussi fort, mais moins clair que le métal. Ces instruments, qu'on appelle simandres, tiennent lieu de cloches. Petit à petit les cloîtres silencieux s'animent; les moines sortent de leurs cellules et paraissent sur les galeries qui courent comme à Khilandari le long des divers étages. Enfin, le gardien arrive, son trousseau de clefs pendus à sa ceinture, et nous nous dirigeons avec lui vers l'église. Les cours qui se succèdent présentent le même amalgame de constructions jetées sans ordre les unes à côté des autres, mais dont on ne se lasse pas d'admirer le pittoresque et étrange agencement. Quant à l'église, elle est fort remarquable. Ses murs sont ornées au dedans et au dehors de mosaïques et de peintures du plus haut intérêt. Certaines de ces peintures sont vraiment belles, d'autres simplement curieuses. Parmi celles-ci nous remarquons une scène du jugement dernier qui est reproduite de la même manière dans plusieurs autres couvents. Un immense fleuve de sang prend naissance sous les pieds du Dieu-Juge et entraîne damnés et démons pêle-mêle jusqu'au feu éternel. Sous le déambulatoire extérieur on voit les images des fondateurs, Théodose le Grand et ses deux fils Arcadius et Honorius. Tout auprès, une vieille fresque représente le siége que soutinrent les moines contre les Arabes, au neuvième siècle. Les défenseurs sont aux créneaux et font aux infidèles des grimaces bien propres à les faire retourner promptement au fond de l'Arabie. L'intérieur étincelle de dorures, de mosaïques, de bois rares. Derrière l'autel on garde des collections de reliquaires, de croix, d'objets servant au culte, de la plus grande valeur. Il y a entre autres des quantités de ces Panaghias aux couronnes et aux vêtements d'argent et d'or, dont les figures seules et les mains sont peintes; encore trouve-t-on moyen de charger celles-ci d'anneaux en métal et d'enrouler autour des figures des rangées de perles et de pierres précieuses. C'est tout un musée d'orfévrerie et du style le plus homogène.

Le caloyer qui exhibe tous ces trésors nous indique en même temps la provenance de chaque objet. Il nous fait un véritable cours d'histoire orientale. Telle croix a été donnée par un voiévode d'Hungro-Vlachie, telle autre par un roi d'Ibérie ou d'Imérétie. Ces fresques ont été payées par l'or d'un grand logothète ou d'un curopalate du Bas-Empire. Tous les princes, tous les dignitaires du monde orthodoxe ont ainsi contribué à augmenter les richesses des couvents, ceux-ci apportant des lustres, des croix, des calices, ceux-là des reliques et des châsses. Plusieurs ont pris à leur charge la décoration d'une chapelle, la construction d'un oratoire. D'autres enfin ont donné aux églises des terres situées en dehors de la montagne. Les princes valaques et moldaves ont dédié aux sanctuaires de l'Athos des monastères qu'ils élevaient chez eux en leur assurant les revenus de leurs terres. Ce sont ces propriétés qui ont été en partie sécularisées en ce siècle par le prince Couza.

Parfois les donateurs ne se sont pas bornés à envoyer leurs offrandes aux saints lieux. Ils ont voulu connaître par eux-mêmes les besoins des maisons et y subvenir par des dons directs. Il n'est guère de couvent de l'Athos qui n'ait reçu quelque visite auguste. Si Khilandari est devenu le séjour de prédilection des premiers Némania, il est tel autre établissement de la montagne qui a été l'objet de faveurs spéciales de la part d'un sébaste, d'un empereur, d'un patriarche. Sans doute plus d'un d'entre ces puissants, sachant combien est grande l'instabilité des fortunes humaines, pensait ainsi se préparer à l'avance un asile assuré pour les mauvais jours. Plusieurs, en effet, sont venus demander au silence du cloître le repos de leurs dernières années. Des rois géorgiens, des princes slaves, des césars byzantins, ont échangé la pourpre royale contre la bure grossière des caloyers. Des patriarches de Constantinople ont résigné leurs éminentes fonctions et se sont voués aux humbles occupations des cénobites. Stavronikita doit sa fondation à l'un d'eux, le patriarche Jérémias Ier (1).

Parmi ces vocations illustres, je n'en découvre pas de plus marquante que celle d'un moine de Vatopædi. Celui-ci remplit pendant nombre d'années la scène du monde de l'éclat de son nom. Est-il en effet, pendant toute la dernière période de l'histoire byzantine, une figure plus en évidence que celle de ce Jean Cantacuzène qui, d'abord ministre des Paléologues, s'éleva par ses services et aussi par ses intrigues jusqu'au trône impérial? Un moment l'empire ne vécut que par lui. Beau-père du redoutable Étienne Douchan, lié d'amitié avec Orkhan, le sultan de Brousse, il sut, au milieu de mille écueils, diriger d'une main ferme la politique grecque. Je n'ai point à entrer dans le détail de ce règne si rempli de nobles actions et de misérables querelles. Une seule de ses particularités a rapport à mon sujet. Je veux parler des relations que Cantacuzène entretint avec les moines et de la protection constante qu'il leur accorda. Il n'est pas de grand monastère qui n'ait reçu de lui quelque don magnifique. A Mégaspiléon de Morée, aux Météores de Thessalie, en bien d'autres lieux, il est compté parmi les bienfaiteurs dont les noms sont inscrits en lettres d'or sur les murs de l'église, ou dont les portraits montent la garde sous les arceaux des portes. Nulle communauté ne lui doit autant que celle de l'Athos. A aucune époque on ne voit ses

(1) Lequien, *Oriens christianus*.

moines jouer un rôle plus important que sous son règne. Ils prennent part à tous les actes de la politique impériale. Ils sont mêlés à toutes les controverses qui troublent l'Église et passionnent la rue. S'il s'agit de désigner des arbitres pour intervenir entre la veuve d'Andronic et Cantacuzène, le choix se porte sur eux : sur Isaac, Premier homme d'Athos ; sur Macaire, higoumène de Lavra ; sur Sabas, moine de Vatopædi ; sur Callixte, moine d'Iviron (1). S'il faut nommer un titulaire au siége patriarcal de Constantinople, on jettera les yeux sur ce même Callixte, puis sur Philothée, évêque d'Héraclée, anciennement higoumène de Lavra (2). Ce dernier jouit auprès de l'empereur d'un crédit tout particulier, et lorsque Cantacuzène voulut prendre l'habit monastique de concert avec sa femme Irène, ce fut à Philothée qu'il demanda conseil (3). L'évêque approuva le désir de son illustre pénitent. Le penchant du prince semblait réel. Et en effet, il alla s'enfermer dans le monastère de saint Mammas, puis dans celui de Mangane (4). Mais le choix de cette retraite n'était point définitif. Une sympathie secrète attirait l'empereur vers cette montagne que, dans son enthousiasme, il appelait une cité céleste (*polin ouranion*). Du vivant d'Andronic Paléologue, il l'avait visitée, et le séjour de Vatopædi lui avait laissé d'ineffaçables souvenirs. « Va-

(1) *Cantacuzeni historiarum* lib. IV.
(2) Lequien, *Oriens christianus.*
(3) *Ibid.*
(4) *Cantacuzeni historiarum* lib. IV.

topædi me plaisait plus que tout autre monastère », dit-il quelque part dans ses Chroniques. Dès lors la pensée de s'y retirer ne le quitta plus, et en partant il pria les moines de lui garder une place au milieu d'eux. Il revint en effet y rédiger ses Mémoires et y mourir. Son fils Mathieu l'imita et finit lui aussi ses jours au mont Athos.

## IV

Sur une éminence voisine de Vatopædi s'étendent de vastes bâtiments en ruine. C'est là qu'au siècle dernier le patriarche de Constantinople Cyrille V avait établi une école de hautes études où enseignèrent Eugène Bulgaris et Nicolas de Mezzovo. Tout le pays environnant est d'une rare magnificence. Coupé de vallées profondes et de ravins étroits qui serpentent à travers les forêts, il offre aux regards une succession d'admirables points de vue. Bientôt apparaissent les deux monastères de Pantocrator et des Stavronikita dont les masses robustes se dressent sur des bases de roc sans cesse fouettées par la mer. Au delà, la cime blanche de l'Athos, dépouillée de toute verdure, s'élève triomphante dans le ciel bleu et resplendit aux dernières lueurs du soleil. C'est avec ce superbe horizon en vue que nous franchissons, à la clarté du crépuscule, les rampes boisées qui nous séparent de Karyès.

Karyès est la capitale du pays, mais c'est une capitale sans analogie d'aucune sorte avec les grands centres de population auxquels ce titre est attaché en d'autres lieux. Karyès est un chétif hameau situé à une certaine distance de la mer au cœur de la montagne. Ses quelques maisons agglomérées autour de l'église métropolitaine s'alignent le long d'une rue unique d'où la vie est absente. Nul bruit, nul mouvement; seul le murmure des torrents qui s'écoulent à travers de vertes prairies fait diversion à ce silence. De chaque côté de la rue s'ouvrent d'étroites et obscures boutiques, au fond desquelles on distingue de vagues formes noires accroupies sur le plancher, dans une immobilité qui rappelle les flegmatiques marchands des bazars du Caire et de Damas. De ces gens, qui portent le costume monastique, les uns sont tailleurs, les autres pharmaciens, le plus grand nombre vend des images peintes ou sculptées sur bois. Mais ce ne sont pas ces tristes commerçants qui pourraient donner une importance quelconque à la misérable bourgade où ils végètent; et si Karyès est considéré comme le centre de la montagne, c'est que c'est le siége de son gouvernement.

Étrange gouvernement, s'il en fut, que celui de l'Athos! Toute l'administration du pays est entre les mains des moines. Chacun des vingt grands monastères envoie à Karyès ses délégués, et là ceux-ci délibèrent en commun sur les affaires qui intéressent l'ensemble de la communauté. Le pouvoir exécutif se compose d'un conseil permanent de quatre membres de l'assemblée nommés épistates, lesquels sont présidés par l'un d'eux élu pour cinq ans, qui porte le titre de « Premier homme d'Athos » et possède les attributions d'un véritable chef d'État. Quelques pallikares albanais sont chargés de la police. Quant aux Turcs, on se borne à leur payer tribut, et ils ne se mêlent en rien du fonctionnement administratif et législatif de la république. Le mudir ou caïmakan qui réside à Karyès au nom du sultan jouit ainsi d'une vraie sinécure, et le pauvre homme, privé de harem, doit avoir de grandes ressources d'esprit ou de vastes capacités de sommeil, pour ne pas périr d'ennui et de désœuvrement à son poste inutile.

Notre premier soin, en arrivant à Karyès, avait été de solliciter une audience du président. Nous étions grandement curieux de faire connaissance avec ce singulier souverain; en outre, nous comptions obtenir de lui une lettre d'introduction pour les différents monastères de l'intérieur. Le Premier homme acquiesça sans difficulté à notre requête et nous envoya chercher le lendemain par le commandant des soldats albanais. Celui-ci, grand gaillard à mine théâtrale, vêtu d'une longue fustanelle blanche plissée, d'un gilet écarlate brodé d'argent et d'un manteau de peau de chèvre sur lequel pendait un vaste bonnet grec à gland bleu, nous conduisit à la résidence. Justement l'assemblée allait se réunir. Le hasard nous servait à souhait. Déjà les députés arrivaient les uns après les autres dans la salle des délibérations, où l'on nous avait fait entrer avant l'audience. Cette salle nous frappa d'abord par son cachet de nudité austère. De larges divans disposés sur tout le pourtour des murs blanchis à la chaux; sur un des côtés, un siége de bois plus élevé pour le Premier homme, et auprès un pupitre pour le secrétaire, tel en était tout le contenu. Nous prîmes place sur les divans qui peu à peu se garnissaient de leurs hôtes accoutumés, et bientôt nous fûmes entourés par une vingtaine d'entre eux. Rarement j'ai vu d'aussi belles physionomies. Ces vieillards aux longues barbes blanches, ces hommes dans la force de l'âge dont les figures respiraient l'intelligence, tous, jeunes et vieux, assis dans des attitudes graves, réalisaient admirablement l'idée que nous nous faisons de ces Pères de l'Église qui siégeaient aux premières assises du christianisme, à Nicée, à Éphèse, à Chalcédoine. La conversation s'engagea en attendant le Premier homme. Nos hôtes, moins curieux et plus réservés que les bons caloyers des couvents, nous firent grâce de l'exposé oiseux de nos qualités et du but de notre voyage. Ils semblèrent d'abord vouloir nous entretenir de sujets religieux. Désireux d'éviter des controverses subtiles pour lesquelles nous n'étions point suffisamment armés, nous saisîmes au vol l'occasion de parler des lieux saints de Palestine, d'où nous venions. Naturellement il fallut entrer dans de longs détails touchant les couvents grecs de Jérusalem, de Sainte-Croix, de Saint-Sabas. Nous dressions l'inventaire des curiosités de ce dernier endroit, lorsqu'un vieux moine nous interrompit pour nous demander si saint Sabas était vénéré dans l'Église romaine. Notre réponse affirmative ayant paru lui causer un sensible plaisir ainsi qu'à ses voisins, nous nous empressâmes de leur débiter les légendes qu'on nous avait apprises là-bas concernant les fondateurs et abbés du couvent, saint Euthyme, saint Sabas, saint Gérasime, etc. Nous étions en pleine invasion de Chosroès, et nous allions aborder le récit du massacre des moines, quand l'arrivée du président coupa court à notre éloquence.

Le nouveau venu était un homme de quarante à cinquante ans, dont les traits n'avaient rien de particulièrement remarquable. Il vint d'abord nous saluer, puis il alla prendre place sur la cathédre présidentielle; après quoi, il nous interrogea sur l'objet de notre démarche. Nous dîmes que nous avions sollicité cette audience afin de présenter notre hommage au magistrat suprême du pays que nous visitions, et nous lui exposâmes notre désir d'avoir une lettre d'introduction pour les monastères. Sur ce, nouvel échange de politesses et d'inclinations de têtes. Ce chapitre épuisé, la conversation se prolongea encore quelques minutes; puis le Premier homme se pencha vers son secrétaire et lui commanda de nous rédiger séance tenante un laisser-passer. Tandis que celui-ci écrivait, les gardes albanais nous offraient le café et les rafraîchissements habituels. Enfin le papier fut signé, et l'on y apposa le sceau du gouvernement. Le but de notre visite étant ainsi rempli, nous levâmes la séance, et, après avoir remercié le président de son obligeant accueil, nous prîmes congé de la respectable assemblée. Les moines répondirent à notre salut en se levant tous, et nous sortîmes pour nous rendre à l'église métropolitaine.

Les caloyers de Karyès forment, sans nul doute, l'élite de la population de l'Athos. Nous nous demandions, en quittant la résidence, s'ils ne formeraient pas aussi celle du clergé grec. A ne consulter que le passé de la communauté, la chose paraîtrait assez vraisemblable. Il est certain qu'anciennement les habitants de l'Athos ont joui en Orient d'une réputation de sainteté et de science qui n'avait pas de rivale. Les auteurs byzantins attestent que leur influence fut parfois prépondérante dans l'Église photienne. Les écoles de la montagne étaient les foyers lumineux de l'enseignement orthodoxe. L'épiscopat y recrutait ses membres les plus distingués. Les couvents ont fourni plus d'un patriarche à Constantinople. J'en citais quelques-uns plus haut. Sur la liste qu'en donne le P. Lequien (*Oriens christianus*), je remarque encore les noms de Maxime IV et de Niphon : l'un et l'autre élevés à la dignité patriarcale postérieurement à la conquête turque; le dernier honoré comme un martyr par les orthodoxes qui gardent son corps à Lavra et sa tête à Argis de Valachie. Plus d'un exarque d'Héraclée, plus d'un métropolitain de Salonique est venu de l'Athos. Sous Cantacuzène, Macaire, higoumène de Lavra, et Grégoire Palamas occupèrent le siége de Salonique, et son premier titulaire, après la prise de Constantinople, fut un autre Niphon, moine de Pantocrator. J'indique ces noms parce qu'ils sont mentionnés dans Lequien. Si on voulait les rechercher tous, il y aurait de quoi dresser une très-longue nomenclature. Or cet état de choses n'a point pris fin. Que la réputation des moines soit aussi solidement et ausssi universellement assise que par le passé, c'est ce qu'il est difficile d'établir avec exactitude. Toujours est-il que la faveur populaire ne leur fait pas défaut, et que, d'autre part, l'Église grecque n'a pas cessé de recruter ses évêques parmi eux. On est donc fondé à voir dans leur société sinon l'élite absolue, au moins une des fractions les moins abâtardies et les plus influentes du clergé photien.

Toutefois la place distinguée qu'a occupée la communauté d'Athos dans l'Église schismatique, et la grande autorité dont elle a joui dans ses conseils, ne l'ont pas préservée de certains écarts qui causèrent jadis du scandale en Orient. Il est avéré que l'hérésie s'est plus d'une fois glissée à ce foyer d'orthodoxie et qu'elle y a fait à maintes reprises de nombreux et lamentables ravages. Il faudrait sans doute être initié aux controverses agitées depuis Cérulaire dans le monde grec pour se rendre un compte exact de la fréquence et de la gravité des défaillances des moines. Cependant on peut récolter chez les chroniqueurs byzantins plus d'un renseignement propre à guider dans cette étude.

Avant le schisme, le rôle des caloyers dans les affaires religieuses du Bas-Empire n'est pas encore assez marqué pour que leur attitude en face des anciennes hérésies ait été notée par les historiens. On ne saurait dire quel parti ils prirent, ou même s'ils prirent un parti dans les mouvements arien, nestorien, eutychien, monothélite. Au huitième siècle, on les voit résister courageusement à la persécution iconoclaste. Plusieurs d'entre eux sont victimes des cruautés de Léon l'Isaurien et de Constantin Copronyme, et lorsque l'impératrice Théodora rétablit solennellement le culte des images, des solitaires du mont Athos, portant les marques de tourments endurés pour la foi, accourent de leur montagne et prennent part à ce grand acte de réparation (1). Pendant les longs débats relatifs au schisme de Photius et de Cérulaire, pendant les négociations sans fin des Paléologues et des papes pour la réunion des Églises, les moines athonites ne semblent pas avoir suivi une ligne de conduite très-arrêtée. Le *Patericon montis Atho*, ouvrage où sont contenues les vies des saints de l'Athos, rapporte qu'ils furent persécutés par l'empereur Michel Paléologue et le patriarche Veccus, qui voulaient les contraindre à rentrer dans la communion de l'Église latine (2). Selon le *Patericon*, Euthyme, higoumène de Vatopædi, avec douze de ses compagnons, et le Premier homme d'Athos avec vingt-six moines de Zographou, furent punis de mort pour avoir résisté aux ordres impériaux. Mais, d'un autre côté, des caloyers participent plus tard aux tentatives d'entente poursuivies par Jean Paléologue II auprès de la cour de

(1) LEBEAU, *Histoire du Bas-Empire.*

(2) « *Sancti martyres a Michaele imperatore et a patriarcha Vecco latinizantibus passi, eo quod utrique hæresim eorum exprobrassent.* » (*Patericon montis Atho.*)

Rome. Ils accompagnent l'empereur au concile de Florence et donnent leur adhésion à l'acte qui mit temporairement fin au schisme. Il est donc malaisé, en présence de ces faits contradictoires, de distinguer chez eux un parti pris bien accentué, une attitude bien tranchée et bien nette. Au reste, il faut reconnaître que leur nom n'est pas souvent prononcé dans ces affaires, et ainsi rien ne prouverait qu'ils y aient pris une part vraiment sérieuse et effective (1).

Cherchons donc ailleurs et voyons en quelles autres circonstances ils ont pu donner prise à la critique. J'ouvre les *Chroniques* de Nicéphore Grégoras, et j'y lis qu'au quatorzième siècle il y eut à l'Athos des massaliens et des bogomiles. Or les massaliens, appelés aussi euchites, adelphiens, psalliens ou saccophores, étaient des hérétiques qui, entre autres erreurs, niaient l'efficacité des sacrements, pour attribuer une importance exclusive à la prière. La secte s'était anciennement développée en Asie et avait été condamnée au cinquième siècle par le concile d'Éphèse. Il paraît qu'alors ces

(1) Dans un livre fort intéressant sur le cardinal Bessarion, M. Henri Vast parle du rôle joué par les moines de l'Athos au concile de Florence. D'après lui, il y aurait eu parmi eux des acceptants et des opposants. Les représentants de Lavra et de Vatopædi auraient signé l'acte d'union. A ce propos, M. Vast remarque qu'il n'y avait pas de représentant du monastère de Karyès, qu'il dit être le principal de l'Athos. Il se trompe : Karyès renferme la résidence du président de l'Athos ainsi que l'église métropolitaine, mais son couvent, celui de Koutloumousi, n'est pas le principal. Au temps de Bessarion, Lavra et Vatopædi étaient comme aujourd'hui les plus élevés en dignité et les plus importants des couvents.

doctrines trouvèrent de nouveaux adeptes au mont Athos et à Constantinople. Elles y acquirent même une certaine autorité, puisqu'elles furent portées jusque sur le trône patriarcal par Callixte, ce moine d'Iviron, que Cantacuzène avait comblé de tant de faveurs. Homme peu estimable et peu instruit, Callixte vit se séparer de lui nombre d'évêques qui ne voulaient point participer à la communion d'un massalien (1). Nous verrons tout à l'heure le même personnage se compromettre dans une autre hérésie, celle des palamites, et devenir un des plus ardents soutiens de son promoteur.

Quant aux bogomiles, ainsi que les pauliciens d'Arménie et de Bulgarie, ainsi que les patarins et les albigeois, ils rééditaient une partie des erreurs manichéennes. Deux cents ans avant l'époque où on les signale à l'Aghion Oros, ces hérésiarques avaient causé des désordres dans l'empire, et Alexis Comnène avait fait brûler vif leur chef Basile. Un patriarche, Cosmas Atticus, fut séduit par eux et dut résigner ses fonctions devant la réprobation générale de son clergé. Toutefois, on ne peut savoir si l'hérésie poussa de profondes racines à l'Athos, ou si elle fut seulement le cas de quelques individus isolés. Grégoras n'en dit qu'un mot, et l'on ne voit pas ailleurs que ces questions aient grandement agité en ce siècle la société byzantine.

Par exemple, une hérésie qui la passionna jusqu'au

(1) Lequien, *Oriens christianus.*

délire fut celle des hésychastes ou omphalopsyques, celle-ci née à l'Athos et soutenue avec fureur par les moines. Rarement les disputes théologiques atteignirent un tel degré d'acuité, un tel diapason de violence. Une invasion de Bulgares ou de Petchénègues au temps passé, une victoire turque aux portes de la capitale, n'eussent pas jeté plus de trouble ni causé plus de surexcitation dans les esprits. La nouvelle hérésie reproduisait les aberrations du contemplatif Syméon le Jeune, abbé de Xérocace, sur la lumière incréée du Thabor. Combattus par le moine Barlaam, ancien agent d'Andronic III auprès du pape Benoît XII, les hésychastes furent défendus par Grégoire Palamas, moine de l'Athos, et depuis archevêque de Thessalonique. Il est difficile d'augurer à quoi eût abouti le débat renouvelé à plusieurs reprises sous Andronic et Jean Paléologue, et conduit de part et d'autre avec une égale vigueur, si Cantacuzène n'eût pris ouvertement parti pour Palamas et les moines athonites. Dans son amitié pour eux, il n'épargna rien en vue de les faire triompher. Il fallait avoir pour soi le patriarche de Constantinople. Le titulaire Jean penchait du côté de Barlaam. Il fut éloigné et remplacé, d'abord par Isidore, évêque de Monembasie, puis par Callixte, puis enfin par Philothée d'Héraclée, tous partisans avoués de Palamas. On réunit alors synode sur synode pour trancher le différend, et l'on mit les adversaires aux prises. Rien de curieux comme de suivre l'historique de ces débats dans Cantacuzène et Grégoras. La moitié des vingt-quatre livres de ce dernier en traite. Leurs récits sont d'autant plus piquants que les deux personnages jouèrent l'un et l'autre un rôle actif dans ces démêlés, Cantacuzène s'étant constitué le champion de Palamas, et Grégoras l'avocat de Barlaam. Ainsi il faut lire d'un bout à l'autre la relation du synode que présida Cantacuzène au palais des Blaquernes. C'est une page typique de l'histoire byzantine. Quand Grégoras a parlé, Cantacuzène se lève et le traite de menteur et de calommiateur. Grégoras réplique et invective les moines de l'Athos, les appelant « massaliens et crapules ». « Ils mangent, dit-il, plus que des porcs ; ils boivent plus que des éléphants, et quand ils sont endormis par l'ivresse, ils prétendent émettre des oracles de Dieu. » Pensez quel tumulte devaient soulever ces injures dans les couloirs, dans les vestibules, jusque sur les places publiques où les moines étaient accourus en masse pour appuyer les discours de Palamas et applaudir à sa victoire. En de telles circonstances, l'issue ne pouvait être douteuse. Malgré l'incontestable talent de Barlaam, d'Acyndinus et de Grégoras, l'avantage demeura aux palamites, et l'hérésie put se propager sans obstacle à l'Athos. Remarquons en passant que cela n'empêcha pas Grégoras de s'y retirer, lui aussi, et d'y achever sa carrière sous la bure des caloyers.

L'émotion causée à Constantinople par de telles querelles montre bien à quel degré d'aveuglement en étaient arrivés les Grecs sous les derniers Paléologues. On voit où leurs préoccupations tendaient, à quoi se dépensait leur énergie. Ainsi l'agression turque devait trouver désarmé ce peuple qui n'avait gardé de vigueur que pour la dispute. La conquête mit ordre à cet état de choses et ferma la bouche aux théologiens. Depuis lors les Grecs, comme d'ailleurs tous les dissidents orientaux, nestoriens et jacobites, arméniens et dioscoriens, les Grecs, dis-je, se sont fort désintéressés des controverses dogmatiques. Ils s'en sont désintéressés à ce point qu'on peut considérer comme oubliées les questions litigieuses d'où est né le schisme. A l'heure qu'il est, le *Filioque* n'est plus le véritable obstacle qui s'oppose à la réunion des Églises, et celle-ci serait vite conclue, si l'on ne se heurtait à des difficultés d'un autre ordre, dont l'amour-propre national et les intérêts personnels sont la base. Les moines de l'Athos, j'en suis sûr, ont au fond plus de haine contre la papauté et les Latins que de parti pris au sujet du pain azyme et de la procession du Saint-Esprit. Il est vrai que cela importe peu dès le moment que le résultat pratique est le même et que les esprits demeurent comme par le passé obstinément rebelles aux idées de réconciliation et d'union.

# V

De Karyès à Iviron, longues descentes à travers des gorges solitaires cachées sous les futaies, subites apparitions de la mer tout au fond de la vallée par des trouées dans les taillis, pont pittoresque jeté sur un torrent encaissé aux portes du couvent, paysage à ravir, temps à souhait, matinée qui laissera des souvenirs.

A Sphigmène et à Vatopædi, nous avions surpris les caloyers au milieu d'occupations toutes profanes; à Iviron, ils étaient en train de chanter l'office du jour. Espérant que le hasard nous ferait assister à quelque intéressante cérémonie, nous demandâmes à entrer sur-le-champ dans l'église où ils étaient assemblés. On nous y introduisit aussitôt, et nous prîmes place dans les stalles du chœur, à deux pas des officiants. Ainsi installés de manière à tout voir et à tout entendre, nous observâmes avec curiosité ce qui se passait autour de nous. Les costumes étaient beaux, les cérémonies dignes, les assistants sérieux et recueillis. Partout régnait l'ordre, et rien ne se ressentait de cette précipitation et de ce laisser-aller qui déparent trop souvent les pompes de l'Église grecque. Seules les psalmodies nous déplurent. Ces rhythmes bizarres, ces cadences inattendues, ces brusques changements d'allures dans le cours d'une même phrase mélodique produisent à l'oreille un effet fort extraordinaire et assez choquant; mais l'impression désagréable qu'on éprouve provient surtout de la détestable manie qu'ont les Grecs de chanter du nez. Cette aberration du goût est la ruine de tout art, et il n'est pas de musique si robuste qui résiste à un pareil traitement. Aussi est-ce pitié d'entendre nos voisins interpréter à leur manière les beaux chants liturgiques de saint Jean Damascène. Les pauvres hymnes braillés par ces voix nasillardes ne se distinguent en rien des grossières chansons que des gens ivres de raki ou de haschisch hurlent à tue-tête dans les cafés borgnes de la Tunisie et de l'Égypte.

Laissons donc nos moines se livrer à leurs exercices de gymnastique vocale, et, puisque la séance ne paraît pas devoir être autrement variée, profitons de cette longue station dans le lieu saint pour dire quelques mots des églises de l'Athos. Tenter d'en donner une idée d'ensemble n'est point une entreprise très-compliquée; car presque toutes ont été bâties sur le même plan ou tout au moins d'après les mêmes principes. Or ces principes ne sont autres que ceux dont Anthémius de Tralles et Isidore de

Milet firent la première application en construisant Sainte-Sophie de Constantinople. L'innovation consistait à asseoir le dôme de l'édifice, non plus sur une base circulaire, comme au Panthéon d'Agrippa ou au tombeau de Théodoric à Ravenne, mais sur quatre grands arcs soutenus par quatre piliers formant rectangle. Par là les architectes impériaux opéraient toute une révolution dans l'art de bâtir. Le système de la coupole à pendentifs ne tarda pas à être adopté universellement dans l'empire, et bientôt tout l'Orient se remplit de dômes élevés sur des rectangles. Les musulmans surtout en répandirent au loin l'usage, et il n'est guère de coupole de mosquée au Caire ou à Bagdad, à Damas ou à Ispahan, à Constantinople ou à Delhi, qui soit autrement disposée. Comme bien on pense, les moines de l'Athos, gardiens jaloux des traditions byzantines, ne manquèrent pas de puiser leurs inspirations à la même source ; aussi la plupart de leurs églises reproduisent-elles dans ses traits essentiels l'œuvre d'Anthémius de Tralles. Néanmoins les constructeurs monastiques s'abstinrent de copier servilement leur modèle ; ils le modifièrent en se conformant au type plus récent qui avait prévalu dans les provinces. Ainsi, chez eux, la nef est bien toujours couronnée d'un dôme central ; mais celui-ci n'est plus isolé. Les angles du carré sont surmontés de petites coupoles ; les bras de la croix, qu'elle soit inscrite ou qu'elle se dessine à l'extérieur, en supportent aussi. La multiplicité des coupoles s'est substituée à l'unité primitive, altérant le caractère si simple et si majestueux de la basilique justinienne. D'ailleurs, cette modification à part, l'église est restée ce qu'elle était ; ses divisions n'ont pas changé. Elle se compose toujours de deux narthex ou vestibules, l'un extérieur, l'autre intérieur, de la nef et du sanctuaire. Celui-ci est fermé sur toute sa largeur par une sorte de cloison appelée iconostase, ordinairement en bois sculpté et doré, dans laquelle se dessinent trois portes. L'iconostase dérobe l'autel à la vue des assistants, et ce n'est qu'à certains moments de la liturgie que ses portes s'ouvrent pour permettre à l'officiant d'entrer en communication avec le peuple. Ainsi, dans le temple juif, le saint des saints demeurait voilé aux regards profanes, et ne s'ouvrait que pour laisser pénétrer le grand prêtre dans l'assemblée des fidèles.

Les églises de l'Athos sont en général de proportions médiocres ; leurs lignes architecturales manquent de pureté et d'élégance ; elles rachètent ces défauts par la profusion et le luxe de leurs ornements accessoires. Les moines n'ont rien épargné pour décorer splendidement leurs sanctuaires. Partout scintillent les reflets des métaux précieux, des bois rares, des mosaïques à fonds d'or. Les portes, les siéges, les pupitres, sont en bois d'ébène avec incrustation de nacre, d'écaille, d'ivoire. D'immenses lustres en cuivre doré, ornés d'aigles à deux têtes, se balancent aux axes des coupoles. Les iconostases sont sculptées et fouillées avec une minutie et un soin inimaginables. Enfin, la peinture comble tous les vides laissés par la mosaïque, le bois et le métal. Il n'y a pas de recoin si obscur et si humble, de pan de mur si dissimulé et si inutile, dont elle ne voile la nudité, en y jetant des scènes empreintes d'un sentiment décoratif des mieux entendus.

Toutefois ces compositions ne brillent pas par une très-grande variété. Elles se répètent souvent. Les mêmes sujets se retrouvent aux mêmes places dans les diverses églises de la montagne. Les canons byzantins en ont disposé ainsi. L'artiste, soumis à leur despotisme, n'a nul droit de se laisser aller au courant de son inspiration personnelle. Sa tâche lui est rigoureusement imposée à l'avance, et il n'a qu'à suivre avec docilité les préceptes que lui dicte la tradition iconographique. Telles places doivent échoir à telles ou telles figures, à tels ou tels sujets, en vertu d'un usage implacable. La principale coupole est presque constamment remplie par le buste colossal du Dieu Pantocrator. Parfois il est isolé dans son nimbe d'or, parfois de petits anges voltigent autour de lui. Sur les murs du chœur s'alignent les apôtres, les patriarches et les martyrs : saint Georges le taxiarque, en guerrier, avec la cuirasse et la lance; saint Mercure, également armé, le chef couvert d'un casque à trois cornes de forme étrange; saint Procope, beau jeune homme, dont la figure est sans contredit une des plus remarquables et des mieux traitées de toute la série des saints grecs. Dans plusieurs églises, à Lavra entre autres et à Iviron, les quatre évangélistes sont tapis dans les pendentifs; ailleurs, comme à Vatopædi, leurs attributs sont réunis sur de singuliers chérubins, revêtus de nombreuses et longues ailes, et appelés tétramorphes. Dans la nef se déroulent les scènes tirées de l'Ancien et du Nouveau Testament : le Jugement dernier, l'Anastase ou Résurrection, l'Épiphanie ou Nativité. L'ensevelissement de la Vierge a sa place marquée au-dessus de la porte d'entrée. Puis, sur les murs du narthex ou sous le porche extérieur, processionnent les princes byzantins, les bienfaiteurs et fondateurs, les archevêques et higoumènes, les cénobites et les anachorètes, tous plus ou moins rapprochés du Pantocrator, et de plus ou moins grande stature, selon que les personnages sont plus ou moins élevés en dignité et plus ou moins vénérables. Et il en est de leurs traits et de leurs vêtements comme du rang qu'ils occupent dans l'église. Le peintre n'est pas plus libre de les habiller à sa guise que de les disposer dans l'ordre qui lui convient. Il doit représenter ses saints avec leurs visages et leurs attributs traditionnels ; c'est à peine s'il a le droit de varier leurs attitudes. Il en résulte qu'on est vite familiarisé avec toute cette imagerie ; à cette heure, nous serions subitement transportés dans le Paradis byzantin, que nous pourrions interpeller chacun de ses respectables habitants par son nom légitime, sans crainte de confondre Eusèbe avec Théodore, ou Serge avec Spiridion.

Par exemple, nous éprouverions plus d'embarras à nommer les auteurs de ces peintures. Les moines eux-mêmes paraissent n'avoir sur leur compte que des notions fort sommaires. Quant on les met sur ce chapitre, ils en reviennent toujours au nom de Panselinos. Or Panselinos de Thessalonique vivait, à ce que l'on suppose, au douzième siècle, sous le règne de l'empereur Andronic Ier Comnène. A entendre nos hôtes, il aurait exécuté ou conçu la plus grande partie des ouvrages qui décorent les églises et les trapèzas de l'Athos, et c'est vraiment beaucoup. Qu'il soit l'auteur des admirables fresques de Karyès, qu'il ait même peint nombre d'arpents de mur, entre autres, à Vatopœdi et à Lavra, rien de mieux; mais quant à ce qui est de cette quantité d'œuvres de facture si inégale et de valeurs si diverses, qui sont éparses çà et là dans les vingt et tant de maisons de la montagne, il faut être aussi dépourvu de sens critique que le sont la plupart des moines pour oser les lui attribuer.

Mais il est temps de sortir de nos stalles; l'office est terminé. Les dignitaires du couvent, higoumène et épitropes, nous suivent sous le porche extérieur, et nous entourent. Nous échangeons force compliments, salutations et autres manéges polis; puis, quand nous sommes à bout d'amabilités réciproques, on nous confie à un petit vieillard, médecin de la communauté, qui doit être notre guide dans le monastère. Ce vieillard est un des types originaux de la montagne. Déjà, en 1847, M. Papéty avait vu à Iviron le moine Grégoire. Plus tard, en 1860, M. Miller, et depuis nous, en 1875, M. le vicomte de Vogüé, l'ont rencontré et ont dépeint sa bizarre silhouette. Ce n'est pas que son apparence extérieure ait rien de particulier; il est petit, maigre, chétif et de physionomie assez ordinaire. C'est sa silhouette morale qui est curieuse. D'après M. Miller, Georges Papadopoulo serait né à Magnésie de Thessalie en 1803 et aurait été volontaire pendant les guerres de l'Indépendance. Entré dans l'ordre monastique après une vie des plus agitées, il n'aurait point oublié dans la solitude du cloître les intérêts du monde qu'il a quitté, et il conserverait une liberté d'allures peu en rapport avec les coutumes cénobitiques. Il recevrait la *Revue des Deux Mondes* et professerait des idées assez libérales en politique et même en religion. Bref, nous aurions devant les yeux un personnage chez lequel l'ascétisme oriental se combinerait avec une sympathie très-développée pour les idées modernes, voire même avec une légère dose de rationalisme. On s'aperçoit vite en effet que Grégoire n'est pas le premier venu d'entre les moines. Sa conversation ne ressemble en rien à celle de ses frères en religion. Il se rend un compte fort exact de ce qui se passe actuellement en Europe, et il nous fait mille questions sur l'état politique des principaux pays occidentaux. Il sait l'italien, qu'il a appris à Bologne lorsqu'il y étudiait la médecine, et désireux de converser directement avec nous, il nous adresse la parole en cette langue. Comme nous cherchons nos phrases et que celles-ci se font attendre, il en conclut que nous ne le comprenons pas du tout, et il se met à questionner sournoisement l'interprète, lui demandant si nous ne serions pas des agents politiques, investis de quelque mission secrète auprès des chefs de la communauté. Jugez si ses propos nous réjouissent; mais il n'en reste pas là. Grégoire est atteint du délire jésuitique, tout comme un piètre opportuniste d'Occident. Il hait les fils de Saint-Ignace et proclame qu'ils sont la source de tous les maux qui affligent l'Europe. Il voudrait les supprimer, les anéantir, effacer jusqu'à leur trace dans le monde. Quand je pense à ses ineptes déclamations, j'éprouve toujours le regret de ne lui avoir point nettement déclaré que nous étions les amis de ses intimes ennemis. Quelles joyeuses grimaces il eût faites! A coup sûr, nous eussions essuyé tout un déluge d'exorcismes et de formules antidiaboliques. Je ne sais pourquoi, nous le laissâmes achever comme on laisse aller au bout de sa chanson un instrument qui détonne. Mais nous avions assez de sa fade rhétorique, et comme pendant ce temps il nous avait fait voir tout ce que le monastère contient d'intéressant, nous ne tardâmes pas à prendre congé de lui et à quitter Iviron.

On compte encore trois monastères sur le versant oriental après celui-ci : Philothéou, Karakalo et Lavra. D'Iviron à Karakalo la route n'est pas moins magnifique que précédemment. Ce sont les mêmes forêts, les mêmes lointains aperçus sur la mer. A mesure qu'on avance vers la pointe de la péninsule, le cône de l'Athos prend des proportions plus imposantes. Les roches blanches qui en forment le sommet se détachent avec une netteté superbe sur le ciel bleu, et lorsque le soleil du soir vient les colorer de reflets roses, elles se revêtent d'un éclat et d'une beauté incomparables. Puis l'œil est attiré par les îles de la mer Égée. Les contours de Lemnos, de Thasos et d'Imbros se dessinent à l'horizon, émergeant de l'immense plaine d'azur. Samothrace se distingue aux pittoresques escarpements de ses montagnes. Pendant les heures que nous passons à cheval, dans l'intervalle de nos visites aux couvents, ces spectacles nous occupent sans cesse. Heures charmantes, en vérité, et dont rien ne vient troubler les douces contemplations. Les chemins sont pavés de pierres glissantes, mais nos bêtes ont le pied sûr, et nous n'avons nul besoin de surveiller leur marche. Le soleil est brûlant, et jamais un nuage ne vient assombrir le ciel, mais continuellement les arbres nous abritent de leur ombre. Puis à chaque carrefour, à chaque embranchement de route, nous trouvons des fontaines auxquelles sont fixés, par des chaînettes de fer, soit un gobelet d'étain, soit une écorce de courge desséchée, placés de manière que les passants puissent boire à l'aise. Partout l'eau descend des montagnes. Elle se répand par mille imperceptibles filets à travers les herbes et les mousses, et les pénètre d'une humidité bienfaisante dont l'atmosphère reste imprégnée jusque pendant les ardeurs torrides du milieu du jour.

Karakalo, où nous passons la nuit, est un des plus petits et des plus pauvres monastères de la montagne. La chère y est atroce et les divans détestables; mais sa situation est superbe. Du pavillon circulaire et en avancée où l'on nous a installés, on jouit d'une vue merveilleuse sur la terre et sur la mer. Dans le district qui s'étend de là à Lavra, la végétation atteint un degré de vigueur inconnu à nos climats tempérés. C'est une forêt vierge dans l'entière acception du mot. Les arbres sont reliés les uns aux autres par des multitudes de pampres et de lianes, dont le feuillage se confond avec le leur, au point que l'individualité de chacun se perd dans cet immense océan de verdure. Les essences les plus communes sont le tilleul, le chêne vert d'Italie, le figuier, l'érable, le hêtre. D'énormes buissons de chèvrefeuilles et de genêts, des champs de valérianes et de géraniums couvrent le sol. Nous n'avons jamais rien vu de pareil. Aussi quelles longues et délicieuses stations au fond de ces bois! Quels bons instants passés dans l'exquise société des arbres et des fleurs!

## VI

Arrivons à Lavra. Ce monastère n'est plus un pauvre donjon perdu dans les bois comme Karakalo; c'est un des principaux centres de l'Athos. Aucun ne l'emporte sur lui en dignité; aucun n'est entouré d'une plus grande vénération de la part des moines, qui l'ont appelé *Aghia Lavra*, la Sainte-Laure.

Il doit l'immense considération dont il jouit à la mémoire de son fondateur, qui fut aussi un des grands législateurs de la communauté, saint Athanase l'Aghiorite. Ce saint éminent, dont l'Église catholique célèbre la fête au cinquième jour de juillet, naquit dans le Lazistan, à Trébizonde. Ses premières années correspondent aux règnes de Constantin VII Porphyrogénète et de Basile II Bulgaroctone. Il vint d'abord à Constantinople, où il s'initia à l'étude des lettres sacrées et profanes, puis en Asie Mineure, où il se consacra définitivement à Dieu, en prenant l'habit monastique. Ce fut de là qu'il passa à l'Athos, vers le milieu du dixième siècle. L'état de la montagne n'était point alors florissant. Les couvents anciennement construits n'avaient point subsisté ou étaient en pleine décadence. Les ascètes vivaient séparés les uns des autres, sans lien qui les unît, sans organisation commune qui associât leurs prières et leurs travaux. Athanase résolut de remédier à cet état de choses en donnant à toutes ces vocations religieuses l'unité, la direction, la règle. Le maître de l'empire, Nicéphore Phocas, auquel il avait fait partager ses vues, l'encourageait à se mettre à l'œuvre. Bientôt, grâce aux libéralités impériales, l'Athos vit s'élever les murs d'*Aghia Lavra,* où le saint put faire la première expérience de ses réformes. Elle fut couronnée d'un plein succès. Au bout de peu de temps, la règle nouvelle, consacrée par l'approbation générale, franchissait les limites de la Sainte-Laure. Un règne d'empereur ne s'était pas écoulé qu'elle avait pénétré partout. Sous Jean Zimiscès, toute la communauté reconnaissait saint Athanase pour son législateur et son chef.

N'exagérons cependant pas la portée de la mission du saint. L'ascète de Lavra ne fut pas à proprement parler un créateur d'ordre; son rôle se borna en réalité à celui de réformateur d'une branche particulière d'un ordre ancien. Le véritable, l'unique chef de famille autour duquel tous les moines grecs se groupent, comme des enfants autour de leur père, le seul auquel puisse s'appliquer légitimement le nom de fondateur, est saint Basile. Son œuvre a pu être retouchée à plusieurs reprises; des réformateurs ont surgi, qui, de même que saint Athanase, ont remanié la loi primitive, selon que les conditions de milieu, de temps, de climat, l'exigeaient. Aucun n'a promulgué un code nouveau, constitué une famille nouvelle. Ainsi en France, les réformateurs de Cluny, de Cîteaux, de Saint-Maur, de la Trappe, n'ont fait que rajeunir et approprier aux besoins de leur temps les anciennes constitutions de saint Benoît. Ainsi encore de saint Honorat, de Cassien, de saint Martin, de saint Patrice, de saint Colomban, dont le rôle consista surtout à acclimater en Occident les antiques canons des solitaires de la Cappadoce et de l'Égypte.

Les préceptes de saint Athanase subirent eux-mêmes bien des modifications dans la suite des siècles. Aujourd'hui les moines de l'Athos n'obéissent plus à une règle uniforme. Il s'est établi parmi eux ce qu'on pourrait appeler une stricte observance et une observance moins rigide. Chez les moines appelés *cœnobioi,* la discipline est très-sévère : l'administration y est concentrée entre les mains d'un supérieur ou higoumène. Chez les *idiorrhythmes,* l'higoumène est remplacé par un conseil électif; en outre, les prohibitions sont moins scrupuleuses et la vie plus douce. Mais cette douceur est bien relative. En somme, cœnobioi et idiorrhythmes sont soumis à un régime fort rigoureux. Leur alimentation est vraiment dérisoire. Insuffisante quant à la quantité, grossière quant à l'apprêt, elle déroute en peu de temps les estomacs qui ne sont point familiarisés avec les privations du cloître. Trois fois la semaine seulement, les caloyers prennent du vin et du poisson frais. Trois fois la semaine, ils font deux repas par jour, et trois fois un seul. L'usage de la viande est absolument interdit aux cœnobioi; chez les idiorrhythmes, il n'est toléré qu'en certains temps. Les jeûnes reviennent à des intervalles réguliers et fréquents; ceux du carême sont formidables. Le temps consacré au service du chœur et à la récitation des offices dépasse huit heures de jour, et il y a une station de plusieurs heures chaque nuit. Bref, la vie de ces moines est très-austère, et ils ne semblent nullement donner prise aux accusations de sybaritisme dont ils ont été parfois l'objet.

Mais revenons à Lavra, et franchissons le seuil de la sainte maison pour nous lancer à travers le dédale confus de ses cours intérieures. A gauche et à droite se déploient les bâtiments d'habitation, qui, ainsi que partout ailleurs, font corps avec les murs d'enceinte. Ils se distinguent par la même profusion d'avancées et de retraits, de profils tortueux et de lignes brisées qu'aucune nécessité pratique ne paraît motiver et qui proviennent sans doute d'additions et de remaniements successifs. Dans les vastes espaces délimités par cette ceinture de logements, sont disposées, avec un égal oubli de toute symétrie, les églises et les chapelles, la trapéza et la phiale : curieux assemblage d'édifices pittoresques où la peinture joue un rôle au dehors comme au dedans des murs, où la mosaïque revêt de ses tons dorés l'archivolte des arcs et la frise des colonnades. Ajoutez que d'énormes cyprès dont les troncs mesurent trois, cinq, et jusqu'à sept mètres de tour, viennent se mêler à toutes les combinaisons architecturales et leur prêtent l'appui de leur vigoureuse coloration. C'est d'ailleurs de cet heureux accord de la nature et de l'art que résulte l'inexplicable attrait de ces bâtiments sans suite et sans lien. Car examinez ceux-ci l'un après l'autre, et soumettez-les à une minutieuse analyse, vous n'en découvrez aucun qui satisfasse pleinement. Ces portiques sont mesquins, ces colonnes grêles; les peintures de l'éso-narthex et de la phiale sont médiocres. L'église elle-même ne brille ni par des proportions remarquables, ni par une grande homogénéité dans l'ornementation. N'importe! il règne dans cet ensemble je ne sais quelle harmonie supérieure qui efface toutes les imperfections de détail, et laisse la critique désarmée et impuissante.

L'étrange fascination que ces lieux exercent sur nous ne s'expliquerait-elle pas en partie par leur apparence d'abandon? il est certain que la solitude est profonde autour de la demeure de saint Athanase, et que ses cloîtres reflètent quelque chose de l'attachante mélancolie des ruines. Ses cours spacieuses sont vides. Rien ici qui rappelle l'animation de Roussiko ou de Vatopædi. Point d'allées et venues de moines affairés sur les galeries; point d'arrivées bruyantes de frères voyageurs sous les voûtes obscures de l'entrée. Au dehors, les murs se crevassent en maint endroit; au dedans, les pavés de la cour laissent percer dans leurs interstices les tiges de mille brins d'herbe qui donnent à ces vastes étendues l'aspect morne d'un désert.

On devine bien qu'il a dû en être autrement par le passé. Ces édifices portent la marque évidente d'une ancienne prospérité. Ceux qui les ont construits devaient disposer de ressources considérables. Et de fait les moines furent plus nombreux ici que dans n'importe quel autre couvent. Les nouvelles recrues de l'Ordre y affluaient, et avec elles, les dons généreux, les dotations pieuses. Tout cela a bien changé. Maintenant les pèlerins n'abordent plus au port de Lavra. D'autres sanctuaires les attirent et bénéficient, à son préjudice, de leurs libéralités. Le nombre des moines reste stationnaire, ou plutôt il décroît. En un mot, la vieille maison subit les atteintes d'une lente décadence. C'est une grandeur qui s'en va.

Les figures de nos hôtes sont en harmonie avec l'air de tristesse qui règne dans tout le monastère. Ce sont deux maigres vieillards dont les yeux n'ont rien conservé de l'éclat de la vie. Leurs chevelures incultes flottent au hasard sur leurs épaules courbées. Ils nous interrogent peu, parlent bas et marchent sans bruit en nous conduisant le long des corridors. Ils nous font visiter les principales parties du couvent : la bibliothèque, où ils étalent devant nous des manuscrits précieux, des palimpsestes, des enluminures d'un art achevé ; la trápèza bâtie en forme de croix et décorée d'admirables peintures attribuées à Pansélinos ; le catholicon, où des fresques modernes, d'un goût plus qu'équivoque, déparent le majestueux ensemble des œuvres d'un art plus reculé ; enfin, derrière l'iconostase, le trésor de l'église, c'est-à-dire le musée d'orfévrerie byzantine le plus complet qu'il nous ait été donné d'étudier sur la sainte montagne. Ce sont des profusions de croix émaillées, de tableaux revêtus d'or ciselé, de reliquaires exquis de formes et d'une grande richesse de matière. Nous demeurons en extase devant des châsses figurant des réductions d'églises byzantines recouvertes de leurs dômes, toutes en or et en argent massif incrusté de pierreries.

Nous n'aurions pas assez de vénération pour les objets qu'elles contiennent si nous étions certains de leur authenticité. On nous montre un énorme fragment du bois de la vraie croix renfermé dans un crucifix étincelant de joyaux, qui aurait appartenu à Constantin; puis des ossements de saint Grégoire de Nazianze, de saint Athanase, de saint Jean Chrysostome, le crâne de ce dernier saint et celui de saint Basile le Grand. Nous avons ouï tant et de si singulières légendes admises comme réelles par la naïve crédulité des caloyers; nous avons surpris sur leurs lèvres de si étranges théories historiques, qu'en face d'une telle abondance de reliques insignes dont ils sont les seuls garants, le doute nous saisit. Qui nous assure, sinon de la bonne foi des moines, du moins de la légitimité de leur croyance? Un chrysobulle de Nicéphore Phocas, gardé dans les archives du couvent, atteste, il est vrai, le don fait par cet empereur d'un morceau de la vraie croix (1) et du chef de saint Basile; mais qu'en est-

(1) M. l'abbé Gainet, dans son ouvrage intitulé : *la Bible sans la Bible*, indique le mont Athos comme le lieu de la terre qui posséderait les plus

il du reste? Le témoignage de Jean Comnène, dont le livre fournit une minutieuse énumération des objets renfermés dans les trésors de l'Athos, me paraît peu sûr. A en croire le médecin valaque, Lavra posséderait encore des reliques de saint André et de saint Luc, Pantocrator le chef de saint André, et Dokheiarion une partie de celui de saint Jean-Baptiste. Or le protovestiaire Phrantzès affirme que le dernier despote de Morée, Thomas Paléologue, offrit au pape Pie II la tête de saint André en retour de l'hospitalité qu'il en avait reçue à Rome; et quant à celle du précurseur, elle est réclamée par je ne sais combien d'églises et de mosquées d'Europe et d'Asie (1). Comnène est aussi fort généreux dans la distribution qu'il fait des ossements de saint Jean Chrysostome, et je doute que le corps du saint ait été de taille à suffire à de telles largesses (2). Ce qu'on nous en montre à Lavra est si considérable que nous ne pouvons nous défendre d'un sentiment instinctif de méfiance. Il nous revient à l'esprit de facétieuses histoires sur le crâne de Charlemagne enfant et celui de Charlemagne empereur. Bref, nous nous refusons à vénérer les reliques du trésor. Les pauvres moines consternés nous regardent avec une expression de douloureux reproche. Ils attendent avec anxiété,

importants et les plus nombreux fragments du bois de la vraie croix. Après viendraient Rome, Bruxelles, Gand, Venise, Paris et Raguse.

(1) La cathédrale d'Amiens revendique la possession de cette relique, la grande mosquée de Damas également.

(2) Le Révérend Tozer a vu encore aux Météores une main de saint Jean Chrysostome. Le corps tout entier n'est-il pas à Saint-Pierre de Rome?

et au bout de quelques minutes, ils referment leurs châsses en secouant la tête. Notre indifférence les navre, et comme nous ne savons quel baume verser sur leurs blessures, qu'en outre la visite du monastère est finie, nous nous hâtons de les quitter. Mais, soit que l'idée de les avoir attristés nous pèse, soit que la morne physionomie du couvent ait jeté un voile sur notre gaieté, nous nous éloignons le cœur serré et le front soucieux.

En selle et en avant! Au bout de cinq minutes de chevauchée, ces nuages sont dissipés! De l'affligeante décrépitude du vieux cloître, nous avons subitement passé à l'éternelle jeunesse des forêts, et celle-ci a aussitôt pris entière possession de nos esprits et de nos sens. Maintenant nous abordons les régions supérieures de la montagne. A gauche, à travers les troncs noueux des chênes séculaires, apparaissent les blanches murailles du skyte de Saint-Jean Prodromos (*le Précurseur*), habité par des moines valaques. Au delà, le sentier monte par des pentes roides dans les bois. La végétation est toujours aussi puissante. Les hêtres sont gigantesques; des châtaigniers ont sept et huit mètres de circonférence. Ces lieux sont familiers des orages; d'énormes troncs fracassés par la foudre enjambent les torrents et forment des ponts naturels à l'usage des fauves qui hantent seuls ces gorges sinistres.

Et cependant voici des créatures humaines! A coup sûr ce sont des brigands. Jamais détrousseurs de grands chemins n'ont joui d'extérieurs plus en harmonie avec leur hasardeux métier. Deux géants fortement charpentés, auxquels des barbes et des chevelures à tous crins donnent une apparence voisine de celle des ours et des loups de la montagne, se dirigent de notre côté. Ils portent des fusils en bandoulière, et à la ceinture des couteaux de chasse. Des capotes de drap brun, relevées sur les cuisses, laissent voir des jambes entourées d'épaisses guêtres de cuir. Mais de quelles coiffures leurs têtes sont-elles donc affublées? Eh! mon Dieu! de bonnets de moines. Nos bandits sont deux frères en tournée guerrière. Forts chasseurs devant Dieu comme Nemrod, ils vont dépister quelque voisin incommode, fléau des étables ou des cultures. Nous échangeons au passage un rapide salut, et nous nous enfonçons au cœur des fourrés dans des directions différentes.

Enfin nous abandonnons les régions boisées. Au-dessus de nos têtes se dresse dans toute sa sauvage majesté le pic dénudé de l'Athos. Le sommet de son cône grisâtre est couronné par une chapelle édifiée en l'honneur de la Transfiguration, la Métamorphose, comme disent les Grecs. Nous regrettons que les exigences de nos itinéraires nous privent de monter jusqu'à ce point, d'où la vue est, dit-on, surprenante. Du lieu où nous sommes arrêtés, elle est déjà magnifique. La limpidité de l'atmosphère permet d'apercevoir des côtes et des îles à des distances qui doivent être énormes, à en juger par la proximité apparente de Lemnos, d'Imbros et de Samothrace. Les scènes environnantes ne sont pas moins belles; mais elles sont empreintes d'un caractère de sauvagerie qui contraste avec les gracieux aspects de la mer. Nous commençons bientôt à descendre sur le versant occidental ; là surgissent les obstacles. Le sentier se perd au milieu d'un chaos de rocs éboulés, amoncelés sur le flanc de la montagne. A mesure qu'on avance, les pentes deviennent de plus en plus roides et difficiles. Nous en sommes réduits à laisser là nos bêtes et à faire usage de nos pieds et de nos mains pour ne pas rouler sur ces balmes glissantes, au-dessous desquelles la mer s'étend à d'incalculables profondeurs. Bref, toute cette partie de la route n'est pas sans dangers ; aussi les voyageurs prudents ont-ils coutume de l'éviter et de franchir par eau la distance qui sépare Lavra de Sainte-Anne. Heureusement, nous en fûmes quittes pour quelques fatigues de plus ; à la fin de la journée, nous nous retrouvions sains et saufs au-dessus du skyte de Sainte-Anne.

Celui-ci est le centre d'une agglomération d'anachorètes. De Lavra à Saint-Paul, les rocs sont percés d'une multitude de cellules dans lesquelles vivent des solitaires. Ils ne sortent guère de leurs étranges demeures, et on leur apporte leur nourriture des monastères les plus rapprochés. On nous parla à Saint-Paul d'un vieillard plus que centenaire retiré à peu de distance de là dans un trou de roc. Il est vêtu seulement de sa barbe et d'un lambeau de toile. De temps en temps on lui envoie du couvent quelques légumes cuits à l'eau, auxquels il ne touche qu'après le coucher du soleil. On dit qu'il est continuellement en prières. Sans doute il y a là de quoi dérouter des contemporains de Voltaire et du docteur Strauss. Nous ne sommes plus en Europe au dix-neuvième de l'ère chrétienne. La terre où se voient de tels phénomènes est la Thébaïde; le prince qui règne est Ptolémée Évergète ou Ptolémée Soter; ce solitaire lui-même n'est autre que cet ermite Palémon qui disait à saint Pacôme : « Du pain et du sel font toute ma nourriture; je passe la moitié de la nuit à chanter les psaumes et à méditer les Écritures. »

Il paraît que cette forme de l'ascétisme fut de tout temps florissante à l'Athos. Déjà, antérieurement à la venue des grands législateurs des couvents, la montagne était habitée par des anachorètes. Les Ménées grecques citent le nom d'un des plus anciens d'entre eux, ce saint Pierre l'Athonite, que les icônes russes représentent avec saint Onuphre, sans vêtements, couvert seulement de sa longue barbe et d'une ceinture de feuilles. Grégoire Palamas, qui a écrit sa vie, en fait un des initiateurs de la vie érémitique à l'Athos, et le couvent de Dokheiarion a conservé son corps. Au temps des Siméon et des Saba, la ferveur de ces solitaires ne s'était point ralentie. « Saba, parcourant l'Athos, dit le prêtre de Kilandari, visita plusieurs pénitents qui ne vivaient que de fruits et de l'herbe des champs, glorifiant Dieu nuit et jour, et n'ayant d'autre souci que de satisfaire la volonté divine. Les uns vivent dans le creux des rochers, ou bien au fond des précipices béants; les autres, sur des pics et des montagnes élevées, n'ont pour tout abri que des tentes couvertes d'herbes. Ils se récréent au bruit du vent qui souffle dans les arbres et au chant des oiseaux, et cherchent à s'enflammer du feu de l'amour divin ; et ainsi, malgré leurs corps, ils vivent nuit et jour comme des êtres incorporels. » Saba lui-même mena quelque temps ce genre de vie. « Il se bâtit près de Karyès un ermitage de silence avec une chapelle dédiée à saint Sabas l'illuminateur; cloîtré dans cette retraite, il y resta dans un mutisme absolu, s'oubliant lui-même, menant une vie dure, jeûnant au delà des limites des forces humaines, veillant des nuits entières, couchant dans une fosse, méditant à genoux, le cœur contrit, avec des larmes incessantes et des prières jaillissant du fond de l'âme, etc... »

Au delà de Saint-Paul, entre Dokheiarion et Castamonitou, nous rencontrâmes un de ces ermites. Il était debout sur un rocher. En passant près de lui, nous lui adressâmes la parole. Il tourna vers nous un visage sans expression et essaya de murmurer quelques syllabes dont le son ne parvint pas jusqu'à nos oreilles. Le pauvre homme est confiné dans un réduit où il a juste l'espace nécessaire pour se coucher et se tenir droit; et tout le terrain qu'il peut parcourir n'excède pas deux à trois mètres carrés. Sans regard, sans voix, privé des organes au moyen desquels nous communiquons avec nos semblables, il est là face à face avec lui-même, avec sa conscience, avec Dieu. Que se passe-t-il dans cet intérieur? quelle pensée y habite? quelle volonté y règne? Pouvons-nous seulement envisager de pareils inconnus? Non, nous constatons l'existence d'un fait, nous ne saurions l'apprécier. Ici, le point de vue nous échappe. Allons ailleurs.

Encore une heure de route avant *Aghion Pavlon*. On contourne la baie de Sainte-Anne, en suivant un sentier en corniche au-dessus de la mer; puis on gravit une côte ardue à travers des champs d'herbes odoriférantes. A l'heure où le soleil se couche, nous atteignons enfin, vers la pointe extrême de la baie, une hauteur d'où l'on découvre pour la première fois le monastère. Là nous mettons pied à terre, et nous ordonnons à nos gens d'aller nous annoncer aux moines. Le dernier tournant du chemin nous a placés en face d'un éblouissant spectacle, et il nous faut la solitude et le recueillement absolu de l'esprit et des sens pour nous mettre en état de recevoir dans sa plénitude l'impression dont nous n'avons fait que ressentir le premier choc. Nous ne voulons rien laisser échapper de l'exquise jouissance qui s'est fortuitement offerte à nous sur cette route ignorée. Nous voulons la saisir tout entière, nous en rassasier, l'épuiser. Qu'est-ce donc? rien de nouveau : la mer, la montagne, un monastère. Mais cela a été disposé avec un art souverain par la main du Maître. La montagne, il l'a divisée en arêtes gigantesques, qui se succèdent tout le long de la côte, de manière à former une série de petites baies où la mer vient mourir sur le sable. Il a couvert ces arêtes d'une végétation serrée, touffue, variée de formes et de couleurs, à travers laquelle le roc laisse percer çà et là sa robuste ossature. Dans l'une des baies, il a interrompu la chute perpendiculaire des terrains, de façon qu'on ait pu suspendre à leurs flancs les murs d'un monastère; puis il a lancé sur l'eau, sur les arbres, sur les bâtiments, les rayons les plus dorés du soleil du soir; et il est résulté de tout cela une scène d'indescriptible grandeur, de suprême beauté. Au-dessous de nous, près de la côte, la mer exhibe de ses profondeurs et fait monter à sa surface des colorations qui restent le secret de l'Artiste d'en haut. En face, les arbres groupés dans les replis de la montagne se dérobent à une clarté trop vive et forment une masse opaque et sévère, sur laquelle se découpe la fantastique silhouette du monastère. Celui-ci, juché sur ses immenses murailles grisâtres, crénelé comme un château du Rhin, hérissé de pignons, de tours, de dômes, de galeries qui s'enchevêtrent et s'amalgament en désordre, présente au couchant des centaines de vitres polies, d'où jaillissent d'innombrables fusées de feu. Un instant la scène s'allume comme un vaste incendie. Eau, terre, ciel, tout paraît en flammes. Puis les teintes perdent de leur intensité et s'adoucissent par degrés. Chaque objet rentre à son tour dans une pénombre diaphane, tandis qu'au fond de l'horizon le soleil plonge dans la mer, qu'il couvre encore de gerbes d'une lumière incandescente. En face de pareilles magnificences, on n'a besoin que de silence et d'attention. Nous nous taisons, nous tenons toutes nos facultés en éveil afin de ne rien perdre de la fête qui semble avoir été ordonnée pour nous seuls. Et puis nous adorons, nous remercions, nous bénissons. *Benedicite omnia opera Domini Domino.*

# VII

Les couvents qui suivent sont d'un abord difficile. Perdus à la cime des rocs, ou reculés jusqu'aux extrêmes limites du rivage, ils n'ont guère entre eux de communication directe que par mer. Forcés d'économiser notre temps en avares, nous dûmes renoncer à parcourir cette région à cheval. Les moines de Saint-Paul possédaient des barques, et il fut convenu qu'ils nous mèneraient par eau jusqu'à Xéropotamou, où les chemins redeviennent plus praticables. Nous partîmes donc un beau matin dans une étroite embarcation dont les rameurs portaient le costume des caloyers. Ces gens exerçaient le métier de pêcheurs et étaient chargés de fournir du poisson au monastère. Ils avaient déjà jeté leurs filets dans la matinée. Des multitudes de poulpes de mer séchaient çà et là sur des planches, et leur longs tentacules garnissaient comme d'une frange les rebords de la barque. Conduits par ces étranges pilotes, nous suivîmes les sinuosités de la côte, rasant de près la terre, de manière à nous rendre aisément compte de la situation extraordinaire des couvents voisins, Aghion Dionusion, Aghion Grégorion, Simopétra. Ce sont en effet, avec Aghion Pavlon, les plus hardiment campés de tout le pays, et il faut les avoir vus de ses yeux pour croire à la possibilité de pareilles folies architecturales.

C'est un fait digne de remarque que de tout temps les moines ont aimé à bâtir leurs maisons dans des positions élevées, dans des sites dominant de vastes perspectives. De là, indépendamment de leur mérite artistique souvent très-réel, le singulier attrait d'un si grand nombre de constructions conventuelles. En Orient, l'idée de monastère implique naturellement celle d'un site curieux et pittoresque. Il en est qui sont de vrais miracles d'équilibre et dont la vue donne le vertige. Tels, par exemple, les couvents de Météores en Thessalie (1). Primitivement au nombre de vingt-quatre et réduits de nos jours à sept, ils s'élèvent dans la vallée du Pénée à peu de distance de la chaîne centrale du Pinde, et l'on peut s'y rendre soit de Volo par Pharsale et le vallon de Tempé, soit de Corfou par Jánina et Mezzovo. Perchés sur des aiguilles rocheuses dont ils couronnent les étroits sommets à des hauteurs moyennes de deux à trois cents mètres, ils sont absolument et de toutes parts inaccessibles. On n'y atteint

(1) Voir sur ces monastères : Rév. Robert Curzon, *Monasteries of the Levant*. — Rév. Fanshawe Tozer, *Researches in the highlands of Turkey*. — Vicomte E. Melchior de Vogüé, *Histoires orientales*.

que par des échelles dressées le long des parois perpendiculaires du roc, ou plus simplement encore par des corbeilles que les moines font descendre au moyen de poulies et dans lesquelles ils vous hissent jusqu'au niveau de leurs habitations. Le monastère de Simopétra à l'Athos occupe une position analogue. Celui de Mégaspiléon en Achaïe, celui de Saint-Sabas sur le torrent de Cédron en Palestine, offrent d'autres types de cette architecture fantastique. D'ailleurs, les Orientaux n'ont pas été les seuls à se retrancher sur les hauteurs. Voyez en Italie la chartreuse de San-Martino, les Camaldules de Naples, le Mont-Cassin, Monreale, la Cava. Là encore, même recherche de points culminants, même amour des lointains paysages. Cette propension constante des moines d'autrefois à bâtir haut et loin s'explique bien naturellement. Outre que ces positions reculées favorisaient leur penchant vers l'isolement et le silence, elles leur offraient, aux époques de trouble, des asiles sûrs et inattaquables, où ils pouvaient vaquer à leurs saints exercices, sans crainte d'être mêlés aux conflits qui éclataient à leurs pieds. Et puis quoi d'improbable, en outre, à ce qu'ils aient désiré se ménager ainsi d'intimes colloques avec la nature que Dieu a faite? Observateurs du cœur humain comme ils l'étaient, ils n'ignoraient pas quels élans vers l'infini suscite dans l'âme la vue de ce qui est beau. Ils savaient qu'en face des superbes horizons des montagnes l'intelligence adhère plus étroitement aux vérités éternelles, la prière jaillit plus abondamment du cœur. Dès lors comment n'auraient-ils pas aimé des spectacles qui, loin de les distraire de leurs incessantes méditations, les y ramenaient par une autre voie, et élevaient sans effort leurs pensées vers le Créateur de cet univers dont ils pouvaient à toute heure admirer la grandeur et la magnificence?

Quoi qu'il en soit de cette libre supposition, la conversation des moines de Xéropotamou nous prouve que l'air vierge des montagnes, s'il peut avoir une action efficace sur le cœur des hommes, ne suffit pas pour leur orner l'intelligence. Les braves gens n'ont pas puisé à bonne source leurs renseignements en fait d'histoire, et en causant avec eux de choses du jour, nous nous évertuons de notre mieux à remédier aux lacunes de leur éducation. Ce n'est pas une mince besogne. Ils possèdent bien quelques vagues données sur les événements qui ont récemment bouleversé notre pays, ils n'ignorent pas les noms de Napoléon et de Thiers; mais les rôles et qualités respectifs de ces personnages leur échappent, et ils émettent à leur propos des idées qui, dans d'autres bouches, courraient risque de passer pour de mauvaises plaisanteries. La figure de M. Thiers surtout sort de là en lambeaux. Héritier d'un Napoléon, historien d'un autre, Thiers, selon nos moines, doit évidemment faire partie de la famille; mais à quel titre? Est-il le fils de Napoléon III, son neveu, ou bien même son oncle, un frère du premier? Tel est le point douteux sur lequel ils nous prient de faire jaillir un peu de lumière. Pour redresser les théories égarées de nos naïfs interlocuteurs, il fallut entamer de doctes considérations sur la fragilité des trônes et l'instabilité des dynasties. On parla monarchie et république. On voua les tyrans aux gémonies et l'on dithyramba (ô jeunesse!) sur l'excellence des gouvernements parlementaires. Au moyen d'une heureuse comparaison, on fit de M. Thiers un dignitaire analogue au premier homme d'Athos, tenant son pouvoir des représentants des grands monastères de France et portant, comme son collègue d'Orient, la longue barbe, la robe de bure et la pateritza des higoumènes. Ce trait lumineux fut le « fiat lux » qui acheva de dissiper les ténèbres accumulées autour de l'intellect en déroute de nos hôtes. Dès ce moment ils furent persuadés que la politique européenne n'avait plus de secrets pour eux, et nous les laissâmes se complaire en cette douce croyance. Nous sortîmes de là satisfaits comme toujours de l'affabilité des caloyers, enchantés du parfum de leur café et du goût de leurs confitures, mais fort désabusés relativement à l'étendue et à la solidité de leurs notions d'histoire contemporaine. Pensez donc! aller faire de ce pauvre M. Thiers un rejeton de la souche Bonaparte! Fortune, voilà bien de tes coups!

Le monastère de Roussiko n'a pas la tournure antique de Xéropotamou. Il paraît tout neuf. Ses murs sont blancs, ses cours propres; ses églises sont disposées et ornées dans un goût moderne fort différent du vieux style byzantin. C'est, dit-on, le point de la montagne où il y a le plus d'activité matérielle et morale. Cette activité est sensible aux yeux. Il règne dans ces cours un va-et-vient continuel ; les habitants semblent n'avoir pas de temps à perdre et marchent vite. De prime abord on devine qu'on entre dans un milieu nouveau; et de fait, la population du monastère, qui se monte au moins à trois cents, sinon à cinq ou six cents moines, n'est pas homogène comme à Lavra ou à Vatopædi. Elle est composée de deux éléments, le grec et le slave, celui-ci représenté par des caloyers russes dont le nombre et l'influence n'ont fait que grandir dans ces dernières années.

L'établissement des Russes sur le territoire saint n'est pas un fait moderne. Il date des siècles qui suivirent leur conversion au christianisme. On sait quelle part les Grecs avaient prise à cette grande œuvre. Dès lors des relations régulières s'établirent entre le clergé russe et le clergé byzantin. Longtemps l'Église métropolitaine de Kiev dépendit du patriarcat de Constantinople (1), et ce fut un moine athonite, le bienheureux Antoine, qui le premier fit fleurir les coutumes ascétiques dans les cryptes (*petcheras*) de la capitale ruthène (2). De leur côté, les Russes vinrent de bonne heure s'implanter sur le rivage de la péninsule, et ils y occupèrent le couvent de saint Pantéléimon, auquel a succédé Roussiko. Ils y étaient attirés surtout par le prestige de la civilisation grecque, qui, bien

(1) Jusqu'à l'établissement du patriarcat de Moscou par Boris Godounof.

(2) L. Leger, *Études slaves*. — Le célèbre annaliste russe Nestor était moine de Petchersk, au douzième siècle.

que déchue et amoindrie, gardait néanmoins sur la leur une incontestable supériorité. Qu'était-ce en effet que la culture russe et qu'avait-elle produit jusqu'alors? Presque rien. Avant Catherine II, on ne cite guère que quelques auteurs ecclésiastiques; encore beaucoup parmi eux sont-ils étrangers. L'Athos en fournit plus d'un : tel, au quinzième siècle, le moine Pacôme, qui composa plusieurs vies de saints russes; tel, au siècle suivant, ce moine Maxime, qui entreprit pour la révision des livres liturgiques le grand travail continué après lui par les patriarches Job, Philarète, Joseph et surtout par le célèbre contemporain du tzar Alexis, Nicon (1). L'*Annus greco-slavicus* inséré dans le XIe volume d'octobre des *Acta sanctorum* parle des continuelles importations de livres qui s'opéraient du mont Athos en Russie. « *Magnus codicum numerus ex monte Atho in Russiam delatus est,* dit le P. Martinov, *et per librarios propagatus* »; et plus loin : « *Neque cessavit deinceps mutuum inter Kioviam et montem Atho commercium.* » Les auteurs russes ne dissimulent point d'ailleurs l'estime dont furent longtemps entourées dans leur pays les écoles athonites. « Là, dit M. Porfiriev, cité par M. Leger dans ses *Études slaves,* là vivaient beaucoup de moines éclairés, d'ascètes grecs, bulgares et serbes; là se rendaient les moines russes pour perfectionner leur éducation religieuse; dans les monastères de Saint-Pantéléimon et de Khilandari on traduisait,

(1) Le P. Theiner, *l'Église schismatique russe.*

on copiait constamment des manuscrits, etc... » Ainsi des moines illettrés venaient du fond de la Moscovie recevoir de la main des Grecs les éléments des lettres et des sciences auxquels ils allaient à leur tour initier leurs barbares compatriotes.

De nos jours, où la culture grecque est tombée en pleine décadence, la montagne a acquis une importance d'une autre sorte aux yeux des Russes. Ils ont compris tout l'avantage qu'ils pourraient retirer à en faire un de leurs foyers de propagande en Orient, et c'est dans ce but qu'ils visent à y dominer. Les moines de l'Athos ont toujours été fort enclins à se mêler de politique active. Dans les diverses occasions où la nation grecque crut pouvoir revendiquer son indépendance les armes à la main, ils ont énergiquement coopéré à ses efforts, et souvent ils se sont attirés par là de dures représailles de la part des Turcs. Depuis que, grâce aux excitations russes, le mouvement populaire a pris un caractère plus particulièrement slave, le gouvernement du tzar les a sollicités de toute manière à lui prêter leur concours. Pour se l'assurer, il n'a ménagé ni l'or ni les intrigues. Il s'est immiscé dans les affaires intimes des communautés, s'efforçant de faire prévaloir l'influence des caloyers russes sur celle des grecs. Il a été jusqu'à faire naître des conflits dans les centres où l'unanimité des suffrages n'était pas acquise à ses vues. Ces menées ont été plus d'une fois signalées par la presse européenne. C'est ainsi qu'en 1877 les journaux publiaient une dépêche russe qui, si elle est authentique, est de nature à jeter un certain jour sur ces affaires. Je la transcris telle que l'insérait le journal *le Monde* dans son numéro du 11 février : « A M***, à Salonique, en date de Saint-Pétersbourg, le 14/26 novembre 1872. — Le comité central a l'honneur de vous annoncer que par ordre de S. A. I. notre auguste président, l'agence du mont Athos devra être transformée en comité organisateur. Ce comité aura pour mission : 1° d'établir dans le couvent de Roussiko un dépôt d'armes et de munitions de guerre; 2° d'envoyer en Macédoine, Thrace, Bulgarie et ancienne Serbie, des émissaires chargés d'y distribuer des livres et de l'argent, et d'enrôler des volontaires pour le mouvement patriotique; 3° d'établir dans la péninsule d'Athos des colonies russes et bulgares afin de transformer cette contrée en pays essentiellement slave. Dans ce but, vous ne négligerez aucun moyen pour déposséder les Grecs dans l'espace de quelques années de tous les couvents et terrains d'Athos qui restent en leur possession. Le comité organisateur aura à sa disposition annuellement la somme de 50,000 roubles, dont l'emploi sera contrôlé par l'ambassade impériale à Constantinople. La direction du comité sera conférée au consul impérial à Salonique, et celui-ci sera tenu de séjourner la moitié de l'année à l'Athos. En son absence, la présidence passe au P. Hiéronyme, auquel seront adjoints trois des moines que vous avez recommandés à la protection du comité, à savoir les PP. Macarios de Roussiko, Benjamin et Étienne de Lavra. » (Traduit du russe.)

Ainsi, dès ce moment, la Russie travaillait à anéantir à l'Athos la prépondérance des Grecs pour y substituer celle de ses nationaux. Toutefois elle ne pouvait agir avec quelque énergie sans éveiller les susceptibilités de la Porte. Celle-ci, qui n'ignorait rien, tenta en effet de mettre ordre à ces agissements. En octobre 1877, une dépêche de Constantinople annonçait qu'« à la suite d'une enquête faite par les Turcs sur la montagne, plusieurs moines avaient été expulsés ». Mais le remède venait trop tard; le mal était fait. On écrivait d'Athènes, au mois d'août 1878, que « l'Athos était complétement entre les mains des Russes et constituait un de leurs avant-postes ». Une fois la guerre terminée, les vainqueurs cherchèrent à s'assurer pour l'avenir une position qui pouvait leur être encore si utile. Par le traité de San-Stefano, ils exigèrent l'incorporation de la presqu'île au nouvel État bulgare; puis, quand le traité eut été soumis à l'arbitrage de l'Europe et que celle-ci eut réduit à néant le projet de création d'une grande Bulgarie confinant à la mer Égée, ils tentèrent un dernier effort en faveur de leurs moines. Ils réclamèrent hautement pour eux la protection de l'Europe, à l'exclusion de ceux des autres nationalités; mais cette demande souleva de nouveaux refus de la part du congrès. Dans une dépêche datée du 13 juillet 1878, destinée à faire connaître à Londres les clauses du traité de Berlin, lord Salisbury déclarait que « le gouvernement de Sa Majesté avait dû s'opposer à cette prétention russe ». En définitive, le congrès statua que les couvents seraient protégés, mais, ainsi que cela est formellement énoncé dans le protocole n° 12, sans qu'il soit tenu aucun compte de leur nationalité.

Que feront maintenant les Russes à l'Athos? Probablement ce qu'ils y faisaient hier. Il n'y a aucune raison de supposer qu'ils abandonnent leurs vues sur la montagne sainte; au contraire, il est à croire qu'ils s'y fortifieront de plus en plus et que celle-ci sera à une échéance plus ou moins longue le théâtre de nouvelles intrigues et de nouvelles luttes. Quant au résultat final de tout cela, il est lié à des événements encore à venir, dont, à coup sûr, personne en Europe ne saurait à l'heure qu'il est pronostiquer l'issue. Nous nous dispenserons donc d'en dire mot. Le manteau d'Élisée ne nous a pas été légué, et tout ce que nous pourrions débiter à ce sujet serait aussi hasardé qu'inutile.

Il n'y a plus que quatre grands monastères après Roussiko : Saint-Xénophon et Dokheiarion sur la côte, Castamonitou et Zographou à l'intérieur des terres. Ce dernier est une vaste construction jetée sur les pentes d'un ravin abrupt au fond des bois. Il est habité par des caloyers bulgares. Nous n'eûmes qu'à nous louer de ces moines. Nulle part nous ne fûmes entourés de plus d'égards et de plus de soins que parmi eux. L'arrivée de notre drogman, qui ce jour-là nous précédait, avait fait événement dans la maison, et l'on s'était empressé de tout préparer pour nous recevoir. Aussi quelle ne fut pas notre surprise, en débouchant sur la plate-forme qui avoisine l'entrée, de voir s'approcher de nous, dans un appareil de cérémonie, une douzaine de caloyers, parmi lesquels l'higoumène et les deux épitropes ou économes du couvent! Nous voulons nous arrêter une minute pour saluer les graves personnages; on ne nous en laisse pas le temps. A peine avons-nous mis pied à terre, qu'on nous invite à suivre l'higoumène qui se met en marche. Les épitropes s'ébranlent derrière nous, et les moines derrière les épitropes; ainsi va-t-on processionnellement jusqu'à la salle de réception des étrangers. Là, après avoir récité une prière, l'higoumène nous adresse une formule de bienvenue dont notre interprète nous traduit le sens. Puis, ce cérémonial accompli, le bon vieillard nous déclare que son monastère est à nous et qu'il le met tout entier à notre disposition. Nous nous apercevons bientôt qu'il ne nous a pas fait là une phrase de simple politesse. Aux divans qui ont été nos lits pendant toute la durée de notre voyage, on ajoute des draps et des couvertures parfaitement propres. Le repas qu'on nous offre est un festin pantagruélique comparé aux maigres chères des autres couvents. Il se compose d'œufs, de caviar, de lait, de riz, de poisson frais, de fromage, de thé, d'oranges, enfin de tout ce qu'il a été possible de découvrir dans les offices et dans les caves de la maison. De plus, un moine est chargé de veiller à ce que nous ne manquions de rien, et il est constamment à l'affût de nos désirs. Par bonheur, il sait quelques phrases de français, ce qui rend sa société agréable; il a passé cinq mois à Paris en 1865, et il est plus au courant des affaires de notre pays que son collègue de Xéropotamou. Nous causons de l'Église bulgare, de l'Église grecque, de l'Église latine. Le brave homme nous engage vivement à arborer en France le drapeau du schisme. Il nous fait remarquer avec un sérieux ineffable combien l'évêque de Paris aurait raison de secouer le joug de l'évêque de Rome : « Paris est si beau et si grand, dit-il ; il a tant d'habitants de plus que Rome ! » Les ressources de notre dialectique nous permettent d'échapper aux dangers d'une argumentation aussi captieuse. Je crois même que nous avons le front d'en rire. L'apôtre regrette que nous soyons si peu perméables aux lumières de la saine doctrine ; il nous presse néanmoins de toucher un mot de sa trouvaille à l'évêque de Paris. Nous prenons l'engagement de faire connaître celle-ci en France, et nous l'assurons en le quittant que, si elle n'est pas appelée à y avoir un succès bien pratique, elle ne manquera pas d'y jeter une vive lumière sur l'indiscutable profondeur et l'irrésistible ascendant de la discussion orthodoxe.

Zographou est le dernier couvent du versant occidental. Là est le terme de nos voyages dans la péninsule. Nous revenons vers le nord en suivant la crête des collines qui aboutissent au défilé de l'Athos ; puis nous regagnons Hiérisso. De là à Salonique par Larégovi, Galatzista, Basilica, il faut deux journées de marche. La route est belle dans le voisinage du Monte-Santo ; elle traverse de vastes prairies entrecoupées de bois et de cultures. De temps à autre on a de superbes perspectives sur l'Olympe de Thessalie qui dresse au-dessus des nues son front couvert de neige. Mais ces spectacles nous occupent peu; de tristes réflexions nous assiégent. Au sortir d'un pays dont la forte végétation révèle à chaque pas l'incalculable richesse du sol, je ne sais quelles images d'aridité et de stérilité nous poursuivent. Et qui les ferait naître, ces images, sinon la société au milieu de laquelle nous avons vécu ces dernières semaines? Cela est trop réel. Vainement tenterions-nous de nous tromper nous-mêmes par égard pour l'excellent accueil des bons vieillards de la montagne. La vérité s'impose à notre esprit avec toute la force de l'évidence, et cette vérité est dure. Cette société est devenue impuissante pour le bien; tel est le fait douloureux qui se dégage d'un examen attentif de son état présent et passé. Ce n'est pas que nous ne voyions en elle que vice et corruption; nous ne nous associons pas à toutes les critiques dont les moines ont été l'objet. Il en est qui nous semblent excessives, d'autres sans valeur. Je suis même disposé à tenir la plupart des caloyers de l'Athos pour de fort honnêtes gens. Ils sont doux, serviables, hospitaliers; leurs mœurs paraissent plutôt austères que relâchées. Mais enfin suffit-il qu'ils mènent une vie régulière et inoffensive, et ne serait-on pas en droit d'attendre d'eux qu'aux pratiques de la vie contemplative ils ajoutassent quelques-uns des travaux de l'apostolat actif? A cela la réponse est aisée. Il n'y a qu'à voir la manière dont l'Église catholique a compris ses devoirs multiples et à constater la sage répartition qu'elle a su faire de ses forces pour répondre à la double nécessité de la prière assidue et de la lutte extérieure. Le contraste est frappant. Quelle énergie pour le bien d'un côté! quelle torpeur de l'autre! Ici chaque siècle amène un salutaire renouvellement dans l'esprit de la milice monastique. Surgit-il de nouveaux besoins dans la société ; le monde est-il assailli par de nouvelles erreurs ou gémit-il en proie à de nouveaux maux : aussitôt les ordres naissent ou se transforment pour subvenir à ces besoins, pour soulager ces maux, pour combattre ces erreurs. Prédicateurs, professeurs, colonisateurs, missionnaires, savants, infirmiers, ascètes, les moines d'Occident sont tout cela. Plus les misères humaines sont nombreuses et profondes, plus ils se multiplient pour obvier à tout. En Orient, rien de semblable : un ordre unique règne depuis des siècles, sans réforme, sans renouvellement, sans carrière plus féconde ouverte à son activité. Là, nulles missions lointaines, nulle éducation populaire entreprise, point de prédication et point d'œuvres hospitalières; mais un désintéressement absolu pour tous les combats de l'apostolat militant. A qui s'en prendre d'un mal devenu si général? Assurément les moines d'aujourd'hui, et en particulier ceux de l'Athos, ne sont pas les créateurs d'une situation qui date déjà de loin. Il me semble qu'on ne saurait s'abuser en en faisant remonter la lourde responsabilité jusqu'au schisme photien, jusqu'à ce schisme funeste qui a énervé et tari les forces vives du christianisme oriental. A lui et à ses auteurs il faut demander compte de l'humiliante stagnation de l'Église grecque, de ses abaissements, de ses plaies, dont elle ne trouvera le remède qu'en reconnaissant ses errements séculaires et en revenant à la primitive unité chrétienne dont le gardien infaillible est à Rome.

FIN

# TABLE



PARIS. — TYPOGRAPHIE DE E. PLON ET C^ie, RUE GARANCIÈRE, 8.

www.ingramcontent.com/pod-product-compliance
Ingram Content Group UK Ltd.
Pitfield, Milton Keynes, MK11 3LW, UK
UKHW012014240726
13965UKWH00002B/351